난독증을 읽다

난독증을 읽다

다르게 읽는 사람들의 세계

지은정 지음

새로온봄

정확하게 알기란 매우 중요하다. 정확하게 잘 알지 못하면서 두려움만 커지는 것이 최악이다. 정확하게 알면서, 두려움을 갖지 않고, 용기를 갖는 일이 우리에게 필요하다. 지은정 님의 이 책은 우리가 알고 있는 난독증, 읽기 장애에 관해 그 일을 하고 있다. 바르게 이해시켜 주면서 동시에 오해와 두려움을 이기는 용기를 주는 일.

자신과 주변 사람들의 어려움을 '폭넓게' 이해하여 '적절한' 도움을 '적합하게' 받을 수 있도록 돕고, 편견과 낙인 없이 지낼 수 있는 사회가 성숙한 사회라고 한다. 이 책은 난독증 사람들과 함께 지낼 수 있는 성숙한 방법들을 알려주는 책이다.

삶에서 또 정신의학에서 '정상'이란 용어는 매우 어려운 용어이며, 편견이 적을수록 정상의 범위는 넓다고 한다. 훌륭한 정신분석학자이자 소아과 의사인 도널드 위니콧은 "정상, 평균, 중앙값이 중요한 것이 아니라 건강한가, 건강하지 않은가 하는 것이 더 중요하다"라고 했다. 난독증이 얼마나 광범위한가를 보여주는 이 책은 난독증으로부터 건강하게 지낼 수 있는 좋은 안내서라고 할 수 있다.

김현수
명지병원 정신건강의학과 임상교수,
신경다양성 청소년, 청년들을 위한 성장학교 별 교장
《교사 상처》《요즘 아이들 마음고생의 비밀》등 저자

놀라운 책입니다. 정신이 번쩍 들었습니다. 난독증의 세계에 대해 이렇게나 새로운 통찰을 하다니….

난독증은 학령기 학습에 큰 걸림돌이 되기에 우리는 그동안 치료적 관점에서만 접근하려고 했습니다. 하지만 저자는 난독증은 열등한 것도, 고쳐야 할 병도 아닌 하나의 신경다양성이라고 말합니다. 우리 사회가 그동안 그들의 독특한 사고 패턴에 주의를 기울이지 않고, 사회의 주류를 이루는 선형적인 사고방식으로만 그들을 평가하려고 한 오류를 범했던 것입니다. 저자에 따르면 그들은 보다 시각적, 패턴적, 입체적으로 사고하는 뇌를 가진 사람들입니다. 이렇게 조금 다른 방식으로 사고하는 사람들 덕분에 우리 인류가 발전할 수 있었을 것입니다.

책에서 보여준 많은 사람들의 사례는 난독증의 다양한 스펙트럼을 이해하는 데 큰 도움이 되었습니다. 저자는 난독증을 보이는 사람들의 강점을 보려고 했습니다. 결함을 보는 데만 매몰되어 있는 경우 강점을 찾는 일은 결코 쉽지 않습니다. 그러나 저자가 자신의 편견을 내려놓고 그들의 강점과 독특한 사고의 세계를 보려고 노력한 덕분에 우리는 난독증이라는 신경다양성의 세계에 대한 이해의 지평을 넓힐 수 있습니다.

여전히 학교는 선형적인 사고방식이 대세를 이룹니다. 교사인 저 또한 그랬고요. 하지만 이 책을 계기로 내가 경험해보지 않았기에, 나의 방식만이 옳다고 생각하는 것이 얼마나 편협한 생각이었는지 깨닫게 되었습니다. 색다른 방식으로 세상을 바라보는 아이들에 대해 좀 더 깊이 이해할 수 있게 되었습니다. 이 책을 읽은 많은 사람들이 주변에 난독증이 있는 사람들을 있는 그대로 존중하며, 그들이 자신만의 방식으로 세상을 잘 살아나갈 수 있도록 응원해주고 격려해주는 사람들로 변할 것임을 믿습니다.

김명희
초등교사, 네이버 카페 〈신경다양성 교실 연구회〉 운영
《신경다양성 교실》저, 《교사 통합교육을 말하다》공저

똑똑하지만 공부를
못할 수도 있을까?

● 영어를 가르치며 알게 된 난독증

나는 중학교 때부터 늘 영어는 전교에서 제일 잘할 만큼 영어를 좋아했다. 영어를 공부라고 생각했던 적은 한 번도 없었다. 재미로 한 번 쳐 본 토익시험에서는 만점을 받았다. 대학 1학년 때는 용돈을 벌기 위해 학원에서 중학생들을 가르쳤고, 그다음 해는 20대 중후반의 언니 오빠들에게 호텔과 관광에 필요한 영어를 가르쳤다. 그러다 대학 3~4학년 때는 대형 학원에서 토플을 시작으로 토익,

회화, 문법, 영자신문 등을 가르치면서 나름 인기 강사가 되었다.

외국어를 좋아했지만, 단 한 번도 영어 강사가 되는 게 꿈이었던 적은 없었다. 20대 중반을 갓 넘기던 시점에 나는 '내가 살고 싶은 삶'을 고민하고 찾기 위해 1년 반이 넘도록 홀로 배낭여행을 다녔다. 워킹홀리데이가 생기기 전 혼자서 10여 개국을 여행했다. 캐나다에서 이민자들에게 영어를 가르치고 숙식을 제공받고, 이스라엘 키부츠 농장에서 일하며 숙식과 용돈을 해결하고, 뉴질랜드에서는 파프리카 농장에서 일하고, 식당에서 서빙하며, 가게에서 물건을 쌓고 계산원을 하며 도둑을 지키는 일을 했다. 진정한 자아를 찾아 떠난 1년 반의 여행을 마칠 때쯤 한 중년의 홈리스에게 도넛과 콜라를 사주며 토닥토닥 안아줄 수 있었다. 그렇게 수많은 사람을 만나고 온갖 일을 하며 내가 어떤 삶을 살고 싶은지 깨달았다. 나는 따듯한 사람이 되고 싶었다.

2000년에 호주에 가서 십여 년간 살게 되었다. 그때 나는 드디어 제2의 삶을 살 기회가 왔다고 생각했고, 영어 가르치는 일이 아닌 다른 일을 해야겠다고 다짐했다. 하지만 최종 면접에서 떨어지거나 면접을 잘 보아도 시민권이 없어서 탈락하기도 했다. 그런데 큰 기대 없이 지원했던 이민자와 유학생들을 가르치는 일에는 별 어려움 없이 붙었다. 매니저도 날 잘 봐줬지만, 시범수업을 한 모든 반에서 강의 평가 결과가 아주 좋아서 정식으로 채용되었다. 결국 영어를 모국어로 쓰는 나라에 가서까지도 나는 다시 영어를 가르치는 강사가 되었다.

내가 가르쳤던 사람들 가운데는 무척 다양한 방법을 동원해도 영어를 배우는 데 어려움을 겪는 사람들이 있었다. 기존의 내 지식과 여타의 영어 교육(학습) 방법들이 별 소용이 없는 경우를 만나며, 나는 조금씩 난독증에 대해 눈을 떴다. 그 가운데는 정작 난독증이 있음에도 자신은 (또, 주변에서) 알아보지 못하는 많은 사람들이 있었고, 나는 그들이 알아차릴 수 있도록 난독증에 대해 제대로 알리고, 도와주려고 했다. 내가 만난 난독증은 너무나 각양각색인데다, 시중의 서적이나 교과서와는 많이 달랐다. 내가 난독증에 관해 공부하고, 나름 연구하며, 다양한 사례를 정리하고, 글을 쓰기 시작한 것은 바로 이런 이유 때문이다.

● **공부를 못하고 싶은 사람도 있을까**

한국에서 공부는 면죄부에 가깝다. 공부를 잘하면 대단한 평판과 (보이는/보이지 않는) 수많은 특혜를 누린다. 그러니 누군들 공부를 잘하고 싶지 않은 사람이 있을까? 예전에 나는, 머리가 좋지 못하니 공부를 못하는 것이거나, 열심히 노력하지 않으니 당연히 공부를 잘하지 못한다는 식으로 생각했다. 아마도 대다수가 이렇게 생각할 법한데, 그 이상의 다른 생각은 해본 적이 없었다.

난독증을 읽다

하지만 이제 나는 안다. 정말 똑똑하고, 아무리 열심히 해도, 공부를 잘할 수 없는 경우도 많이 있다는 것을. 사람들마다 모두 세상을 보는 방법이 다르다는 것을 알고 나면 그게 좀 더 쉽게 이해가 되는데, 나는 최대한 다양한 사람들의 이야기를 통해 이를 보여주려고 한다.

이 세상에는 평면적으로 사고하는 사람, 입체적으로 사고하는 사람, 이미지가 편한 사람, 패턴이 편한 사람, 글이 편한 사람 등 참 다양한 두뇌의 사람들이 많다. 각자 다른 두뇌의 사람들은 정보 처리를 다 다르게 하는데 우리나라의 교육은 모든 것을 획일화시키고, 마치 하나의 방법만 정상이고 다른 방법은 비정상인 것처럼 취급한다.

영단어 외우는 것 하나만 봐도 수많은 방법을 가지고 서로 옳다고 한다. 단어는 쓰면서 외워야 한다, 들으면서 외워라, 문장으로 외워라, 글을 많이 읽으며 문맥으로 느껴라, 손으로는 쓰면서 동시에 말로도 하며 외워라, 목록으로 빠르게 외워라, 연상하면서 외워라, 마인드맵핑으로 외워라…. 이런 방법을 강력하게 주장하는 사람들은 모두 자신의 방법이 우세하거나 옳은 방법이라고 주장한다. (고백하자면 나도 예전에는 그랬다.) 어떤 방법은 특정 연구로 그 우수함이 입증되었다고 하기도 한다.

이제 나는 그렇게 생각하지 않는다. 사람들마다 각각의 두뇌에 깔린 배선에 따라 맞는 방법이 다 다르다고 생각한다. 우리는 하나의 방법이 옳고 다른 방법이 틀렸다는 것이 아니라, 나에게는 어떤 방법이 맞고, 너에게는 어떤 방법이 맞는지 찾는 노력을 해야 한다. 그렇다면 똑똑하지만 공부를 못할 수도 있을까? 그렇다. 그런 경우가 생각보다 우리 주위에 아주 많다고 생각한다. 매우 창의적이면 창의적일수록, 이미지에 강하고 패턴적 사고에 강하면 강할수록 답은 더욱 그렇다에 가까울 수 있다.

● 난독증은 당신이 생각하는 것과 전혀 다르다

난독증을 '글을 잘 읽지 못하는 것'이라고 말할 수 있으면 정말 간단할 텐데, 난독증은 그리 간단하지 않다. 초등 저학년 때 한글을 배우고 익히는 데 어려움이 있어서 난독증이 있다는 걸 알아차리는 경우도 있지만, 그보다 훨씬 더 많은 사람들이 난독증 선별의 레이더망을 빠져나간다. 대부분 난독증이 있는 사람들 스스로가 말해주지 않으면 선별하기가 무척 어렵다. 사실 거의 불가능에 가까울 수도 있다. 그래서 우리는 '글을 유창하게 잘 읽고 쓰고 이해하는 데 어려움이 있다'라는 것 외에 다른 특징들을 가지고, '어쩌면' 그에게 난독증이 있을 수도 있지 않을까 '짐작'하는 것부터 시작해야 한다.

난독증이 있는 사람들이 보이는 특징들을 조금 알아보자면 다

음과 같다: 글을 읽거나 쓰는 데 어려움이 있다, 소리와 글자를 연결하는 데 어려움이 있다, 발음이 조금 복잡한 단어를 말할 때 발음이 잘 꼬인다, 유창하게 읽지만, 읽은 것을 이해하는 데 어려움이 있다, 손 글씨가 너무 알아보기 힘들다, 생각을 정리해서 글로 쓰는 것이 어렵다, 아는 단어를 기억해 내는 게 어렵다, 원래 존재하는 단어를 종종 자신의 단어로 대체한다, 주로 단어는 크게 신경 쓰지 않고 문맥에 따라 글을 읽어서 명백히 다르게 쓰인 단어를 완전히 다르게 읽기도 한다('양파'를 '마늘'이나 'kitten'을 'baby cat'처럼), Form 이나 From 처럼 단어의 그림자 모양(⌐──)이 비슷하거나, 알파벳이 비슷하게 생긴 marital/martial, herald/heard, tornado/volcano/tomato 등의 단어를 헷갈린다, 길을 잘 못 찾고, 지도를 잘 못 본다, 왼쪽 오른쪽이 헷갈리는 경우가 많으며, 시간 관리가 어렵다, 어떤 일의 순서를 정해서 차근차근히 하는 것을 잘하지 못한다, 여러 단계의 지시 사항을 따르기가 힘들다, 시각, 청각, 미각, 촉각, 후각 등의 감각이 무척 예민하다, 양식을 작성하는 것을 힘들어한다, 빠른 속도로 지시가 주어지면 잘 못 알아듣는다, 글보다는 이미지로 사고하는 것이 쉽다, 이미지가 있는 명사는 이해하기 쉽지만, 모양이 없는 형용사는 이해하기가 힘들다, 레고를 탁월하게 잘 만들거나 하루 종일 레고로 뭔가를 만드는 것을 너무 좋아한다, 바둑이나 체스를 둘 때 머릿속에서 그냥 본다.

이처럼 글자를 못 읽는 것만이 난독증의 주된 특징이 아니다. 다만 가장 눈에 쉽게 보이고, 학습에 제일 큰 어려움을 초래하는 특징일 뿐이다. 난독증은 생각보다 넓은 스펙트럼으로 존재한다. 그리고 무엇보다 일반 대중이 생각하는 것처럼 그렇게 단점과 어려움만으로 가득하지도 않다. 나는 그걸 최대한 많은 사람들에게 알리고 싶었는데, 그것이 그리 간단히 설명할 수 있는 것이 아니었다. 그래서 이 책에 그동안 내가 만난 많은 사람들의 이야기를 담았다. 이들의 이야기를 읽다 보면 '어, 이건 나의 모습인데?' '이건 우리 엄만데?' '우리 반 아이 중에 이런 아이가 있는데?' 하게 될 것이다. 이들을 통해 우리가 지금껏 전혀 상상해 보지 않았던 난독증의 면모를 이해하게 될 것이다. 그러면서 난독증은 자연스레 우리 삶에 한 발 더 다가서게 될 것이다.

● 한글을 잘 읽으면 난독증은 '치료'된 것인가

한글을 못 읽는 아이들도 대부분 초등학교를 마치기 전에는 읽을 수 있게 된다. 영어를 읽지 못하는 경우에는, 한국에서는 현재 도움을 줄 방법을 아는 사람이 거의 없다. 그렇지만 제대로 개별적인 도움을 줄 수만 있다면 초등 고학년 이상은 한두 달 안에 대부분 영어를 읽을 수 있게 된다. 그렇다면 이들은 더 이상 난독증이 아닌가? 그렇지 않다. 한글이나 영어를 잘 읽고 이해하더라도 단어 인출이 잘 안 되고, 읽은 내용을 잘 기억하지 못하며, 문법과 같은 추상적인 내용을 이해하는 데 많은 어려움이 있고, 글에서 오탈자를 잘 보지 못하며, 종종 단어를 바꿔 읽기도 하는 다른 특징들은 여전히 쉽게 사라지지 않는다. 문자를 해독하는 방법을 훈련할 수는 있지만 그것은 여전히 다른 두뇌를 가진 이들보다는 에너지가 더 많이 들어가는 일이다. 따라서 평소에 잘 읽던 글자도 몸이 피곤하거나 신경을 별로 쓰지 않고 읽을 때는 잘못 읽거나 스펠링을 틀리게 쓰는 경우가 평생 계속될 것이다. 즉, 난독증으로 태어난 사람이 어떤 한 시점에 '난독증이 없는 사람'이 되지는 않는다는 말이다. 난독증의 두뇌로 태어난 사람은 평생 그 두뇌로 살아가야 하는데, 대부분이 생각하는 것과는 다르게 그것이 그렇게 나쁜 것만은 아니다. 나는 이 책에서 그것이 왜 나쁜 것이 아닌지 최대한 다양한 사람들의 예를 들어 설명할 것이다. '난독증'이란 말을 '평면적' 혹은 '2차원적 사고'와는 다르게 '3차원적 사고를 하는 뇌'라고 한다면 조금 더 이해하기가 쉬울 것이다. 난독증이란 용어에 너무 갇혀서 이런 특징의 본질을 놓치는 것이 무척 안타깝다. 이 책을 덮을 때쯤엔, 우리가 지금까지 아무리 노력해도 잘 안 되었던 것들의 이유를, 나와 그들이 읽고 공부하기 위해 노력하지 않았던 것이 아님을 알게 되면 좋겠다.

● 좋은 교육은 언제 어디에나 있어야

영어를 가르치면서도 성인이 아닌 아이들은 가능한 한 가르치지 않으려 했던 내가 이제는 아이들만 가르치려고 한다. 그중에서도 특히, 재능과 지능이 무척 뛰어나지만, 문자라는 한계를 뛰어넘지 못하는 친구들을 말이다. 그리고 더 나아가 그 아이들을 가르치거나 가르치게 될 (영어) 선생님들에게 '가르치는 방법'을 알려줄 수 있게 되기를 바란다. 난독증에 대해 제대로 알게 되면 전국의 많은 선생님들이 아이들의 재능과 학습의 꽃을 피우게 도울 수 있을 것이다. 다행히도 능력 있는 선생님을 만나면 읽을 수 있게 되고 공부도 잘할 수 있게 되지만, 그런 흔치 않은 기회를 잡지 못하면 평생 (영어) 공부를 포기해야 하는 '복불복의 교육'이 더는 아니기를 바라기 때문이다. 원한다면 언제든 누구라도 쉽게 접근할 수 있고, 누구든 자신의 방식에 맞게 접근할 수 있는 '(영어) 읽기 교육'을 받아 영어 공부의 어려움을 극복할 수 있기를 간절히 소망한다.

교사든 부모든 사람(아이)에 대해 신경다양성의 관점에서 이해하는 것이 무척 중요하다. 그래야 사고의 유형이 다른 사람들을 어떻게 인식하고, 그것에 맞게 교육하거나 지원할 실마리를 찾을 수 있기 때문이다. 사람마다 사고의 유형이 다를 수 있다는 것과 그 사람의 (단점(결핍, 부족)이 아니라) 강점을 먼저 인식할 수 있다면 교육과 학습에서 겪는 많은 어려움을 뛰어넘는 데 크게 도움이 될 것이다.

난독증을 읽다

거의 십여 년 전부터 하고 싶었던 얘기를 이제 더 많은 분과 나눌 수 있게 되어 참으로 기쁘다. 난독증이 있는 사람을 내가 모두 도와줄 수는 없지만, 더 많은 (영어) 선생님들과 학부모님들에게 도움이 될 것이다. 다양성으로 접근하면 아주 많은 실마리를 찾을 수 있을 것이다. 그리고 누구보다 자신에 대한 부정적 인식에 빠져 있는 난독증이 있는 이들에게도 위안과 도움이 되기를 희망한다.

나는 전문 서적을 읽어야만 알 수 있는 어려운 내용과 수기를 읽어야만 알 수 있는 난독증과 함께 살아가는 삶을 누구나 쉽게 이해하고, 자신과 주변의 삶과 특성을 포용할 수 있게 나누고 싶었다. 다만 이 책은 학술서가 아니므로 구체적이고 정확한 진단용이 아니다. 심하게 왜곡되어 있는 한국 사회의 난독증에 대한 편견을 바로잡고, 난독증을 넓은 의미의 스펙트럼으로 좀 더 잘 이해할 수 있는 입문교양서 정도로 받아들여 주면 좋겠다.

이 책을 시작으로 난독증에 대한 오해가 좀 풀리고 더 많은 사람들이 '해방감'을 맛보며 자신의 '난독증 수기'를 쓰는 계기가 되면 좋겠다. 우리의 다양한 두뇌가 사회에서 모두 동등한 무게를 가지게 되기를 꿈꾸는 것이 허황한 욕심만은 아니기를 바라면서 본격적으로 난독증 이야기를 해볼까 한다.

지은정

차례

2부
난독증이라는 세계

3부

조각보와 퀼트의 시대

선생님 난독증은 지능, 시각, 청각이 모두 정상인데도
글자를 읽고 이해하는 데 어려움이 있는 증상을
일컫는 말이다.

나 난독증 중에는 글자를 읽고 이해하는 데 어려움
이 없는 사람도 있다던데요?

선생님 그런 사람은 난독증이 아니야! 그냥 정상인이
지. 너 지금 전문가들이 내린 정의에 토를 다는
거야?

나 네, 저는 지금부터 토를 한 번 달아보겠습니다!

1부

우리 안의 난독증

우리는 난독증을
제대로 아는 걸까?

대한민국 시험에서 수험생이 할 일은 딱 하나야.
출제자의 의도를 파악하는 것!
출제자가 콩을 팥이라고 하면 팥인 거야.
거기 토를 달어?
그럼 니들만 바보 되는 거야….

– 수학선생님(영화 〈이상한 나라의 수학자〉 중에서)

A: 난독증이 뭐예요?

B: 그거, 뭐 글을 못 읽는 거 아니에요? 좀 모자라거나 글자도 잘 못
읽고 공부 못하고 그런 애들을 말하는 거 아니에요? 예전에는
그런 애들을 지진아라고 불렀는데….

내가 난독증에 대해 얘기를 하다 보면 거의 대부분 '아, 근데 난
독증이 정확하게 뭘 어떤 걸 말하는 거예요?'라고 물었다. 21세기

과학기술의 시대, 뇌과학과 AI가 대중화되는 시대임에도 난독증은 그 실체와 정의, 모습이 여전히 모호한 상태다. 당장 그 이름부터 그렇다. 난독증難讀症을 한자로 풀어보면 어려울 난, 읽을 독, (병을 의미하는) 증세의 증을 합친 것이어서, 읽기에 어려움이 있는 병을 말하는 것이라 추측해 볼 수 있다. 읽기에 어려움이라니…. 어려움의 경계는 어디일까?

나는 Dyslexia를 번역한 난독증이라는 용어가 지금까지 난독증을 제대로 아는 데에 큰 걸림돌이 되었다고 생각한다. 난독증이 무엇인지 알기 위해 전 국민이 즐겨 쓰는 검색엔진에 '난독증'을 치면 '지능, 시각, 청각이 모두 정상인데도 글자를 읽고 이해하는 데에 어려움이 있는 증상' '… 그는 난독증이 있어 책을 제대로 읽지 못한다' '… 지각장애*, 난독증, 난서증이 포함된 학습 지진아는 80이하의 낮은 지능을 보이기도 한다.'처럼 난독증은 당연히 읽을 수 있어야 하는 글조차도 지능이 낮아서 읽지 못하는 '멍청한 사람'이라는 이미지를 각인시킨다.

내가 난독증이 있는 사람을 많이 만나지 못하고, 난독증에 대해 공부하지 않았다면 나도 이 검색엔진이 말하는 것처럼 알고 믿었을

---

* 지각장애perceptual dysfunction: 환경 내의 여러 물체나 상황을 바르게 인식하는 시각·촉각·후각·미각·청각 등의 감각을 이용하는 데 결함을 가진 상태. (서울아산병원)

것이다. 나는 한국인 대부분이 난독증을 이렇게 알고 있다고 생각한다.

어떤 사람들은 내가 난독증에 대해서 물으니 "아, 그거, 전에 금쪽이에서 나오는 거 봤어."라고 말하기도 했다. 그 프로에 나오는 박사님은 정말 대한민국의 수많은 문제를 시원하게 해결해 주고 조언해 주는 아주 귀한 분이다. 그 프로그램에 어느 날 난독증이 등장했다. 아이의 난독증을 암시하는 여러 부정적인 장면이 나온 후 그분이 아주 무거운 분위기 속에서 "네, 맞습니다. 이 아이는 난독증입니다."라고 했다. 출연진은 하늘이 무너지기라도 한 듯 다들 한숨을 푹푹 쉬었다. 아이의 아빠는 고개를 떨구고 죄인처럼 앉아 있고, 아이의 엄마는 눈물을 보이셨다.

그런데 아이가 '난독증'이란 것을 드러내기 위해 프로그램에서 앞서 보여줬던 장면을 나는 너무 한쪽으로 치우친 듯하다고 생각하며 봤다. 아이와 아빠는 어떤 레스토랑에서 주문을 하고 있었다. 슬픈 음악이 깔리며 아이의 아빠도 어릴 때 난독증이 있었다는 무거운 멘트가 흘러나오기 직전의 영상에서 아빠는 '타코 카르니타스'라는 나는 태어나 한 번도 들어본 적 없는 메뉴를 읽으려 하고 있었다. 솔직히 생전 처음 보는 메뉴를, 그것도 앞에서 카메라가 여러 대 돌아가고 있는 상황에서 읽어야 했더라면, 나라면 한 번에 바로 읽었을까 하는 생각을 프로그램이 끝난 후에도 계속해서 하게 되었다.

난독증을 읽다

당연히 나는 그가 난독 증상이 그리 심하다는 생각을 못 했다. 방송사의 입장에서는 '난독증'이 무엇인지 확실하게 보여줘야 했을 테고, 난독증이 '유전이 된다'는 것도 보여주고 싶었던 것 같다.

이 장면과 어떤 유명 유튜버의 말이 오버랩되어 한참 동안 여러가지 생각이 들었다. 후천적으로 시각을 거의 잃은 '원샷한솔'이란 채널명의 유튜브 영상을 나는 종종 본다. 그의 영상들을 통해 그동안 전혀 생각하지 못했던 것들을 다른 시각에서 새롭게 보게 되기 때문이다. 한솔 님은 장애인에 대한 인식을 개선하고자 방송에 몇번 출연한 적이 있는데, 더 이상은 출연하지 않으려고 한다고 했다. 그 이유가 방송의 설정이 매번 너무 심하다 느꼈기 때문이라고 했다.

"컷~ 다시. (버스에 올라타 카드를 찍는 장면에서) 시각장애인이 버스 카드를 너무 한 번에 찍으면 안 되지 않겠어요? 다시 더듬더듬하며 힘들어하는 모습을 보여주세요…. 컷! 너무 표정이 밝은 것 같아요…. 컷!"

방송사는 시청률이 나와야 하니 극적인 과장을 보태고 싶었을 테지만, 시각장애인의 진정한 삶을 보여주는 것이 아니라 불쌍한 감정을 불러일으킬 하나의 '드라마'를 찍는 셈이었다.

앞서 아이의 아빠가 '김치찌개'를 '참치찌개'로, '차와 오란다를 먹고서'를 '차로 와서는 먹다가' 뭐 이런 식으로 '반복적인 실수'를 하고 그걸 토대로 그런 멘트가 나왔다면 나는 이해했을 것이다. 그런데 누구나 힘들어 할 것이 뻔한, 듣도 보도 못한 메뉴를 천천히 읽은 것으로 난독증의 분위기를 몰아간 것에는 불만이 있다. 지금 다시 생각해도 그건 공평하게 느껴지지 않는다.

초등학교 저학년의 아이가 글 읽기를 배울 때 유달리 힘들어 하는 것을 보며 난독증을 발견하게 되는 경우가 많은 건 사실이다. 하지만 한글은 영어에 비해 익히기가 훨씬 수월하다. 그래서 난독증이 있는 아이들 중에는 한글을 별 어려움 없이 익히거나, 유독 모음을 익히는 것에는 어려움이 있었어도 학년이 올라갈수록 비교적 큰 어려움 없이 한글을 떼고 유창하게 글을 잘 읽는 아이들이 많다.

그런데 그런 아이들 가운데는 영어 공부를 하게 되면서 난독증의 특징들이 어쩔 수 없이 드러나게 되는 경우가 많다. 한 언어의 문자를 해독하게 되었다고 해서 난독증이 사라지는 것은 아니기 때문이다. 영어는 한국어와는 다르게 읽는 법칙이 더 까다롭기도 하고, 음절이 나뉘는 부분이 쉽게 잘 보이지 않아서 읽기가 훨씬 더 어렵다. 영어라는 난관에 봉착하는 것이다.

간혹 어릴 때 외국에 한참 살아서 영어를 부담 없이 잘하는 아이들이 한국에 돌아와 학교에서 영어를 학습으로 접하기 시작한 후, 영어로 글을 쓰거나 읽기를 아예 거부해 버리는 경우들도 있다.

이런 아이들에게 난독증이 있을 수 있다는 것은 흔히 간과한다. 왜냐하면 대부분 어릴 때 한글을 잘 읽었고, 매우 논리적으로 말도 잘하며, 지능검사에서도 높은 점수가 나오고, 영어 단어 시험도 거의 만점에 가깝게 받기 때문이다. 그러니 초등 고학년이 되어서 '똑똑한 이 아이'가 난독증일 리 없다고 생각한다. 약간 눈치를 챘다 하더라도 주위에서 '멀쩡한 애 문제아로 만들지 말라'며 유난 떨지 말라는 얘기를 듣기 마련이다.

여기서 대부분이 모르고 있는 사실이 하나 있다. 바로 난독증이 있는 청소년과 성인 가운데 여전히 글을 읽지 못하는 비율은 1~2퍼센트 정도밖에 되지 않는다는 것이다.[1] 그렇다면 나머지 99퍼센트의 난독증이 있는 사람들은 모두 '치료(?)'가 된 것일까?

또 하나 많은 사람들이 잘못 알고 있는 부분이 있는데, 난독증은 '치료'가 된다고 아는 것이다. 난독증은 단지 글을 못 읽는 것만을 이야기하는 것도 아니고, 이 자체로는 '병'도 아니므로 난독증이 '치료'된다는 말은 있을 수가 없다. '치료'가 된다는 것은 그 사람의 '문제가 있는' 뇌가 다른 뇌로 바뀐다는 뜻이니까.

퓰리처상을 수상한 바 있는 미국의 시인 필립 슐츠Philip Schultz는 가끔 자신이 쓴 시조차도 잘못 읽을 때가 있고, 여전히 글을 읽는 행위는 힘이 든다고 했다. 자신이 글을 읽는다는 인지를 하지 못한 채 책 속에 빠져있을 때는 자기도 모르게 술술 글을 읽지만, '자신이 글을 읽고 있다는 걸 인지하는 순간'부터는 글이 잘 읽히지 않는다고 했다.[2] 난독증이 있는 사람들이 글을 잘 읽게 된 후에도 여전히 글 읽는 것을 힘들어하는 경우가 많은데, 이는 한편으로는 '심리적인 요인'과 관련이 깊기 때문일 것이다.

아이가 혹은 자신이 난독증이라서 난독증 관련 정보나 서적을 찾아보면 대부분이 1970년대 후반에서 2000년대 초반 미국의 난독증 관련 학자들이 쓴 학술서를 뒤늦게 한국어로 번역을 한 것이거나, 그것에 토대를 둔 칼럼들이다. 뇌 신경 과학 연구가 폭발적으로 뉴스로 나오는 시대임에도 여전히 십수 년 전 누군가가 말한 것이 계속 돌고 돌며 누구도 그 이상을 파보거나 보태지 않는 것처럼 보인다. 마치 난독증에 대한 새로운 연구와 발견은 없는 것처럼.

번역서가 아닌 국내에서 쓰인 난독증 관련 서적은 주로 어린이들을 위한 책들이다. 그중 어떤 동화책에는 뇌 기능에 이상이 생겨서 글을 읽지 못하는 '병'이라는 내용들이 있었다. 지금 한국에 만연해 있는 난독증에 대한 정보에 따르면 이 책들에 나오는 내용이 틀렸다고도 할 수 없겠다. 하지만 나는 참 불편했다. 동화에서조차 난독증의 특성이나 다양성에 대한 접근보다 불쌍한 아이, 우리가 도와줘야 하는, 도움이 필요한 아이라는 점이 부각되었다는 것이.

금쪽이보다 훨씬 앞서 10여 년 전, EBS가 '난독증'에 대해 거의

난독증을 읽다

최초로 대중에게 알린 바 있다. 〈글자에 갇힌 아이들〉이란 프로그램을 통해서였다. 거기에 나오는 내용을 보고 자신의 아이가 난독증이 있음을 처음으로 알게 되었다는 학부모도 있었다. 하지만 그녀는 '알게는' 되었지만 '치료는' 할 수가 없었다고 했다. 도움을 구할 데가 없었기 때문이었다. 하지만 앞서 얘기했듯이, 그건 난독증이 '질병'이 아니니 어쩌면 애초부터 '치료'가 불가능한 것이 당연했을 것이다. 물론, 그 분이 말한 치료에는 글을 읽는 훈련 등의 지원을 포함한 것이었겠지만.

난독증이 있다는 걸 초등 저학년 때 알게 되면 글을 읽고 배우는 학습 측면에서는 조기에 개입하여 도와줄 수 있다. 그리고 최대한 빨리 도와주는 것이 좋다. 하지만 한글을 읽게 되었다고 해서 영어를 배우거나 다른 언어를 배울 때 어려움을 다시 겪지 않는 것은 아니다.

난독증을 이해하거나 도와주는 데 있어서 기억해야 할 중요한 점이 몇 가지 있다. 우선, 무엇보다 난독증이 '고쳐야' 하는 '병'이 아니라는 것, 그러나 생활함에 있어 꼭 필요한 '모국어를 읽고 쓰는 능력'은 어떤 방식으로든 반드시 도와주어야 한다는 것이다. 이것만큼 중요한 또 다른 점은 난독증은 문자보다는 '시각적(이미지적)·패턴적' 사고를, 또 순차적·선형적 사고보다는 한 번에 '총체적' 그림으로 보려고 하는 방식에 더 익숙하다는 것이다. 이에 대해서는 다양한 사례를 통해 쉽게 설명하려고 한다.

EBS의 〈글자에 갇힌 아이들〉에서 난독증을 자세히 다루어서 많은 사람들이 큰 도움을 받았을 것이다. 하지만 '병' '장애' '치료' '어눌한 말투' 같은 표현을 써 난독증에 대한 인식을 개선한다는 원래의 취지에 반하는 부분도 있어 보였다. 그 프로그램은 무엇보다도 난독증에 관한 국민의 인식개선이 시급하다고 마무리했지만, 인식 개선까지는 과한 욕심이 아니었을까. 다만 난독증이란 것이 있다는 것을 사회적으로 드러내고 알리는 계기는 충분히 되었을 것이다.

난독증의 다양한 면 중에서 글을 읽는 어려움은 결국은 거의 모든 사람이 극복한다. 특히나 한글에서는 (거의) 그렇다. 물론 영어는 글을 읽는 것이 한글보다 더욱 어려워서 어려움을 겪는 사람들이 훨씬 더 많겠지만, 그래도 성인이 될 때쯤엔 그들도 대부분 어느(?) 정도는 읽게 된다. 글을 읽는 데 어려움을 겪는 것은 난독증의 아주 일부일 뿐이다.

난독증이 있는지는 대부분 초등학교 1, 2학년 때 한글을 배우는 과정에서 알게 된다. 이 아이들은 고학년으로 가면서 글은 읽을 수 있게 되지만, 글을 읽는 속도가 (많이) 느리다거나, 정확하고 유창하게 읽기 어렵다거나, 이해를 잘 못 한다거나, 하는 점에서 여전히 어려움을 겪을 수도 있다. 하지만 난독증이 크게 드러나지 않은 아이들이라면? 초등 저학년에서 글 읽기를 비교적 큰 어려움 없이 배웠고 학년이 올라가면서 국어 점수도 좋다면, 이 아이들에게 난독증이 있는지 어떻게 알까?

나는 이렇게 초등 저학년에서는 난독증상이 거의 드러나지 않았고, 글과 관련한 학습에서는 어려움이 있지만 그것만 빼면 월등한 점이 많은 사람들이 (초중고와 성인기에 걸쳐) 자신에게 난독증이 있는지 어떻게 알 수 있을지에 대해 이야기할 것이다. 즉, '한글을 읽고 쓰는 데 어려움이 있다/없다'는 것만 알아서는 거의 찾아낼 수 없는 난독증을, 종종 그와 더불어 나타나는 다른 많은 면을 엿봄으로써 '짐작'할 수 있게 될 것이다.

서양의 많은 사람들은 난독증이 무엇인지 제대로 알게 되고, 자신에게 난독증이 (심하게든 가볍게든) 있음을 알게 된 후, 비로소 '진정한 해방감'을 느꼈다고 한다.

난독증이 있는 사람들은 성인이 되어가는 과정에서 자신의 약점을 더욱 잘 숨길 수 있는 방법을 알아내어, 대다수가 다른 사람에게 자신의 약점을 거의 '들키지' 않는다. 즉, 본인이 직접 '내가 난독증이 있다'라고 얘기해야만 다른 사람들이 알 수 있는 경우가 대부분이다. 서양에서는 자신의 어려움을 더 많은 사람들과 공유하기 위해 자비로라도 종종 책을 출간한다. 그래서 요즘은 '난독증 수기'라는 장르도 생길 정도가 되었다고 한다. 그런 책들 중에는 철자나, 대·소문자, 띄어쓰기, 단어의 반복이나 생략 등이 많이 포함되어 있는 책들도 있다. 난독증 억만장자가 쓴 글에서조차도 말이다.

만약 난독증이 있는 성인이라면, 이 글을 읽고 자신이 지금껏 가졌던 어려움을 알아차릴 수 있게 될 것이다. 만약 아이를 위해서라면, 조금은 다른 시각에서 아이를 이해하게 될 것이다. 우리는 누군가를 오해하지 않고, 온전히 이해하게 될 때라야 비로소 제대로 도움을 줄 수 있을 것이다.

난독증과의
첫 만남

우리 생각에는 근본적으로 필요하지 않은
표현이 '토'인 것입니다.
'토'가 없어도 서로의 상황을 이해하면
이해할 수 있다고 본 것입니다.

– 조현용 교수(경희대 한국어 교육 전공)

나는 만 19살 때부터 아르바이트로 영어 가르치는 일을 시작해
서 인기 강사가 되었지만, 20대 후반에 호주로 날아가 십여 년을
살게 되었다.

그리고 그곳에서 이민자들에게 영어를 가르쳤다. 그러고 나서
한국에 돌아왔다. 한국에서는 이제는 정말 영어 가르치는 것 말고
다른 걸 해보고 싶었다. 그래서 호주의 영어와 문화를 알리는 블로
그를 만들어 열심히 글을 쓰고, 페이스북 페이지도 만들고, 다양한

모임에도 나가고, 교육 세미나에도 참석하고, 그렇게 2~3년 정도를 보냈다.

그러던 어느 날 당시 초등학교 고학년이었던 둘째의 친구 엄마가 나를 자신의 집으로 초대했다. 함께 식사도 하며 이런저런 여러 얘기를 나누게 되었는데, 그녀는 다른 사람은 거의 모르는 비밀이라며 내게 자신이 실은 영문과 출신이라고 했다. 그게 왜 비밀이지?? 한국에서는 영문과라고 하면 사람들이 "그래? 그럼 영어 잘하겠네? 영어 한마디 해 봐~" 같은 반응들이 소소하지만 반복된다. 이런 말들이 그녀에겐 너무 스트레스를 주었다고 했다. 그래서 늘 어물쩍 넘어가거나, 아예 비밀로 한 것이다. 그런데 나에게 굳이 그 비밀을 털어놓았던 이유는, 나 같은 교육관을 가진 사람이 자신의 아이들을 가르쳤으면 좋겠다고 생각해서라고 했다. 당시 나의 교육관은 '당장의 점수를 위해 꼼수를 쓰기보다, 영어 공부의 올바른 길을 따른다'는 것이었다.

그렇게 나는 한국에 돌아와서, 심지어 그때까지는 한 번도 가르쳐보지 않았던 '아이들'을 가르치게 되었다. (그동안은 성인만 가르쳐 왔었다.) 소문이 나면서 우리도 해달라, 아이들 언니 오빠도 해달라… 그렇게 나는 꽤 많은 아이들을 가르쳤다. 그 안에 지민이가 있었다.

지민이를 한동안 가르치다 보니 그 아이는 뭔가 다른 아이들과

난독증을 읽다

다르다는 게 느껴졌다. 참 똑똑한데 책의 본문을 '보고' 빠르게 읽기를 하거나 문장 외우기를 숙제로 내면 아주 싫어했다. 그냥 '듣고' 알아맞히거나 듣고 외우기를 하면 안 되냐고 했다. 물론, 그래도 되지만 당시에는 모든 문장들이 오디오 파일로 있지는 않았으므로 그러기가 힘들었다. 지민이는 분명 알파벳도 다 알고 있었지만, 가끔 순서를 헷갈려했다. 물론 처음에는 모든 아이가 다 그렇게 헷갈려하지만 익숙하게 된 후에는 그러지 않는다. 또 숫자 6과 9를 헷갈려했고, 글자 b와 d, p와 q를 자주 헷갈려했다. 지민이는 당시 난독증에 대해 거의 문외한이었던 나에게도 아주 특이하게 보였다.

나는 주로 문장이나 본문을 통으로 외워 오는 숙제를 많이 냈었는데 다른 아이들은 잘 모르면 본문을 살짝살짝 보고는 다시 이어서 외우거나 했지만, 지민이만은 절대! 본문을 보지 않았다. 완벽하게 외웠기 때문만은 아니었다. 지민이는 생각이 나지 않을 땐 눈을 사선으로 들어 공중을 보며 빠르게 기억을 떠올리는 듯했다. 그리곤 엄청나게 빠른 속도로 본문을 쏟아내곤 했다. 최대한 서둘러야 하는 것처럼, 끝까지 본문은 보지 않으면서.

본문 외우기 숙제를 해 온 날은 가끔 입술이 다 터져있거나 엄지와 검지 손가락 사이가 피가 날 정도로 긁혀 있었다. 엄청난 피로와 스트레스가 느껴졌다. 지민이는 집에서 엄마와 따로 엄청나게 공부를 하고 있었다. "너, 바보야?! 왜 못 읽어?! 외워!! 외우고 또 외워! 될 때까지 해! 노력을 더 하란 말이야, 노력을!!" 어릴 때부터 늘 이런 말을 들으면서 될 때까지 하고 또 했던 지민이였다. 혹시라도 남들이 자신을 바보라고 할까 봐 몇 배로 노력하고 또 했던 지민이는 무척이나 똑똑해서 거의 모든 것을 소리 내어 다 외워버렸다. 어느 순간 나는 아이보다도 그 아이의 엄마가, 자신의 아이가 바보 취급당할까 봐 더욱 견딜 수 없어 하는 것이라고 느꼈다. 그게 아니라면 혹시라도 그런 일이 있으면 아이가 힘들까 봐 엄마가 '미리 (열정을 과하게 쏟아) 아이를 도와'주셨던 것일까?

시간이 갈수록 지민이에게서 특이한 점들이 점점 더 많이 보였다. 오지랖이 넓었던 것인지 나는 그걸 아이의 부모가 반드시 알아야 한다고 생각했다. 그래서 십여 년 전의 나는 (겁도 없이) 그녀에게 전화를 걸었다. (간단히 얘기한 후 직접 만나 좀 더 자세한 얘기를 할 예정이었다.)

"…… 지민이 어머님, 제가 전문가는 아닙니다만 지민이에게 약간의 난독 증상이 있는 것 같습니다."

"… 뭐라고요?!"

"네, 항상 텍스트 읽기를 힘들어하고 비슷한 글자나 숫자들을 헷갈려합니다."

"난독이라니요?! 애 담임도 아무 말도 안 하는데 당신이 뭔데!

난독증을 읽다

우리 애가 난독이라는 겁니까?!"

"… 아, 너무 노여워하지 마시고요. 물론, 저도 전문가가 아니긴 하지만 담임선생님도 난독에 대해 잘 모르시지 않을까 싶습니다. 호주에서는 난독증이 흔해서 저는 조금 더 익숙할 뿐입니다."

"… 무슨 말도 안 되는 소리를 하는 겁니까?!! #%#$%^$#@##!!!!"

그렇게 그녀는 한참을 화내더니 결국 툭 하고 전화를 끊어버렸다. 그리고 더 이상 내 전화를 받지 않았다.

다른 방도가 없었던 나는 며칠 뒤 그녀의 집으로 찾아갔다. 비록 문전박대를 당했지만 나는 계속 문 앞을 지키고 서서 말했다.

"어머님, 화가 조금 누그러지셨으면 이제 지민이에 대해 좀 더 얘기를 했으면 합니다. 지민이는 공부 방법을 바꿔야 합니다. 아니면 중고등학교에 올라가서 학업을 못 따라갈지도 모릅니다…."

"나는 이제 당신을 보고 싶지도 않고 다시 연락을 받고 싶지도 않으니 제발 좀 가세요!!!"

(이런 대화가 한참 동안 오갔다.)

나는 그 집 앞에서 한참을 기다리고 또 기다렸지만, 그녀는 나오지도 대꾸조차도 하지 않았다. 나중에 동네에서 마주쳤을 땐 나를 아주 경멸하는 눈초리로 보며 입 모양으로 욕을 하며 지나갔다.

그게 십여 년 전이었는데 몇 년 전 우연히 그 아이 얘기를 전해 들었다. 그 아이는 시골로 이사 가서 살다가 중학교 때는 결국 (거의) 아무도 모르게 난독 '치료(?)'를 받았고, 나중에는 읽기가 많지 않은 과목 위주로 공부를 잘하고 있다고 했다. 내가 앞으로 계속해서 언급하겠지만 난독증은 '치료'가 되는 것은 아니니 실은 '읽기 훈련'을 했다는 게 더 맞을 것이다. 혹은 '한글/영어 문자 해독'을 하게 되었다거나.

내가 만약 당시로 돌아가, "어머님, 지민이는 정말 남들에 비해 압도적으로 예술에 더 재능이 뛰어납니다. 그리고 시각적 문자 학습보다는 청각적 학습에 최적화되어 있는 두뇌를 가졌어요. (물론, 지민이의 경우에는 그랬지만 모든 난독증이 청각적 학습이 쉬운 건 아니다.) 아무나 이런 두뇌를 가지고 태어날 수는 없는데 이 아이는 정말 평범한 아이가 아니네요. 이 아이의 재능을 극대화시킬 수 있는 방법으로 공부하면 참 좋을 것 같습니다. 아인슈타인이나 피카소가 평범한 사람들처럼 교육받을 수는 없지 않겠습니까? 저도 지민이의 두뇌를 조금만 나눠 가질 수 있으면 참 좋겠네요…." 하고 얘기했더라면 그녀가 그토록 흥분하며 대화를 단절하고 관계가 파탄날 정도로 반응했을까?

어느 누구도 자신의 아이가 멍청하다는 얘기를 (어떤 방식으로

난독증을 읽다

든) 듣고 싶어 하지 않는데, 그녀가 그 정도로 그만한 것이 다행이 었다는 생각마저 든다. 아마도 당시 그녀의 머릿속엔 '난독증=지 진아=낮은 지능=모자란 아이'의 등식이 깊이 자리하고 있었을 테 니까.

나는 지금까지 난독증이 있는 사람들을 꽤 여러 명 만났다. 그 런데 그들 중 아무도 자신에게 난독증이 있다는 걸 몰랐다. 그리고 '난독증'이라는 말을 듣는 순간 사람들은 모두 아주 부정적인 반응 을 보였다. '난독증'이란 말은 한국 사회에서 이토록 엄청나게! 부 정적인 어감을 지니고 있다. 한국에서는 '난독증'이란 말이 있긴 하 지만 거의 '경계선 지능'과 '느린 학습자'란 말들에 포함되거나, 혹 은 교차로 쓰인다는 느낌을 받는다. 난독증을 교육 영역에서는 학 습 장애로만 이해하거나 다룬 탓도 있을 것이다. '난독증'도 '느린 학습자'도 모두 신경 발달 스펙트럼상에 있는 것이니 겹치는 부분 도 있겠지만 그렇지 않은 부분도 많다.

지민이 엄마에게서 '당신이 뭔데?!'라는 말을 듣고서, 그리고 몇 몇의 난독증이 있는 아이들을 더 만나고 나서 나는 난독증에 대해 제대로 공부해 봐야겠다고 생각하게 되었다. 모두가 뭔가 잘못 알 고 있는 난독증에 '토'를 달지 않고는 우리가 모호하게 알고 있는 난독증의 실체는커녕 근본적인 배경조차 이해할 수 없겠다고 생각 했다.

처음에는 한국에서 난독증 관련 자격증을 따고 공부를 조금 더 하고 싶었다. 그런데, 내가 문의했던 곳에서는 언어병리사가 아니면 자격도 안 된다고 했다. 하지만 응용언어학과 이중언어 교육을 전공해 석사까지 땄는데 다시 대학에서 언어 병리학을 공부하는 것은 너무 과하다고 생각했다. 만약 한국에서 언어 병리학을 공부해야 한다면 차라리 호주에서 난독증 석사를 하는 게 낫지 않을까 하고 생각했는데, 온라인으로 딸 수 있는 과정들은 모두 탐탁지 않았고, 몇 년간 가서 공부하자니 인생의 행로를 바꿀 것까지는 아니라는 생각도 들었다.

그러다 1949년에 설립된 미국의 '국제 난독증 협회'IDA와 1972년부터 난독증에 대한 목소리를 내기 시작한 '영국 난독증 협회'BDA가 나의 검색창에 뜨기 시작했다. 그중에서도 때마침 온라인으로 전문가 과정을 제공했던 '영국 난독증 협회'가 레벨도 많아 유연하게 공부할 수 있어 그곳으로 마음을 굳혔다. 나는 레벨 2부터 차근차근 공부해 나가기 시작했다. 코스만 들으면 되었던 레벨 2를 마치고, 레벨 3에서는 조금 더 진지하게 공부를 하고 에세이를 제출하고 자격증을 받았다. 전문가 과정을 더욱 심도 있게 공부하고 싶었지만, 그 위인 레벨 5와 레벨 7은 내가 전문적으로 난독증 아이들만 보는 게 아니라 힘들 것 같았다.

하지만 BDA에서 공부를 하면서도 여러 가지 고민을 하게 되었

난독증을 읽다

다. 거기서 가르치는 대부분은 모국어가 영어인 아이들에게 영어를 가르치는 방법들이었고, 나는 모국어가 한국어인 아이들에게 영어를 외국어로 가르쳐야 하는 경우였다. 그 방법을 찾기 위해 한국에서 단기로 난독증과 언어발달지도사 자격증을 땄다. 어려운 건 아니었지만 그래도 BDA에서의 풀기 어려운 고민들에 도움이 될까 싶어 추가로 들었던 과정들이었다. 역시 큰 도움이 되지는 않았다. 한국의 과정들은 한글을 가르치는 것에만 특화되어 있었기 때문이었다.

나는 '난독증이 있는 아이들에게는 외국어 시험을 면제해 주라'는 전문가들의 입장과, 외국어를 공부하는 게 얼마나 큰 고통이었던지 거의 폭력에 가까웠다는 난독증이 있는 많은 성인들의 말과, 영어는 피할 수 없는 주요 과목이자 계급이라 할 수도 있는 한국의 현실 사이에서 많은 고민을 했다. 다른 부분에서는 큰 난관이 없는데, 유독 영어에서만 매우 큰 어려움에 맞닥뜨리는 (그렇지만 난독증인지조차 모르거나, 드러내지 못하는) 이들에게 한국 사회는 어디서부터 어떻게 난독증을 풀어가야 할까? 그 고민은 여전히 진행 중이다.

한국의 똑똑한 사람들은
난독증이 없을까?

답을 내는 것도 중요하지만
질문이 무엇인지 아는 것이 중요한 거야.
왜냐하면 틀린 질문에서는
옳은 답이 나올 수가 없기 때문이지.

− 리학성(영화 〈이상한 나라의 수학자〉 중에서)

● **심각한 난독증의 미국인, 한국어로 난독증을 없애다**

한 소셜미디어에 자신을 32살이라고 밝힌 어떤 미국인 남성이
흥미로운 글을 올렸다.[3] '내가 영어보다 한국어를 더 잘 읽는 게 이
상한 걸까? Is it weird that I read better in Korean than English?'라는 질문이었다. 자
신은 정말 영어를 읽고 쓰기를 잘 못해서 학교생활에 큰 어려움이
있었고, 결국 고등학교를 중퇴할 수밖에 없었다고 했다. 그는 6년
전 한국에 왔다가 이 나라가 너무 좋아서 한 달에 50만 원 이상씩

주고 계속 한국어 수업을 듣고 있다고 했다. 그런데 한국어는 자신이 평생 공부한 영어보다 적어도 10배는 더 잘 이해가 된다고 했다. 그는 한글을 읽을 때에는 왜 자신의 지독한 난독증이 방해하려 나타나지 않는지 모르겠다고 했다. "한 언어에서는 문맹에, (글을 읽지 못하는) 장애인"인 자신이 다른 언어에서는 전혀 난독증의 어려움 없이 "정상인"처럼 성공 가도를 달리는 듯 느끼니… 과연 난독증이 무엇인가 하는 생각을 하게 된다고 했다.

한국 사람들이 난독증에 대해 거의 모르는 것은 바로 이 남성이 느낀 바에서 그 이유를 찾을 수 있을 것이다. 남성이 올린 질문에 여러 흥미로운 답변이 주렁주렁 달려 있었다. 답변들을 대략 하나로 묶어보면 이렇다.

"그건 정상이야. 각 언어와 문자 체계에 따라 난독증 비율이 다르거든. 영어는 다른 언어들에 비해 난독증 비율이 높아. (영어는 구분되지 않는 일렬의 선으로 나열된 것에 비해) 한국어는 음절 상자 형태니까. 한글은 처음부터 교육을 받지 못한 사람들이 쉽게 배울 수 있도록 만든 거잖아. 그리고 정말 음절이 블록으로 딱딱 구분되어 있어서 머릿속에서 더 쉽게 구분이 되고 이해가 쉬워. 그래도 공부할 때 'ㅓ'와 'ㅏ'가 엄청 헷갈렸을걸? 그런데 신기하게도 '하'와 '허'는 안 헷갈렸지? 그건 바로 난독증이 있는 사람들은 대칭적인 것을 몹시 헷갈려해서야. 'ㅓ'와 'ㅏ'는 대칭적이니까 헷갈리지만, 거기에

'ㅎ'를 붙여 '허'와 '하'로 만들면 비대칭이 되지. 그래서 안 헷갈리는 거 엄청 신기하지 않아?"

이 질문과 답 하나로 난독증에 관해 많은 것을 알게 되었을 것이다. 그래도 다시 조금 풀어서 설명을 하자면 이렇다.

영어는 expensive, difficult처럼 음절의 구분 없이 알파벳이 일렬로 주~욱 나열이 되는데 이를 읽는 사람이 알아서 음절을 나눠서 이해해야 한다.

반면 한글은 한 음절이

비	싸	다		어	렵	다

와 같이 구성되어 글자 하나하나를 사각 상자를 채운 하나의 그림처럼 이해하기가 더 쉽다.

모든 언어에서 난독증이 보고된다고 하지만 언어의 특성에 따라 발견되는 정도는 크게 차이가 날 것이라고 생각한다. 한자를 쓰는 중국어나 일본어에서도 글자를 획순이나 모양을 익히는 것에 어려움을 겪는 난독증이 있다는 얘기를 들었다. 하지만 난독증의 특징 중 하나가 시각적인 이미지를 잘 기억한다는 점을 고려해 볼 때, 난독증은 있지만 시각적 사고를 하는 데다 기억력이 무척 좋은 사람들에게는 한자를 익히기가 쉽지 않을까 하는 생각을 해 봤다.

난독증을 읽다

난독증이 심한 경우에는 외국어를 공부하는 것이 매우 힘들다. 하지만 난독증이 그리 심하지 않은 사람들이 다른 언어를 공부한 얘기를 들어보면 영어는 상하, 좌우가 대칭인 글자들(b, d, p, q, u, n 등)과 소리와 다르게 쓰인 스펠링이 있고, 한 단어가 음절이 나뉘지 않은 채 주욱 연결되어 있어 읽기가 무척 힘들다고 했다. 그에 비해 한글은 훨씬 읽기가 쉽지만, 가끔 대칭인 글자(ㅏ, ㅓ, ㅗ, ㅜ, 곰, 문 등)가 처음엔 좀 헷갈려서 어려웠다고 했다. 반면, 일본어나 중국어의 글자는 대칭인 것이 거의 없어 그리 헷갈리는 경우가 없다고도 했다. 하지만 엄청나게 많은 한자의 모양을 익히는 게 어렵지 않으려면 난독증이 그렇게 심하지 않고, 매우 시각적인 학습자에, 기억력도 무척 좋아야 할 것이다.

나라들마다 난독증이 있다고는 하지만 아직 난독증에 대한 이해나 정의도 제각각이다. 난독증으로 드러나는 여러 특징 속의 복잡한 함의를 아직 제대로, 또 충분히 파악하지 못하고 있는 것이 현실이다. 학자나 (준)전문가들마저 난독증은 있다/없다, 난독증은 치료가 가능하다, 난독증은 글을 읽는 데 어려움이 있는 사람들이다, 난독증은 장애다/재능이다, 난독증은 글이 흔들리거나 겹쳐 보인다, 난독증은 글이 날아다니는 것과 상관없다 등 여전히 의견이 분분하다. 그러다 보니 어디서부터 연구자료를 봐야 언어별로 난독증에 관한 신뢰할 만한 정보를 찾을 수 있을지도 도무지 알기가 어렵다.

〈이상한 변호사 우영우〉가 우리 사회에 자폐스펙트럼에 대한 많은 관심을 불러일으켰던 것처럼, 인도에서는 2007년에 난독증이 있는 아이가 주인공으로 나오는 〈지상의 별처럼〉이라는 영화가 개봉했다. 나는 이 영화가 인도의 난독증과 획일적인 교육에 대한 인식을 바꾸는 데 큰 영향을 미쳤을 거라고 짐작한다. 그런 영화를 만들 만큼 난독증에 관심과 애정이 있다는 사실이 참 부러웠다.

아마도 인도는 영어를 공용어로 쓰니까 난독증이 훨씬 더 레이더망에 포착이 잘 되었을 것이다. 게다가 영어로 된 난독증에 관한 많은 연구와 프로그램을 바로 적용할 수 있어서 그렇지 않았을까 생각했다. 인도는 우리보다 훨씬 더 다양성을 품으려는 것처럼 보여서 마냥 부러웠다.

우리나라는 왜 난독증에 대한 영화든, 책이든, 수기든, 거의 아무것도 없는 것일까?

그건 한글은 영어에 비해 읽기가 훨~씬 쉬워서 한글을 못 읽는 사람이 (거의) 없고, 그러다 보니 자신에게 난독증이 있다는 것을 대부분 알지 못하기 때문일 것이다.

언어와 글의 관계를 얘기할 때 말이 소리 나는 대로 글을 쓰는 것에 가까우면 가까울수록 그 언어는 '투명하다'고 한다. 하지만 말로 할 때는 소리가 나지 않는(묵음인) 철자가 글에는 들어 있거나 소리와는 다르게 적히는 스펠링이 많으면 '불투명하다'고 한다.

난독증을 읽다

불투명할수록 발음과 철자가 일관되지 않고 불규칙한 경우가 많은 것이다.

영어와 같은 알파벳을 쓰는 언어들 중에는 발음과 철자가 거의 일치하는 언어들로 이탈리아어, 스페인어, 핀란드어 등이 있다. 이 언어들은 한글처럼 각 글자의 소리만 알면 그대로 읽을 수 있다. 그러면 같은 난독증이 있는 사람이라도 영어를 읽는 것보다 이탈리아어를 읽기가 쉬울 거란 뜻인가? 그렇다!

한글은 어떨까? 한글은 이탈리아어를 읽는 것만큼 쉽기도 한데, 음절까지 이미 나뉘어서 한 자 한 자씩 쓰기 때문에 읽기를 익히기가 훨씬 더 쉽게 된다.

이렇게 음절처럼 나뉘어있는 글자들 중에는 한자와 일본 글자인 히라가나, 가타카나 등이 있다. 하지만 한자는 소리 규칙에 따라 만들어진 게 아니라 모양, 소리, 의미를 섞어 만들었기에 익히기가 매우 복잡하다. 반면 일본어의 히라가나와 가타카나는 한글과 아주 유사하게 아주 투명하다. 하지만 음소가 분리되고 합쳐지는 (자음과 모음이 분리되고 합쳐지는) 것은 없이 (キ[키]나 テ[테]처럼) 한 글자가 아예 자음과 모음이 합쳐진 하나의 소리로 나니 어쩌면 한글보다 더 쉬울 수도 있지 않을까 싶다.

한글이 이토록 투명해서 읽기가 쉬운 언어라면, 영어를 먼저 배웠더라면 난독증이 두드러지게 나타났을 법한 사람들이, 한글 읽는 것을 먼저 배웠기에 (거의) 아무런 어려움이 없다고 느낄 수도 있었을 것이다. 이들이 글자 읽기에 어려움을 거의 느끼지 않는다면 그들이 난독증이라는 걸 어떻게 알 수 있을까? 자신의 모국어 읽기에 어려움이 없는 이들에게 '난독증'이라고 이름을 붙이는 게 말이 되기는 한가?

'난독증'이란 용어가 글을 읽지 못하는 사람'만'을 일컫는 것처럼 들리기 때문에 '나는 절대 난독증이 아니다. 나는 글을 잘 읽거든.' 하고 생각하는 사람들이 많을 것이다. 하지만 난독증이란 용어를 살짝 바꿔서 '시각적 학습자' '귀로 소리를 들으면 헷갈리는 사람' '말의 의미를 잘 이해하지 못하는 사람' '순서대로 일을 처리하는 것이 무척 어려운 사람' '오른쪽 왼쪽이 항상 헷갈리는 사람' '단어를 알파벳 순서로 외우는 게 힘든 사람' '아는 단어를 잘 생각해내지 못하는 사람' '이미 존재하는 단어를 종종 거 뭐 거시기, 그거 있잖아 그거, 거 뭐라고 하더라라고 자주 말하는 사람' '유창하게 읽었지만 내용을 기억하지 못하는 사람' '몸으로 하는 것은 무척 잘 기억하지만 글로 보거나 들은 것은 힘들어하는 사람' '영어 회화는 잘하는데 영어 읽기는 두려운 사람' '매우 똑똑하지만 시험 문제를 잘못 읽거나 사소한 계산 실수를 자주 하는 사람' 등 이런 모든 사람들에게 모두 난독증 유전자가 잠재하고 있다면 어떨까? 이 유전자는 눈에 띄는 난독증으로 발현이 될 수도 있고, 숨길 수 있을 정

난독증을 읽다

도로만 나타나거나, 아니면 아예 자신도 알아차리지 못할 만큼 정도가 미미할 수도 있을 것이다.

난독증이 무엇이고, 어떤 사람들까지를 난독증으로 볼 것인가? 난독증은 우리 삶에서 매우 다양한 모습으로, 때로는 아주 선명하게, 때로는 희미하게 형체를 드러내는데 그 모양과 정도의 경우의 수는 셀 수 없이 많다. 그래서 '난독증이 있는 사람 중엔 같은 특징을 가진 사람이 거의 한 명도 없다'라고 한다. 이들 중에는 난독증이 심하지 않아 조기에 도움을 주면 학습에 큰 문제가 없어질 사람, 조금 도움이 될 사람, 도움을 주지 않아도 혼자 극복할 사람, 자신도 남도 거의 모를 만큼 생활에 불편함이 없는 사람들이 있다. 난독증은 정말 다양하게 넓게 펼쳐진 '스펙트럼'이기 때문이다.

내가 여기서 강조하고 싶은 것은 '난독증은 단순히 한글을 읽는데 어려움을 겪는 것만을 말하는 것이 아니다'는 것이다. 그리고 한글을 쓰는 우리에게는, 난독증을 약하게 가지고 있는 사람들은 한글을 읽고 쓰는 것만으로는 밖으로는 거의 드러나지 않는다는 것이다.

그래서 나는 난독증이 있으면 보통 함께 가지고 있는 다른 어려움을 최대한 많이 보여주려고 한다. 난독증은 대부분 단독으로 있기보다는 ADHD, 자폐스펙트럼(아스퍼거), 운동 협응의 어려움, 난산증(산술장애, 수에 대한 어려움), 난서증(쓰는 것에 어려움) 등과 둘 혹은 셋 이상 함께 손잡고 다닌다.

ADD/ADHD
(주의력결핍장애/주의력결핍 과잉행동장애)

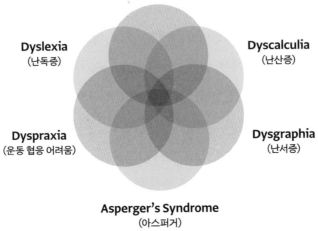

Dyslexia
(난독증)

Dyscalculia
(난산증)

Dyspraxia
(운동 협응 어려움)

Dysgraphia
(난서증)

Asperger's Syndrome
(아스퍼거)

난독증과 신경다양성의 교집합

ADHD가 있다고 난독증이 있는 것도 아니고, 난독증이 있다고 자폐가 있는 것도 아니고, 숫자를 어려워한다고 문자를 어려워하는 것도, 달리기를 엉성하게 뛴다고 난독증이 있는 것도 아니지만, 이들이 관련이 있다는 것을 알고 나면 스스로를 이해하기도, 선생님이 학생을 이해하기도, 부모님이 아이를 이해하기도 조금은 쉬워질 것이다.

난독증에 관해 스펙트럼이라고 하는 것은 더 많은 사람들에게 난독증이라는 '낙인'을 찍기 위함이 아니며, 오히려 그 반대라고 할 수 있다. 난독증을 문제가 있는 '장애'나 '병'이라기보다는 그냥 '다른' '열등하지 않은 두뇌'의 모습으로 받아들였으면 좋겠기 때문이다.

이제부터 나올 매우 다양한 사람들의 이야기를 읽다 보면 생각보다 우리 중에 이런 특징들이 전혀 없는 사람들이 오히려 몇 되지 않는다는 것을 알게 될 것이다. 어쩌면 자신 안에, 또 바로 우리 옆에 생각보다 난독증이 가까이 있고 많다는 것만 알아도 이 책은 그 역할을 다했다고 할 수 있을 것이다.

유명인의
난독증

나는 내 주의를 집중하도록 스스로 훈련해야만 했다.
나는 매우 시각적인 사람이 되었고,
읽은 내용을 이해하기 위해
정신적 이미지를 만들어내는 법을 배웠다.

− 톰 크루즈

작가들 중에는 난독증이 많다. 늘 글을 읽고 쓰는 사람들이 난
독증이라는 것이 아이러니하게 들리지만 사실이다. 머릿속에서 이
야기를 전체적으로 그려내는 능력은 뛰어나지만 스펠링을 틀리거
나, 단어를 잘 떠올리지 못하거나 헷갈려하는 경우가 많다.

《위대한 개츠비》를 쓴 F. 스콧 피츠제럴드는 12살에 과제에 집
중하지 못한다는 이유로 학교에서 쫓겨났는데⁴ 그는 늘 스펠링에
어려움이 있었다고 한다.

《윔피키드》만큼이나 아이들에게 인기 있는 《캡틴 언더팬츠》의 작가 대브 필키도 학교를 방문하거나 책 낭송을 하는 경우에 자신이 어릴 적 ADHD와 난독증으로 힘들었음을 숨기지 않고 얘기한다.[5] 하지만 그는 난독증으로 인해 더욱 많은 영감을 얻게 된다고도 말한다. 난독증에 대해 더 많이 알게 될수록 그의 말에 공감하게 될 것이다.

미국의 배우, 감독이자 저자이기도 한 헨리 윙클러는 〈해피 데이즈〉에서 멋진 가죽 점퍼를 입고 나오는 '폰즈the Fonz' 캐릭터로 무척 인기가 많았다. 그는 31살이 되어서야 자신에게 난독증이 있다는 걸 알게 되고, 그제야 뒤늦게 (다시 용기 내어) 책을 읽게 되었다. 그는 31살 이전에는 혼자서 책을 읽은 적이 없었다고 한다. 어린 시절 책이 너무 공포스러웠고, 책 앞에선 항상 긴장하게 되었다고 했다. 뒤늦게 책 읽는 즐거움에 빠진 그는 청소년 소설도 썼다. 그는 아이들에게 '학교와 성적이 네가 얼마나 뛰어난지를 규정짓지 못한다'라고도 했다.[6]

영화 〈헬프The Help〉에서 최고의 조연으로 활약했던 옥타비아 스펜서는 두 권의 청소년 탐정 소설을 썼는데, 초등학교 저학년 때 큰 소리로 책을 읽어야 할 때면 종종 두려움으로 온몸이 마비되곤 했다고 한다. 종종 단어를 빠뜨리고 읽거나 글자 순서를 뒤바꿔 읽곤 했기 때문이었다. 그녀는 자신이 분명 멍청하지 않다는 걸 아는데,

다른 아이들만큼 똑똑하지 못하다고 느끼게끔 했던 그 경험들이 너무 싫었다고 했다.[7]

영국의 작가 샐리 가드너[8]는 수많은 청소년 문학작품을 쓰고 삽화를 그렸는데, 여러 상을 받은 바 있다. 그녀의 원래 이름은 '샐리 Sally'가 아니라 '새라Sarah'였는데, 그녀에겐 자신의 이름에 들어있는 'h'가 항상 어려워 좀 더 기억하기 쉬운 'Sally'(샐리)로 바꿨다고 한다. 그녀는 학교에서 '바보 샐리Silly Sally'라는 별명으로 심하게 놀림을 당했었는데 이는 그녀가 14살이 될 때까지 글을 읽지 못했기 때문이라고 했다. 12살이 되어서야 심한 난독증이 있다는 진단을 공식적으로 받게 되었는데, 후에 그녀의 창의적인 재능을 알아본 선생님들 덕분에 미술과 연극으로 대학에서 인정받고, 나중에는 삽화가와 글쓰는 작가로 방향을 바꿨다고 한다.

지금은 80대가 된 〈Pony Pals〉 시리즈를 쓴 작가 잔 베탄코트 Jeanne Betancourt는 40대가 되어서야 자신에게 난독증이 있다는 걸 알게 되었다.[9] 그전에는 난독증이란 말도, 난독증 협회라는 것도, 난독증에 대한 정보조차도 없었으니 당연히 전혀 놀라운 일은 아니다. 연세가 있는 분 가운데 수많은 사람들이 손자 손녀가 난독증 진단을 받는 것을 보고 자신의 난독증을 알게 되기도 한다. 그녀도 그랬다. 그녀는 자신의 난독증이 75권 이상의 책을 쓰는 데 도움이 되었다고 했다. "나는 내가 글을 읽거나 쓸 때, 내 머릿속에서 각 단어들이 들리고 사물이 3D로 보인다."라고 했다. 이게 바로 많은 사람들이 말하는 난독증의 슈퍼 파워다! 유명한 작가나 배우들이 난독증이 있는 경우를 얘기하자면 아주 긴 목록을 읊어야 할 것이다.

난독증은 분명 글을 읽을 수 있기까지 어려움이 있고, 평생 그 어려움이 완전히 사라지지는 않는다고 한다. 애초에 문자라는 것이 우리가 임의로 정해놓은 아무런 의미가 없었던 상징들이고, 그것을 우리가 약속한 대로 기억해서 읽어야 하는 것이니 가끔은 그 과정에 어려움이 있을 수도 있지 않겠는가? 장구한 인류의 역사에서 우리가 문자를 사용하게 된 지가 얼마 되지 않는다는 걸 감안한다면 말이다. 하지만 난독증이 있는 사람들은 그런 약속된 상징(문자)이 아닌, 이미지로 사고하는 능력은 뛰어나서 머릿속에서 이야기를 창조해 내는 것에는 능하기도 한 것 같다. 작가들은 종종 자신이 머릿속에서 만든 세상을 생생하게 보고 느낄 수 있는 능력이 있다고 한다. 좋은 이야기를 쓰려면 머릿속으로 완벽한 플롯을 만들어내는 능력이 적힌 그대로 글을 읽는 능력보다 훨씬 더 중요할 것이다.

작가와 난독증은 참 예상치 못했던 흥미로운 조합이 아닌가? 마치 팝콘과 우유의 조합처럼.

그리고 뜻밖에도 유명한 작가들 중에는 '단어 인출'이 어려운 난독증이 많다고 한다. 이미지로는 그려지지만 그걸 콕 집어 특정 단어로 끄집어내기는 어려울 수도 있겠다는 생각이 든다. ('단어 인출'은 자신이 잘 알고 있는 단어를 필요할 때 빨리 생각해 내는 것을 말한다.)

이번에는 작가는 아니지만, 시인보다 더 아름다운 노랫말을 쓰고 부른 비틀스의 존 레넌이 있다.[10]

그는 매우 똑똑했지만, 글을 쓰는 데 어려움이 많아서 학창 시절 그의 능력은 몹시도 저평가되었다. 그는 책을 읽고 글을 쓰는 걸 무척 좋아했지만 스펠링을 정확히 쓰는 데는 어려움이 많았다. 다른 사람의 노래 가사를 기억하는 것에는 어려움이 있었지만, 자신은 매우 창의적인 가사를 썼다. 그는 시인이자, 작사가이자, 엔터테이너였다.

그는 학교 성적이 너무나도 비참해서 고등학교를 중퇴했다. 당연히 성적으론 대학을 갈 수 없었지만, 교장 선생님이 그의 예술적인 재능을 알아보고는 특별 추천서를 써서 예술대학에 들어갈 수 있었다. 그가 어렸을 때 사람들은 존이 공장 노동자 그 이상은 될 수 없을 거라고 했다. 하지만 존은 이 세상 그 누구보다도 많은 사람의 가슴을 울리는 전설적인 음악가로 남았다.

존은 말한다. "나를 예술학교에 넣어서 가르칠 생각은 왜 아무도 하지 않았을까? 왜 다른 사람들과 똑같이 나도 카우보이가 되길 강요했을까? 나는 달랐는데, 나는 항상 달랐는데 왜 아무도 날 알아차리지 못한 걸까? 가끔 한두 선생님은 나를 표현하기 위해 미술학교에 진학하라고 언급하셨지만 거의 대부분은 어떻게든 나를 치과의사나 선생님으로 만들려고들 하셨지."

종종 난독증은 글을 못 읽거나, 글이 위아래로 거꾸로 보인다고 오해를 받지만 그렇지 않다. 뇌의 용량이 부족해서 모자라다는 생각도 틀렸다. 존처럼 특별한 난독증의 뇌를 가진 사람들은 단어나 기호를 구별하고, 숫자와 이름을 외우는 게 어렵기도 하다. 종종 스펠링에 약하고 기초 산수에 어려움이 있기도 하다. 하지만, 동시에 바로 그 같은 뇌가 공감각에 뛰어나고, 난독증이 없는 사람들보다 이성적인 혹은 논리적인 생각은 더 뛰어나기도 하다. 난독증이 있는 사람들은 종종 매우 예술적이며, 호기심이 많고, 인간관계가 아주 뛰어나고 혁신적인 생각도 잘 해낸다. 그러나 종이에 쓰인 글 읽기와 쓰기는 여전히 학교 시스템에서 너무 핵심적인 기술이라 난독증이 있는 사람들을 부주의하고 무식하고 게으르다는 잘못된 낙인을 찍는다.

존은 안정된 환경을 제공하기 어려웠던 엄마 대신 이모와 함께 살았는데 그의 이모는 아주 엄격한 교육을 한 것으로 알려져 있다. 그는 간간이 엄마를 만났는데, 엄마는 그에게 벤조와 피아노 치는 법을 알려주었다. 하지만 그에게 억지로 악보를 읽을 것을 강요하지는 않았다. 만약 그의 엄마가 이모와 비슷했더라면 그에게 억지로 악보를 읽게 만들었을 것이고, 존은 음악을 시작도 하기 전에 그만두었을 것이다. 그의 이모는 종종 "기타는 뭐 다 좋지만, 그걸로 밥벌이를 할 수는 없어!"라고 했다고 한다.

난독증이 있는 음악가들은 대부분 악보를 보고 음악을 하는 게 아니라 기억으로 음악을 익힌다고 한다. 하지만 단순한 무한 반복을 통해서가 아니라 그들에게 이해가 되거나 큰 그림이 그려질 때야 비로소 기억을 한다고 한다. 그리고 그렇게 기억하게 된 것은 대부분 잊어버리지 않는다고 한다. 난독증이 없는 많은 사람들은 벼락치기로 빠르게 무엇이든 외울 수 있지만 대신 그만큼 빠르게 80퍼센트 이상을 다시 잊어버리는 것과 대조적이다.

다른 사람의 노래 가사를 외우는 게 힘들었던 존은 주로 노래를 흥얼거릴 때 자기 마음대로 가사를 붙여서 불렀다고 한다. 나도 노래 가사를 외우는 게 거의 불가능한데 나의 이런 점은 존 레넌과 닮았다. 생활에 큰 지장은 없지만, 꽁꽁 잘 숨어있는 내 안의 난독증 특징을 난독증을 공부하면서 가끔 스치기도 한다.

왕족의
난독증

나는 읽기와 쓰기가 무척 어려웠는데,
그것을 깨달은 것은 7~8세쯤이었다.
그것은 정말 힘든 싸움이었고,
도전이었으며,
나는 그게 싫었다.

− 영국의 해리 왕자

귀족으로 태어나고 최고의 교육을 받는다면 난독증이 사라지거나 완화될까?

노르웨이의 왕세자 호콘은 버클리 대학과 영국 정경대에서 공부하고 학위를 가지고 있지만 자신에게 난독증이 있음을 숨기지 않았다.[11] 심하지는 않지만, 자신은 읽는 것이 느리고 쓰는 데 실수도 많이 하고 약간의 어려움도 있다고 했다. 자신의 할아버지도 그랬고, 자신의 아버지는 글을 빠르게 읽을 수는 있지만 비슷한 난독증의 어려움이 있는 것 같다고 했다. 그의 나이가 50이 넘은 걸 감안할 때 그들 가족 중 누구도 자신들의 난독증을 확실히 알아차리지도, 도움을 받지도 못했을 것이다. 그의 난독증은 할아버지 때로부터 유전이 된 것 같다.

스웨덴의 왕자 칼 필립은 자신의 난독증에 관해 공공연하게 얘기하며 소셜미디어에서도 난독증에 대한 얘기를 자주 한다.[12] 그는 풋볼, 수영, 세일링, 스키 등 야외 스포츠에 능했고, 그래픽 디자인과 사진에 흥미를 가지고 공부했다. 하지만 그가 공공연하게 난독증의 어려움에 대해 얘기한 후로 무대 위에서 조금만 숫자를 헷갈려 해도 매스컴은 그를 조롱하는 등 그의 난독증을 비웃었다. 하지만 그는 그런 비웃음에 맞서서 난독증은 걸림돌이 아니라 성공의 도구로 사용되어야 한다는 메시지를 널리 퍼뜨리는 데 많은 노력을 하고 있다.

영국 요크의 베아트리체 공녀는 7살 때 난독증 진단을 받았다.[13] 그녀가 다니던 학교에서는 책을 자신의 레벨에 맞게 읽어야 했는데 그 책들은 난이도에 따라 색깔이 달랐다. 친구들은 다 노랑, 초록을 읽었지만, 자신은 항상 가장 쉬운 흰색을 읽고 있어서 어째서 자신은 남과 다른가, 자신은 왜 남들처럼 똑똑하지 못한가 하는 생각을 하며 힘든 학교생활을 했다고 한다. 다행히도 학교에서 많은 도움과 지원을 받기는 했지만 그래도 심리적으로는 많이 고통스러웠다고 했다. 그녀는 스웨덴의 왕자 칼 필립과 더불어 난독증을 바로 알리고, 도움을 주기 위해 많은 노력을 하는 것으로 알려져 있다. 그녀의 남편도 난독증인 걸로 알려져 있는데, 그 부부에게서 태어날 아기가 난독증일 확률은 아무래도 무척 높을 것이다.

덴마크와 노르웨이의 왕이었던 프레데리크 2세는 매우 똑똑하고 기억력이 남달랐지만, 당시 사람들은 그를 문맹이라 여겼다.[14] 현대였다면 문맹이 아니라 난독증으로 여기고 그의 기억력 등 강점들을 높이 샀을 것이다.

2005년생인 벨기에의 왕자 엠마뉘엘은 7살 때 난독증 진단을 받았고, 중학교는 유레카 학교에 다녔다.[15] 그 학교는 지능은 우수하지만, 난독증으로 읽기와 쓰기에 어려움이 있는 아이들을 전문적이고 개별화된 방법으로 가르치는 곳이라고 한다. 그곳에서 5년을 보내고 고등학교는 브뤼셀 국제학교에 들어갔다. 그는 읽기와 쓰기에 도움을 받은 후 덴마크어와 더불어 영어, 프랑스어를 할 수 있게 되었고, 스키, 테니스, 달리기를 매우 좋아하며 색소폰도 잘 다룬다고 한다.

최고령에 영연방의 국왕이 된 찰스 3세는 최고의 학교에서 받을 수 있는 도움을 다 받았지만, 읽는 게 어려웠다고 한다.[16] 그런 그는 Prince's Teaching Institute(왕자의 교육기관)을 세워 자신과 비슷한 어려움이 있는 아이들에게 도움을 준다. 요크의 베아트리체 공녀가 그의 조카인데 여기서 우리는 유전적 요인을 볼 수 있다. 그의 난독증은 그의 아들 해리 왕자에게도 유전되었다.

해리 왕자도 난독증으로 학창 시절을 매우 힘들게 보냈다고 한다. 하지만 해리는 자신에게 난독증이 있다고 당당하게 얘기한다.[17] 사람들은 난독증만 나오면 늘 '난독증이 있지만 역경을 딛고 성공한 인물에는 에디슨, 아인슈타인, 레오나르도 다빈치…' 같은 말을 지겹도록 들으며 왠지 자신과는 별로 상관이 없을 것 같이 멀게 느꼈는데, 이런 해리의 모습에서 난독증이 좀 더 가깝게 느껴진다고 했다. 헬리콥터도 멋지게 조종하지만, 난독증이 있는 해리의 모습에서 유사점을 발견한 사람들은 '혹시 나에게도 난독증이 있을까?' 하는 생각을 하게 되고, 그게 그들이 진단받거나 자신의 어려움에 대해서 더 잘 알게 하는 계기로 작용한다고 한다.

사람들은 일단 자신에게 난독증이 있다는 것을 알게 되면 평생 수수께끼 같았던 많은 매듭이 풀리고, 대처 혹은 해결 방법을 찾아 많은 문제의 출구를 찾게 된다고 한다. 왕족이나 유명인들의 난독증은, 주변 곳곳에 있었으나 알아보지 못했던 난독증이라는 어려움에 대해 사람들이 알게 되고, 그에 대한 얘기를 나누게 하고, 결국은 사회의 표면으로 끄집어 올리는 중요한 역할을 한다.

난독증은 누구에게나 있을 수 있고, 최고의 사립 교육을 받는다고 없어지지는 않지만, 개별화된 교육을 받으면 그 어려움이 훨씬

난독증을 읽다

줄어들 수 있다.

난독증은 여러 나라에서 조사한 결과 인구의 5퍼센트에서 20퍼센트까지 있다고 한다.[18] 이런 다양한 수치가 여러 책과 자료에 섞여서 나오는데, 어디서 어디까지를 난독증으로 볼 것이냐에 따라 그렇게 차이가 크게 나는 것 같다. 하지만 잘 드러나지는 않지만 다양한 어려움을 가진 난독증이 있는 사람을 모두 스펙트럼상에 올리면 최소 20퍼센트는 족히 되리라 생각한다.

이는 달리 말하면 우리가 지구의 어디서, 어떤 사회적 위치에서 살고 있더라도 난독증은 우리의 아주 가까운 곳에서, 오래전부터 늘 함께하고 있었다는 뜻이다.

영화 속
난독증

나는 내 주의를 집중하도록 스스로 훈련해야만 했다.
나는 매우 시각적인 사람이 되었고,
읽은 내용을 이해하기 위해
정신적 이미지를 만들어내는 법을 배웠다.

– 톰 크루즈

예전에 고레에다 히로카즈 감독의 영화 〈괴물〉을 본 적이 있다. 영화 속 주인공 '요리'는 친구에게 편지를 쓸 때, 그리고 학교 과제로 제출한 글을 모두 '거울에 비친 상'으로 썼다. 글을 아주 잘 썼지만, 거울에 비추어 거꾸로 보이는 것처럼 쓴 것이다.

이 '거울상 글씨체'로 가장 유명한 사람은 레오나르도 다빈치로[19] 이를 놓고 그가 난독증이라는 확실한 증거다, 아니다 그가 왼손잡이여서 그렇게 썼다는 등 논쟁이 많다. 전문가들도 의견의 일치를

난독증을 읽다

확실하게 보지 못하니, 우린들 어찌 정확히 알 수 있을까. 많은 전문가들은 그가 왼손잡이여서 잉크가 번지지 않도록 쓰기 위해서 거울상으로, 글씨를 오른쪽에서 왼쪽으로 썼다고 한다. 하지만, 손에 잉크를 묻히지 않기 위해서라고 하더라도 그토록 정교하게, 완전히 뒤집어서, 그 방대한 양의 글을 썼다는 건 그가 전혀 보편적인 두뇌의 소지자가 아니었음을 보여준다. 굳이 500년 전까지 거슬러 올라가지 않더라도 우리는 왼손잡이면서 동시에 난독증이 있는 경우를 드물지 않게 볼 수 있다. 오프라 윈프리, 톰 크루즈, 리처드 브랜슨, 스티븐 스필버그 등 많은 유명인들도 왼손잡이면서 동시에 난독증이 있다고 한다.

레오나르도 다빈치에게서는 전해지는 얘기들을 통해 난독증과 고도로 시각적인 사고의 특징들을 많이 엿볼 수 있다. 그는 발음이 같은 단어를 혼동하여 여러 방법으로 썼다고 한다. rain을 rane으로 쓰는 등 스펠링 실수도 잦았고, 소리를 듣고 그 소리에 맞는 단어를 잘 찾지 못했다고 한다. 수업 시간에도 종종 낙서를 하고 집중하지 못했다고 한다. 그의 낙서는 어쩌면 그의 모든 생각을 글 대신 그림으로 함축한 것일지도 모르겠다. 그의 그림을 함부로 낙서라고 했지만, 그의 스케치를 한 번이라도 제대로 봤다면 아무도 그가 '의미 없는 낙서'를 했으리라 짐작하지 않을 것이다.

난독증이 있는 사람들에게 너무 쉽게 '낙서 따위나 하고 시간을 낭비한다'고 해서는 안 된다. 그림과 낙서로 아이디어를 펼치는 수많은 '레오나르도 다빈치'를 잃을지도 모르니까.

다시 영화 〈괴물〉 속 '요리'로 돌아가보자. '요리'는 수업 시간에 일어나 글을 읽기도 하는데 그때도 떠듬떠듬 잘 읽지 못한다. 난독증이 있으면 글을 잘 못 읽는 경우가 많다. 설령 글을 대체로 잘 읽을 수 있더라도 실수하지 않기 위해 심리적으로 무척 부담을 받는 경우가 아주 많다. 자신의 차례가 되기 전에 미리 여러 번 읽어 놓거나, 아예 통으로 내용을 다 외우거나, 그러지도 못하면 긴장해 손바닥과 등줄기에서 미친 듯이 땀이 흘러 내리기도 할 것이다.

난독증이 있는 '요리'는 '돼지의 뇌'를 가진 것으로 계속해서 언급된다. 감독은 한국의 한 미디어와의 인터뷰에서 사람들은 흔히 '남자답게' '평범한 가족' 등의 말을 아무렇지 않게 뱉는데 "아무 생각 없이 내뱉는 언어가 가지는 동조 압력, 즉 남과 똑같은 사람이 되어야 한다는 의식이 전반적으로 깔려 있다."라고 했다.[20]

우리는 '괴물'이라는 제목을 보고서, 감독이 처음 시나리오를 읽었을 때 괴물 찾기를 했던 것처럼 누가 괴물인가 하고 영화를 보게 되었을 것이다. '아, 저 아이가 괴물이구나' '아, 역시 저 선생이었어' '저 교장이 괴물 같아' '요리의 아빠가 괴물이었구나' 하면서. 그러다 영화가 끝날 때 우리는 아무도 괴물이 아니었음을 깨닫게 된다. 다만 우리가 누굴 어떤 시각으로 어떻게 바라보았느냐만 있었

난독증을 읽다

을 뿐. 그러다 우리는 영화를 보는 내내 누군가에게 '괴물'이라는 이름을 붙이려 했다는 사실을 깨닫게 된다. 이 사회에 '정상' '비정상'이란 것은 없다. 자꾸 (배웠다는) 어른들이, 사회가 자신들에게 유리한 잣대를 대어 사실 있지도 않은 '비정상'을 만들어낸다. '난독증'은 소수지만, 당연히 '비정상'은 아니다. 다수와 그냥 다른 것이다. 그리고 알고 보면 우리가 생각하는 것보다 그렇게 극소수도 아니다.

또 다른 영화 〈더 리더: 책 읽어주는 남자〉The Reader를 본 적이 있다. 이 영화에 대한 어떤 평을 읽었는데, 이 영화가 사랑에 관한 건지, 정치에 관한 건지, 딱히 뭐에 관한 것인지 모르겠다는 것이었다. 하지만 나는 한 줄로 이 영화는 '난독증에 관한 것이다'라고 말하고 싶다.

영화에서 15살의 마이클은 자신보다 나이가 훨씬 많은 애나라는 여성과 사랑에 빠져 오랫동안 깊은 관계를 유지하게 된다. 애나는 항상 마이클이 자신에게 책을 읽어주는 것을 무척 좋아한다고 말한다. 무슨 일을 할 때도 어떤 책을 먼저 읽어주면 그의 요구를 들어주겠다고도 하고.

나중에 법조인이 된 마이클이 법정에서 참석자로서 애나를 지켜보게 되는데, 그곳에서 애나가 글을 읽지 못했음을 그제야 알게 된다. 애나는 억울한 누명을 쓰고 있었지만 그걸 반박하려면 자신이 평생 글을 읽지 못했음을 모든 사람 앞에서 밝혀야 했다. 그녀는 차라리 누명을 쓰고 감옥에 가는 편을 택한다. 대부분의 리뷰에서는 애나가 '문맹'이었다고 하지만 나는 애나는 '난독증'이 있었다고 생각한다. 그냥 글 읽는 법을 '배우지 못해' 문맹인 것과 난독증이 있어 글 읽는 것을 '익히기가 힘든' 것은 비슷해 보이지만 같은 것은 아니기 때문이나.

내가 그렇게 생각하는 이유는 감옥에 가는 한이 있더라도 자신이 글을 읽을 수 없음을 절대로! 사람들이 알지 못하도록 애쓰는 모습 하며, 그녀가 감옥에 있을 때 마이클이 육성으로 녹음해서 보내 준 수많은 책들을 글과 대조해가며 들으며 가까스로 글을 읽을 수 있게 되는데, 그 노력이 일반적인 수준으로 보이지 않았기 때문이다. 독일어가 외국인이 배우기에는 쉬운 언어는 아니지만, 문법과 발음을 이미 다 아는 독일인이 자신의 글을 읽는 것은 그리 어렵지 않을 것인데도 말이다. 독일어는 알파벳 소리 거의 그대로 읽고 쓰면 되는 무척 '투명한 언어'이기 때문에, 읽기를 익히는 것은 한글만큼 쉽거나 어떤 면에서는 더 쉬울지도 모른다. 한글은 받침에 자음이 두 개씩 오는 경우는 발음 규칙이 꽤 복잡해지기 때문이다.

게다가 20세기 독일의 문맹률은 무척 낮았다고 한다. 물론, 경제적 여건에 의해서 글을 못 배웠을 수도 있지만, 그런 이유였더라면 감옥에 갈 상황에 처하면 어린 시절 글을 배울 기회가 없었다고 말하기가 그렇게 치욕스럽지는 않았을 것이다. 하지만 엄청난 놀림을 받았을 '난독증'이 있었다면 '목숨을 걸고라도' 말하지 않았을 수도 있다. 난독증이 있는 많은 사람들은 어렸을 때 '글을 잘 읽지 못하는 자신의 약점'을 다른 사람들이 알지 못하게 하려고 정말 '치열하게' 숨겼다는 고백을 자주 한다. 그 정도로 많은 사회에서 '난독증'이란 '바보'나 '멍청이'와 같은 말이기도 했기 때문이다.

과거에는 그런 점에서 서양이나 한국이나 비슷했다. 하지만 서구는 지난 반세기 동안 계속 난독증에 대한 인식이 나아지고 있다. 반면, 한국은 아직도 40~50년 전과 비교해 무엇 하나 바뀌었는지 의문이다. '이제는' 바뀔 때도 되지 않았을까?

마치 미드 제목 같은 〈그린마더스클럽〉이라는 한국 드라마의 일부를 본 적이 있다. 〈SKY 캐슬〉의 초등판이라고들 하는데 전체적인 내용은 잘 모르겠지만 거기에 나오는 동석이라는 주된 인물이 나의 관심을 뺏었다. 동석이는 학교에서 시험도 다 틀리고, 태도도 별로 좋지 못하다. 하지만 어떤 기관에서 본 한 시험에서 0.01퍼센트에 드는 영재라는 판정을 받게 된다. 그는 학교 시험 문제는 너무 따분해서 풀지 않았다고 한다. 그런 그는 친구들과의 관계에서 어려움이 있었는데, 그의 엄마는 그와 같은 영재들은 종종 그렇듯 사회적 의사소통을 어려워한다는 말을 듣는다. 이는 바로 자폐스펙트럼 상의 '아스퍼거*'의 특성이기도 하다.

그리고 동석이의 같은 학원 친구인 한 여자아이는 자신이 이전에 거짓말했던 것을 나중에 솔직하게 다 털어놓았는데, 자신이 거짓말을 실토하고 싶었던 게 아니라 자기도 모르게 그냥 그렇게 나왔다고 했다. 거짓말을 잘하지 못하는 것도 아스퍼거의 특징 중 하나라고 한다. 아마 영재반에서 함께 공부를 잘했던 그 여자아이도 동석이와 비슷한 성향을 가지고 있지 않았을까 싶다.

물론, 내가 드라마 전체를 본 것은 아니니 정확한 내용은 다 알지 못한다. 다만, 내가 주목한 건 동석이와 그 여자아이의 아스퍼거적 증상이나 어쩌면 있었을지도 모르는 난독 증상은 전혀 언급하지 않고 '지나치게' '영재'에만 초점이 맞춰졌다는 것이다. (물론 그런 게 드라마의 구성이기도 하고 뒷부분에 난독증도 알게 되는지는 모르겠지만) 학교 시험이 정말 따분해서 풀지 않았는지, 아니면 머릿속에 답은 그려지지만 글이나 풀이로 쓰는 게 어려웠는지 모르지 않는가? 우리는 영재, 자폐스펙트럼/아스퍼거, 그리고 난독증을 모두 다 다르게 보고 싶어 한다. 하지만 이들 특성과 모습은 일정 부분 겹치는 경우가 꽤 많이 있다.

* 아스퍼거는 자폐스펙트럼 상에서 사회생활에 큰 어려움은 없고 남들은 잘 알아차리지 못할 정도의 자폐를 말한다. 공식적인 진단명으로는 더 이상 사용되고 있지 않다.

영국 케임브리지 대학의 사이먼 배런코언 교수는[*] 체계화 지수와 공감 지수를 가지고 60만 명의 뇌를 분류하려고 했다. 이 '뇌 유형 연구UK Brain Types Study' 결과를 보면 공감과 (규칙, 역학, 시스템 등) 체계화하는 능력을 '균형 있게(B)' 가지고 있었던 사람은 전체의 3분의 1밖에 되지 않았다고 한다. 그 외의 3분의 1은 공감형(E형), 나머지 3분의 1은 체계화형(S형)이었다고 한다. 체계화형의 끝엔 공감이 거의 어렵고 체계화만 잘하는 '극체계화형(극S형)'이 있었

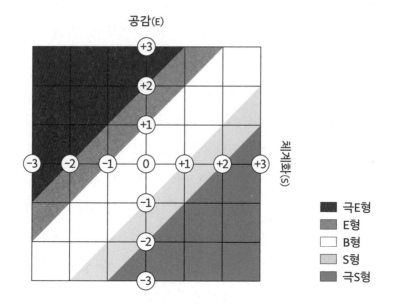

공감(E)

체계화(S)

■ 극E형
■ E형
□ B형
■ S형
■ 극S형

* 이 연구에 대한 보다 자세한 내용은 사이먼 배런코언의《패턴 시커: 자폐는 어떻게 인류의 진보를 이끌었나》(디플롯)를 참고하시기 바란다.

고, 그 반대쪽 공감형의 끝에는 '극공감형(극E형)'이 있었다고 한다. 이 연구에서 우리는 신경다양성Neurodiversity의 모습을 볼 수 있다. 영국인의 뇌와 한국인의 뇌가 그리 다르지 않을 터이니 우리는 모두 극체계화형과 극공감형 사이 어딘가에 있을 것이다.

과학과 기술이 급속도로 발달하는 지금 난독증과 자폐스펙트럼의 뇌를 고치려는 시도가 있는 것 같은데, 여러 윤리적, 사회적, 기술적 이유로 일반화되지는 않고 있다. 하지만 나는 이것이 과연 옳은 일인가 하는 생각을 한다. 두뇌가 각기 다 다르게 발달한 것은 이유가 있고 장단점이 있어서인데 지금의 사회에서 어려움을 겪는다고 뇌를 바꾸는 게 맞는 걸까? 오히려 그런 뇌를 비정상 취급하는 사회를 바꿔야 하는 것 아닌가?

0.01퍼센트의 영재라는 것은 대부분의 사람들과 필연적으로 다르다는 것이니, 그의 뇌는 일반적인 뇌와 생각하는 게 근본적으로 다를 수밖에 없다. 이들은 이미지적, 패턴적, 입체적 사고를 하는 경우가 정말 많다. 그렇다 보니 전통적인 선형적 학습법과 인간관계에 어려움을 많이 느끼기도 한다. 어찌 보면 재능이 한쪽으로 월등하게 뛰어나다는 건 다른 부분은 조금 (혹은 많이) 부족할 수도 있다는 것인데 이는 너무나 당연한 것이 아닌가?

어른들이 아이들의 다양한 두뇌적 특성에 어떤 이름을 붙이느냐에 따라 그(녀)는 범죄자가 되거나 고통스러운 삶을 살기도 하고,

난독증을 읽다

영재나 성공한 사업가나 지도자가 되기도 한다. 우리는 삶을 다채롭게 하는 이들에게, 또 그들이 속한 그룹에 어떤 이름을 붙여줄 것인가?

난독증의 단서는
곳곳에 숨어있다

한 사람의 난독증을 만났다면
정말 한 사람만을 만나본 것이다.

– 난독증 자료에서 종종 회자되는 문장

● **어떤 그룹에서든 리더가 되는 6학년 창우**

창우는 초등학교 6학년이었다. 너무나도 붙임성이 좋아서 함께 있으면 참 기분이 좋아지는 그런 아이였다. 상대의 마음을 잘 살피고 잘 헤아렸다. 늘 친구들을 우르르 몰고 다닐 정도로 사회성도 뛰어났다. 앞에서 연설하는 것, 관심받는 것을 즐겼다. 운동도 꽤 잘하고 정말 좋아해서 태권도에, 테니스에, 볼링에, 탁구에 너무 과하지 않은가 싶을 정도로 늘 몸을 움직이는 활동을 했다. 또한 이야기하는 것도 너무 좋아하고 언어적인 감각도 있어서 영어 회화에 대한 두려움이 없었다. 외국인을 만나면 되든 안 되든 어떻게든 한마디라도 더 해보려고 했다. 모르는 단어가 좀 있는 영어 지문도 쓱 한 번 읽으면 무슨 내용인지 금방 알아차리고, 모르는 단어도 문맥을 따라 적당히 뜻을 잘 유추하여 전체적인 맥락에 맞게 자연스러운 한국말로 바꾸는 능력이 아주 탁월했다.

이런 창우는 장이 안 좋아서 배가 자주 아팠다. 말을 하거나 몸을 움직이면서 하는 활동에는 진심으로 열심이었지만, 가만히 앉아서 설명을 듣거나 정적인 활동을 할 때면 졸음이 많이 몰려온 듯 꾸벅꾸벅 졸기 일쑤였다. 또, 가만히 앉아 있지 못하고 물 마시러 일어났다 앉았다를 한 시간에 적어도 한두 번은 해야 했다.

방금 자신이 말로 바르게 만든 문장을 객관식 문제의 답에서 잘 고르지 못하거나, 의미가 같은/다른 것을 고르라는 문제를 잘못 읽고 틀린 답을 고르거나, 문단을 읽을 때 종종 한 줄을 건너뛰고 읽었다. 문맥상에서 단어를 자신이 생각하는 (의미 차이가 별로 없는) 다른 단어로 바꾸는 경우도 가끔 있었다. 예를 들어, …my house를 my home으로, his best buddy를 his best friend로, walked to school을 went to school로, he was very upset을 he was very unhappy처럼 말이다.

단어를 외워서 쓰는 시험을 보면 스펠링을 유사하게, 혹은 자신이 발음하는 것과는 전혀! 다르게 쓰는 경우가 많았다. 자신이 왜 그렇게 썼는지도 모르는 경우가 많았는데, 천천히 발음을 한 후에 자신이 쓴 스펠링의 음절을 잘라 보면서 틀린 부분을 찾으라고 하면 거의 1초 만에 찾아 고치기도 했다. 하지만 꼭 필요하다면 '단기 기억'은 무척 뛰어나서 시험 직전에 주의 사항을 다시 살피고, 긴장해서 시험을 보면 백 점을 받을 수는 있었다. 하지만 스펠링을 다 맞추는 것이나 잔 실수를 하지 않는 것은 그의 실력과는 어울리지 않게 무척이나 '애를 써야'만 하는 것이었다.

창우는 회화를 꽤 잘했는데 문법적인 설명은 힘들어했다. 문장을 전체적으로 보고 그 의미를 파악하거나, 한국어로 풀어내는 능력은 정말 탁월했다. 그런데 그 문장들을 분해하기 시작하는 순간 혼란에 빠졌다. 혼란을 가져오는 것에는 품사도 있었다. 품사 중에도 모양이 있는 것(책상, 컵, 나무 등)은 명사라고 쉽게 알았다. 그리고 걷다, 먹다, 요리하다 등은 움직임이 그려져서인지 쉽게 동사라고 알았다. 하지만 모양이 없고 상태를 나타내는 형용사나, 이해하다, 실망시키다, 좋아하다 처럼 형용사같이 느껴지는 단어는 동사로 기억하기까지 시간이 무척 오래 걸렸다. 그런데 신기하게도 문장은 잘 만들어 쓰는 걸 보면 모르는 것은 아니어서, 언어의 추상적인 부분을 '학습'으로 익히는 것을 힘들어하는 것 같았다. 마치 머릿속에 무언가가 아주 자세하고 선명하게 그려지긴 하지만 그걸 말로 표

난독증을 읽다

현하라고 하면 뭘 어떻게 표현해야 할지 모르는 것처럼. 창우는 시각화가 잘 되지 않고 구체적 모양도 없는 매우 '추상적'이고 '자의적'(즉, 우리끼리 마음대로 그렇게 하자고 약속한)인 언어의 특징들을 이해하기도, 설명하기도 힘들어하는 것 같았다.

창우는 스스로 무척 열심히 외웠는데도 단어가 생각이 나지 않고 혀끝에서만 맴돌거나, 스펠링을 늘 여러 개 틀려서 백 점을 받지 못하는 게 자신이 노력한 것에 대한 정당한 결과가 아니라고 생각하는 듯했다. 나도 당연히 정당하지 못하다고 생각했다. 하지만 커가면서 조금 더 집중할 수 있게 되자 많이 나아졌고 가끔 백 점도 받았다.

창우는 문제를 풀 때 흔히 '잔 실수'라고 하는 것이 무척 많았다. 분명 주어가 3인칭 단수면 is/was, 1인칭이면 am/was, 나머지는 are/were란 걸 알고 회화에서도 잘 썼지만, 문제로만 나오면 잘못 쓰는 경우가 흔했다. 그리고 나중에 그 부분이 틀리게 적힌 것을 보면 자연스레 '어, 이걸 왜 was라고 썼지? were인데…' 같은 혼잣말을 했다. 창우는 수학의 '계산 실수'도 너무 자주 한다고 했다. 개념도 '다 알고 있지만' 계산을 틀리는 경우가 자주 있다고 했다. 창우는 시험을 볼 때면 몰라서 틀리는 것보다 '아는데 실수해서 틀릴까봐' 극도로 긴장하고 문제를 푸는 것 같았다. 다행히 그렇게 긴장하면 실수를 잘 하지는 않았지만, 그 정도로 헷갈릴 것이 아닌데 헷갈려하는 게 참 신기했다.

창우는 b와 d를 자주 헷갈려했다. 평소에는 잘 구분했는데 단어 시험을 보면 종종 반대로 썼다. 나는 난독증이 있는 사람들이 왜 b, d, p, q를 그렇게 헷갈려할까 하고 진지하게 고민해 본 적이 있다. 어디를 찾아봐도 '이 글자들을 헷갈려하는 특징이 있다'고만 나오시 왜 헷갈리는지에 대한 설명은 없었기 때문이다. 그러다 어느 날 문득 그 이유를 알 것 같았다. 2차원의 평면적인 사고를 하는 사람에게 b와 d는 전혀 헷갈리지 않는 모양이지만 b와 d가 공중에 막 떠다닌다고 생각을 해 보라. 그럼 b, d, p, q가 거의 같은 모양이지 않은가? 그들에게 이 글자가 헷갈리는 건 3차원의 '입체적' 이미지에 특화된 뇌를 가진 '덕분'이라 생각했다. 이런 그들이 수학 계산 문제는 종종 틀리거나 어려워해도, 기하학은 무척 쉬워하는 게 당연했다.

또한, 창우는 문장의 첫 자는 대문자, 끝에는 마침표, 이름은 대문자와 같은 영어를 쓸 때의 가장 기본적인 규칙을 대체로 지키지 않았다. 모르는 것이 아닌데 글을 정신없이 바쁘게 쓰는 중에 거기까지 생각할 에너지가 없는 것 같기도 했다. 열 번쯤 얘기하면 고쳐질 만도 한데 꾸준히 틀렸다. 나중에 시험에서 감점한다고 하면 더욱 신경을 써서 고치기야 하겠지만 그 정도로 더욱 '신경을 써야 하는' 부분이었다.

난독증을 읽다

창우는 글씨를 무척 빨리 썼고, 갈겨써서 가끔 알아보기 힘들 때도 있었다. 글씨가 너무 악필이었다. 난독증이 있는 아이들 중에 운동 협응이 힘든 경우가 있는데 이런 경우 대부분 연필 잡는 모양이 특이하고, 글씨에 힘이 들어가지 않고 갈겨쓴 것처럼 보이는 경우가 있다. 창우는 운동을 대체로 다 잘했는데, 글씨는 늘 휘리릭하고 갈겨써 버리곤 했으며, 천천히 바르게 쓰는 걸 견딜 수 없어하는 것 같았다.

난독증에는 거의 대부분 다른 어려움이나 특징이 동반되는데 창우에게는 ADHD의 특징들도 두드러지게 있었다. 늘 손에 뭔가를 잡고 꼼지락거리거나 흔들고 만지작거렸다. 손과 다리가 가만히 있으면 오히려 집중을 못 하는 것 같기도 했다.

하지만 반대로 '공감각'이 무척 발달했던 창우는 한 번씩 설명을 잘 안 듣는 것처럼 보일 때면 머릿속에 시각적 이미지가 너무 선명하게 그려져서 잠시 '그곳'의 장면과 느낌을 즐기는 것처럼 느껴졌다.

공감각에 대해서 조금 설명을 하자면, 시각, 청각, 후각, 미각, 촉각 등에서 두 가지 이상의 감각이 연결되어 느껴지는 것을 말한다. 어떤 사람은 숫자 8을 보면 파란색, 4는 노란색으로 느낀다고 한다. 창우가 그랬다. 숫자를 보면 자연스럽게 색깔이 같이 보인다고 했다. 또 어떤 이는 특정 단어를 보면 장미 향이 나고, 어떤 단어는 들

으면 치즈 맛이 느껴지고, (소리가 들리지 않는) 커다란 폭포에서 물
줄기가 떨어지는 그림을 보면 그 폭포 소리가 들리고 물방울이 자
신에게 튀는 걸 느낄 수 있다는 사람도 있었다. 예술가, 음악가, 작
가들 중 공감각을 가진 경우가 종종 있다고 하는데 이런 '초능력'이
(보통 사람들은 쉽게 상상이 불가능한) 새로운 것을 창조하는 원동력이
되지 않을까 싶다.

하지만 한편으론 이러한 초능력이 창우의 집중에 방해가 되기
도 했다. 머릿속에 그림이 펼쳐지거나 어떤 감각이 느껴지면 거기
에 깊이 빠져 들어가기도 했으니까. 그런 사람들에게 보통의 학교
교실이나 수업은 너무나 따분해서 당연히 흥미를 가지기도 어려울
것이다.

● 초등학교 내내 단어를 읽지 못했던 똑똑한 수빈이

수빈이의 아빠는 SKY대 교수, 엄마는 카페/꽃가게를 한다. 수
빈이는 나이 차이가 좀 많이 나는 오빠가 있었는데 오빠는 이미 서
울대에 재학 중이었다. 수빈이도 당연히 부모를 닮아 머리가 좋아
무난하게 공부해서 오빠처럼 좋은 대학에 갈 줄 알았는데, 초등 고
학년이 된 수빈이는 도무지 학교 공부에는 관심도 없어 보였고 말
귀도 잘 못 알아듣는 것 같았다.

학원에 보내기엔 왠지 못 따라갈 것 같아 수학과 과학을 잘했던

난독증을 읽다

아빠가 수빈이를 개인지도 하기 시작했다. 주말마다 대한민국 최고의 맞춤형 과외를 1년 이상 했다. '이렇게 간단한 개념이 이해가 안 된단 말이야?? 내가 틀리는 게 중요한 게 아니고 틀린 건 다시 안 틀리는 게 중요하다고, 오답 정리하라고, 그렇게 얘기했는데 왜 하나도 정리가 안 되어 있어? 아빠 말이 말 같지가 않아? 설명에 집중하라고! 지금 멍 때리고 있지? 자세 똑바로 하고 집중하라고! 답만 쓰지 말고 풀이 과정을 쓰라고! 풀이 과정을 쓰지도 못하는데 답을 쓴 게 맞춘 거냐? 찍은 거지!' 그렇게 좋았던 아빠와 수빈이의 관계는 함께 공부를 시작하면서 너무나 악화되었다. 수빈이는 점점 아빠를 무서워하기만 하고 아빠는 수빈이에게 소리를 지르는 날들이 많아졌다.

수빈이는 아빠가 원하는 걸 해내지 못했고, 고집도 아주 세어서 하는 척도 하지 않았다. 그러다 스트레스가 극에 달하면 온몸으로 나타났다. 온몸에 두드러기가 올라오고 열이 펄펄 끓도록 나고 배도 자주 아팠다. 해열제를 먹거나 병원에 가서 주사를 맞아도 열이 잘 떨어지지 않았다. 고열의 원인이 다름 아닌 심리적인 것에 있었기 때문이었다. 수빈이가 극도로 스트레스를 받은 직후에는 반드시 이런 '심인성 발열'이 있었다.

내가 수빈이를 처음 만났을 때, 수빈이는 아주 다소곳한 아이였는데 눈에는 총명함이 가득했다. 하지만 얼굴에는 기다란 그림자가 함께 드리워져 있어서 그동안 얼마나 심적으로 힘든 시간을 보냈을지 짐작할 수 있었다. 수빈이 엄마와 나는 아무도 '난독증'이란 단어를 입에 올리지 않았지만 수빈이 엄마는 난독증을 의심하고 있었고, 나는 언제쯤 아이의 엄마가 오해나 상처 없이 그 단어를 수용할 수 있을지 몰라 자제하는 중이었다. 난독증은 그 단어가 생긴 이래 지금까지 오해와 오명으로 점철되어 있다고 해도 과언이 아니니까.

수빈이 학교에서는 매주 영단어 50여 개 정도씩 시험을 봤는데 수빈이는 거의 늘 백 점을 받았다. 그래서 고학년이 될 때까지 아무도 수빈이가 영어를 못한다고 생각한 사람이 없었다고 했다. 하지만 수빈이에게 당일 혹은 전날 시험 본 단어를 물어보면 매번 하나도 기억을 못 했다. 수빈이 엄마는 어떻게 그게 가능한 일인지 너무 궁금하다고 했다.

아마도 수빈이는 이미지로 기억하는 능력이 뛰어났을 것이고, 단어 목록의 단어들도 마치 사진을 찍어 기억하듯이 단시간에 모든 에너지를 모아 기억해서는 시험을 보고, 그 후엔 바로 잊어버리곤 했을 것이다. 단어를 기억하고 있기에는 남아있는 에너지가 없었을 테니까. 난독증이 있는 사람들 중에 읽기는 읽는데 읽고 나서 무엇을 읽었는지 기억이 나지 않는다고 하는 사람들이 있다.

수빈이 엄마는 한국의 많은 다른 엄마들처럼 수빈이를 학원에 뺑뺑이를 돌려가며 성적을 올리겠다는 생각은 해 본 적이 없었다.

난독증을 읽다

다만 수빈이가 자신이 하고 싶은 걸 하면서 행복한 삶을 살았으면
좋겠는데, 주위에서 바보 취급을 할까 봐 걱정된다고 했다. 하지만
수빈이 엄마는 수빈이가 매우 창의적이고, 시각적이며, 똑똑하다는
걸 느낄 수 있다고 했다.

내 느낌도 그랬다. 수빈이는 인지능력이 부족한 아이가 아니었
다. 다만 영어를 읽지 못할 뿐이었다. 그리고 수빈이가 영어를 읽
지 못하는 건 수빈이가 이해할 수 있는 방법으로 아무도 가르쳐주
지 않았기 때문이었다. 수빈이는 매우 시각적인 아이여서 수빈이
만의 방법이 필요했는데 학교에서는 스펠링을 주욱 쓴 다음 읽어주
고 따라 하고 외워서 기억하기를 바랐다. Celebrate 셀러브레이트,
congratulate 컨그레츄레이트 … 하면서. 이렇게 외우는 방법이 맞
지 않는 사람에게 '더 노력해서 열심히 많이 읽으라'고 하는 것은
전혀 도움이 되지 않는다.

רפס יתבב םיכנחתמ םידליה

위 글은 히브리어다. '아이들은 학교에서 교육을 받는다'는 문장
이다. 우리는 이 문장의 단어들을 읽을 줄은 모르지만 '50번씩 쓰
면서 외우면 이 문장을 외울 수 있을 것이다. 학교라는 단어도, 안
을 뜻하는 전치사도, 아이들이라는 단어도, 교육받는다는 동사도 모

두 다 기억할 수 있을 것이다. 어려우면 더 노력해서 100번쯤 쓰면 알 수 있고, 기억할 수 있을 것이다. 모른다고 하는 사람은 '노력'이 부족해서 그런 것이다.'라고 한다면, 이 말에 동의가 되는가??

난독증이 있는 아이들은 대부분 글로 읽고 쓰고 생각하는 것이 쉬운 사람들과는 근본적으로 사고를 다르게 하며, 사물을 다른 방법으로 인식한다. 뭔가 형상이 있는 것도 아니고 이미지가 그려지지도 않는 단어는 수빈이에게 정말 이해하기 힘든 것이었다. 한글도 배우는 데 남들보다 조금 더 오래 걸리긴 했겠지만, 그래도 한글은 영어에 비해서는 할 만했을 것이다. 그런데 영어는 도무지 법칙이 보이지도 않고, 예외도 너무 많고, 평상시에 쓰는 말도 아니어서 여간 힘든 게 아니었을 것이다.

수빈이는 다른 사람들처럼 불규칙동사를 표를 보고 읽으면서 잘 외우지 못했다. 우리가 영어를 처음 배웠을 때를 떠올려보면 주로 go-went-gone, do-did-done 하면서 원형, 과거형, 과거분사의 불규칙 형태를 읽으면서 외웠던 기억이 있을 것이다. 대부분의 사람들은 그걸 그렇게까지 힘들어하지 않지만 수빈이는 그런 식으로 잘 외우지 못했다. 물론, 당장 시험을 본다고 하면 두뇌의 모든 메모리를 다 동원하여 외울 것이다. 그리고는 시험지를 제출함과 동시에 다 잊어버릴 것이다. 수빈이는 '문맥'을 가지고 반복하면서 자연스럽게 한 단어씩 익혀가야 하는 아이였다. 그 아이에게는 단어의 느

난독증을 읽다

낌이나 그림이 그려져야 하니 문맥이 매우 중요했다. 따라서 '기계적인 암기'는 수빈이에게는 크나큰 걸림돌이었다. 하지만, 수빈이만의 방식으로 공부하기에는 학교 진도가 자신에게 맞춰지지 않았다.

학교나 책에서는 동물을 주로 포유류, 조류, 양서류, 파충류… 등으로 분류한다. 하지만 수빈이처럼 무척 시각적으로 사고하는 사람들에게는 시각적 이미지의 카테고리로 묶어 분류(몸이 갈색인 종류, 발톱이 뾰족한 종류, 줄무늬가 있는 종류 등)하는 것이 단어를 훨씬 더 쉽게 저장하고 다시 기억을 끄집어내기도 편할 것이다.

함께 공부를 하며 수빈이가 영어를 읽기까지는 한 달밖에 걸리지 않았다. 여기서 읽기라는 것은 이해를 말하는 것은 아니고, 우리가 (사회적 약속으로 쓰고 말하도록) 만들어 놓은 언어라는 암호를 해독해서 소리 내서 읽을 수 있게 되었다는 것을 말한다. 단어를 외우는 것은 주로 이미지가 있으면 당연히 더 잘했고, 시각화가 잘 되지 않는 개념이나 추상적인 단어는 훨씬 더 오래 걸렸다.

읽기, 단어, 그다음의 난관은 문법인데 문법이 정말 힘들었다. 문법은 너무나 자의적인 언어의 법칙을 묶어서 우리 마음대로 용어를 붙이고 시험용으로 외워야 하는 것인데 많이 힘들어했다. 다행히도 수빈이 어머니와 나는 시험용 문법을 잘하는 것보다 회화와 글을 읽을 수 있는 것이 더 중요하다고 생각해서 한국식 시험 문법에 대해서는 조금 여유로운 마음으로 접근해도 되었다.

수빈이는 무척 시각적인 아이였다. 여행 가서 우연히 지나친 성당의 첨탑 모양과 색깔, 창문, 입구 모양 등을 사진처럼 기억했다. 반면 수빈이의 오빠와 아빠는 머리가 좋았지만 그렇게 쓱 지나친 건물은 디테일은 고사하고 봤었는지도 기억 못 하기도 했다.

이런 수빈이에게 외국어 학습이 쉬운 과제가 아니라는 건 분명하다. 나는 수빈이가 외국어를 굳이 공부하지 않아도 되는 환경과 시대가 왔으면 하고 바란다. 하지만 당장은 불가능하니 최대한 수빈이에게 맞는 방법을 찾아서 남들보다 몇 배로 더 열심히, 더 꾸준히 하는 방법밖에는 없다. 수빈이는 자신의 방식으로 공부할 수 없는 학교와 사회에서 자신의 능력을 펼치지 못하고 있었다. 수빈이는 다른 사람들이 가지지 못한 엄청난 능력을 갖췄지만, 그 능력을 어디에 어떻게 적용할 수 있을지, 아직 '너무나도 획일화된 학교'라는 환경에서는 찾지 못하고 있었다.

수빈이가 선형적 사고*를 할 수 있도록 힘든 훈련을 시키는 것이 좋을까, 아니면 자신의 약점은 '적당히' 보강해 주되 강점을 더욱 강력하게 만드는 게 좋을까?

당연히 답은 후자가 되어야겠지만, 한국의 목숨 거는 듯한 경쟁

---

* 시각적 사고가 아닌 단계적으로, 차례대로 순서를 밟아 A → B → C = D처럼 사고하는 걸 말한다. 난독증이 없는 많은 사람들은 선형적인 사고를 한다.

난독증을 읽다

과 입시의 사회적 분위기에서 내 아이가 뒤처지기를 원치 않는 학부모들은 아이의 강점을 뒤로한 채 약점을 없애고 심지어 강점으로까지 만들려는 데 올인하는 경우가 많다. 그 경우 아이와 부모는 모두 지쳐 나가떨어질 테지만 원하는 결과는 안 나올 수도 있다. 어쩌다 나올 수도 있겠지만 정작 그 아이의 강점은 그동안 어디로 사라졌는지 잘 보이지 않게 될 것이다.

● 보이지 않는 바둑의 수를 보는 1학년 서윤이

서윤이는 초등 1학년을 마치고 곧 2학년이 되는 여자아이다. 나는 서윤이를 직접 만나본 적은 없고, 서윤이의 어머니를 통해 아이에 대해 상담만 했다. 상담 날짜를 잡아놓고 아이의 어머니가 보내준 아이에 관한 정보를 읽고, 아이를 그려보려 노력했다. 그러던 중 어머니의 카톡 프로필 배경 사진에 저장된 하나의 그림이 눈에 들어왔다. 사실적이지는 않았지만 너무나 독특하고 창의적으로 잘 그려진 색감이 예쁜 그림이었다. 글로 설명하기 어렵지만, 눈을 떼기 어려울 만큼 멋진 그림이었다. 나는 그 아이의 그림을 보고 또 보면서 '이 아이에게 난독증이 없다면 어쩌면 그게 더 이상한 건지도 모르겠다'고 생각했다. 물론, 그림을 잘 그리는 모든 사람들에게 난독증이 있는 것은 아니다.

그림을 잘 그리는 사람들에는 두 부류가 있는데, 한 부류는 그림에 어느 정도 재능이 있었는데 꾸준히 학원에 다니고, 레슨을 받으며 '훈련'하여 잘 그리게 된 경우고, 다른 한 부류는 태어나서 연필이든 붓이든 잡고 힘들지 않고 *끄적끄적*했는데 엄청난 그림을 '그냥' 그려내는 경우다. 보통 후자의 경우는 무척 창의적이고 자유로워 틀에 박힌 대로 그리는 걸 견디지 못한다. 딱딱한 수업이나 스케줄도 힘들어한다. 그리고 이들 중에는 난독증이 있는 경우도 많다. 따라서 이로 인한 학업 성적의 한계 때문에 제대로 빛을 발할 기회를 얻지 못하기도 한다. 서윤이는 주위에서 정말 창의적이란 말을 많이 듣는다고 했다.

웩슬러 검사를 했을 때는 우수한 언어 지능이 나왔다고 했다. 흔히 난독증이 있으면 언어 지능이 낮다고 생각하겠지만 그렇지 않은 경우가 매우 많다. '언어 지능이 높은데 난독증이 있다는 게 말이 안 되는 거 아닌가?'라고 생각할 사람들이 많을 것이다. 난독증이 있는 현대의 가장 유명한 인물 중에 톰 크루즈가 있다. 그는 모든 대사를 읽어주는 것을 듣고 외우는 것으로 유명하다. 그는 들은 언어를 잘 이해하고, 전달도 잘한다. 그는 분명 언어 지능이 높은 것이다. 하지만 소리로 듣는 것과 같은 내용을 글로 읽어내는 것이 그에게는 더 힘든 것이다. 톰 말고도 다른 유명 배우들 중에도 난독증이 정말 많다. 이들은 모두 언어 지능이 높을 것이라 생각한다.

서윤이는 어려서부터 엄마가 영어책을 꾸준히 들려주고, 읽

난독증을 읽다

어주고, 게임처럼 놀이식으로 영어를 익혔다고 한다. 원어민과도 1~2시간씩 놀면서 영어와 친해졌다. 듣기는 영어를 전공한 엄마보다 더 잘하는 듯 보인다고 했다. 들은 내용의 이해도를 묻는 질문에 엄마가 '읽어주고' 답을 맞히기도 하는데, 쉬운 내용은 백점, 약간 난이도가 있는 경우는 80퍼센트 정도의 정답률을 보인다고 했다. 서윤이 엄마의 영어 학습 방법은 아이에게 너무 잘 맞춰져 있어서, 파닉스만 약간 다른 방법으로 도와주면 서윤이는 앞으로 크게 걱정할 것이 없겠다고 생각했다. 특히나, 이제는 아이가 왜 그런 어려움을 보이는지를 엄마가 정확하게 알게 되었으니까 말이다.

서윤이는 얼마 전부터 영어 읽는 연습을 하고 있는데, 이제 겨우 알파벳의 이름을 외우고, 간단한 음가를 알게 되었다. 가끔 간단한 단어의 스펠링을 정확히 잘 쓰면 엄마가 잘했다고 칭찬해 준다. 그러면 서윤이는, "그냥 다 (그림처럼) 외워서 썼는 걸 뭐"라고 한다고 했다. 대부분의 아이큐 지능이 높은 아이들이 이런 식으로 단어를 그림처럼 외워서 시험을 본다. 이러한 방법의 단점은 다 맞춘 단어를 시험 답안을 제출함과 동시에 다 까먹는다는 것이다. 그리고 외운 단어에 들어있는 같은 글자도 다른 단어에서는 같은 것으로 인지하지 못한다. 즉, '하늘'이라고 분명 읽었지만 '늘보'라고 적힌 단어를 보면서 같은 '늘'이라는 걸 인지하지 못하고 읽지 못하는 것이다. 각각의 음절의 소리를 읽은 게 아니라 '늘보'라는 글자를 그림으로 기억했기 때문이다.

서윤이는 난독증의 특징을 많이 가지고 있었는데 그중 하나는 오른쪽과 왼쪽을 자주 헷갈리는 것이었다. 서윤 엄마는 내게 아이가 그렇다는 설명을 하면서도 실은 '얘가 왜 자꾸 이런 걸 물어보지? 장난치나?' 하는 생각을 했다고 한다. 또한, 아이는 종종 단어의 조사를 빼먹고, 글자도 자기 마음대로 바꿔서 읽기도 한다고 했다. 한글을 이제 잘 읽지만 그래도 그날의 기분과 에너지량에 따라 실수하는 정도가 확연하게 차이가 난다고 했다. 게다가 b, d, p, q도 헷갈려하고, ㄷ이나 S 등의 글자 모양도 뒤집어 쓰기도 한다고 했다.

나는 서윤이는 선형적인 글로 생각하지 않고 아마도 이미지로 생각을 할 것이라고 말씀드렸다. 글보다는 이미지가 중요한 사람들에게 조사는 큰 의미가 없다. 은, 는, 이, 가, 을, 를, 에… 이런 것들이 굳이 없어도 하고 싶은 말을 이미지화하는 데는 별문제가 없어서다. 한 단어를 다른 단어로 바꾸거나 글의 순서를 바꾸는 것도 이런 관점에서 보면 이러나저러나 어차피 같은 이미지니까 크게 중요하지 않은 것이다. 왼쪽, 오른쪽이 헷갈리는 것과 b, d, p, q의 글자가 헷갈리는 것도 비슷한 맥락에서 이해할 수 있다. b의 모양을 한 글자가 공중에 둥둥 떠다닌다고 상상을 해보라. 그걸 보고 우리는 '저건 b다'라고 확신을 가지고 말할 수 있는가? 그게 b인지 d인

난독증을 읽다

지 p인지 q인지 헷갈리지 않겠는가? 그래서 난독증을 위한 폰트는 아래쪽이 조금 더 두꺼운 특징이 있는데 그러면 훨씬 덜 헷갈리기 때문이다. 왼쪽과 오른쪽의 방향도 몸을 납작한 평면으로 이해하면 오른팔이 있는 쪽은 오른쪽, 왼팔이 있는 쪽은 왼쪽이라고 전혀 헷갈리지 않겠지만, 늘 세상을 입체적으로 보는 사람들에게는 엄청나게 헷갈릴 수도 있을 것이라 헤아려 본다.

너무나도 명백하게 입체적으로, 이미지로 사고하는 사람들에게는 단어를 어떻게 가르치는 게 빠를까? 답은 무조건 '다중 감각'이다. 평면적인 종이 위의 글자만이 아닌 귀로 듣고, 손으로 만들고, 느끼고, 체험하고, 그리면서 익혀야 한다. 특히나 인지발달이 아직 미숙한 초등 저학년의 경우는 더욱 그렇다.

이런 서윤이는 바둑도 한다고 했다. 아이가 바둑도 좋아하고 잘하는데 어떻게 그렇게 잘하냐고 물으면 바둑의 수가 그냥 보인다고 한다. 서양에서는 보통 바둑 대신 체스를 두는데, 이미지로 생각하는 한 친구에게 물어본 적이 있다.

"너는 늘 생각을 이미지로 한다고 했잖아. 그럼, 체스를 둘 때도 어디에 무엇을 놔야 할지가 그냥 보여?"

"당연한 거 아냐?"

"아니, 안 당연한데? 나는 하나의 피스를 보면서 이걸 여기로 옮기면 저기 있는 무엇이 이렇게 와서 이걸 먹을 수도 있겠지. 그럼 이걸 저기에 놓으면… 하면서 하나하나씩 다 생각을 하거든. 그래서 나는 스피드 체스가 불가능해."

"아, 나는 그냥 보이는데? 좀 과장해서 말하자면 퀸, 폰, 비숍, 나이트, 킹 등 모든 체스의 말들이 어디로 가야 할지 마치 LED 빛으로 길이 난 것처럼 그냥 보인다고 할까? 뭐 말이 그렇다는 거고 실제로 빛이 나고 하는 건 아니지만 그냥 그렇게 '보인다'고. 참, 설명하기는 어렵다. 나는 거의 5명의 사람과 동시에 체스를 두라고 해도 가능할 것 같은데?"

"이야, 나는 상상이 안 돼. 어떻게 그게 가능한 거지?"

"어떤 사람은 진짜 말과 기사들이 체스판에서 서로 방어하고 공격하는 것처럼 보인다고도 하잖아"

"에이, 그건 좀 과장이다."

"아니야, 그렇게 이미지가 아주 생생하게 그려지는 사람들이 진짜 있대."

"어쩌면 해리포터를 쓴 조앤 롤링도 그런 이미지에 강한 사람이 아니었을까? 그런 사람들이 아주 재밌는 글을 쓰기가 쉽긴 하겠다…."

호주에서 만났던 난독증이 있는 의학박사 친구가 내게 말했다. (내가 '사람들은 내가 하는 말을 이해하지 못한다'는 말을 듣고 난 후) "네가 쓰는 말부터가 내가 하는 말과 다르잖아. 나는 'People just don't

난독증을 읽다

see what I see!'(사람들은 내가 **보는** 것을 **보지** 못해) 라고 하거든. 너는 '이해하지|understand' 못한다고 하지만 말이야. 나는 그냥 머릿속에서 뭐든 그냥 보이거든. 그러니까 우리는 근본적으로 세상을 보는 방법이 너무나 다른 거야." 그는 독일을 떠난 지가 30년도 더 되었지만, 다르게 생각하는 자신을 이해해 주지 못했던 학교가 여전히 힘든 기억으로 남아 있는 것 같았다. 고개를 한참 절레절레 흔들며 고통스러운 기억을 떨쳐버리려는 듯 보였다.

● 아이들을 위해 영어를 배우고 싶었던 40대 채연 씨

나는 영어를 가르칠 때 가장 먼저 토대를 잡는 과정을 6개월 정도 반드시! 거치게 한다. 영어를 좀 했다는 사람들도 대부분 발음이나 문법이 제대로 잡혀 있지 않은 경우가 허다하기 때문이다.

아주 오래전에 만났던 채연 씨는 처음 만났을 때 영어 수준이 완전 왕왕기초였다. 첫날 그녀에게 왜 영어 공부를 하고자 하는지 물었다. 그녀는 아이들이 넷인데 애들한테만 맨날 공부하라고 하지 않고 솔선수범해서 자신이 먼저 배우려는 것도 있고, 나중에 애들 공부에도 조금 도움을 줄 수 있지 않을까 싶어서라고 했다.

첫째는 초등 고학년, 둘째는 저학년, 셋째와 넷째는 쌍둥이였는데 어린이집에 다녔다. 그녀는 가족이 모두 아직 잠에서 깨지 않은 토요일 오전 7시부터 3시간 동안 수업을 받았는데 학교 다닐 때도 그렇게 공부해 본 적이 없었다고 했다. 그래서인지 그녀는 수업 시간에 가끔 졸기도 했는데 숙제는 거의 해 오지 않았다.

여러 달이 지나는 동안 본 그녀는 정말 성격이 둥글둥글하며 사업 수완도 좋고 인간관계도 참 잘하는 것처럼 보였다. 단골도 많고, 문제해결도 능숙하게 잘하는 것처럼 보였다.

같이 수업을 듣는 다른 분들은 시간이 흐르면서 발음도 좋아지고 문장도 조금씩 만들어내며, 자신이 하고 싶은 말을 영작해서 제출도 하고 질문도 아주 많았다. 그런데 그녀는 여전히 읽는 것마저도 아주 힘들게 해내고 있었다. 정말 아주 쉬운 단어 하나하나도 너무 힘겹게 읽었다. 다른 사람들은 이제는 모두 외워 오는 문장들을 그녀는 보고 읽기만 하는 정도였지만, 그마저도 아주 힘들어했다. 글을 잘 읽지도 못하는 수업이 당연히 재밌을 리가 없었다. 그녀는 종종 수업에 늦었고 가끔 졸았지만, 결석은 하지 않았다. 그렇지만 수업 중에 무슨 말을 하는지 설명을 잘 못 알아듣겠다고 했다.

나는 수업 내용이 어려워서 그런 줄 알고 그녀를 몇 번이나 따로 불러서 도왔다. 문장이 만들어지는 과정, 문장을 강조할 때, 부정으로 만들 때, 의문문을 만들 때, 언제 be 동사와 일반동사를 구별해서 어떻게 써야 하는지 열심히 설명했다. 그제야 그녀는 무슨 말인지 좀 알겠다고 했다.

시간이 지남에 따라 그녀의 읽기는 이전보다 나아졌지만, 아직도 다른 사람들의 속도에는 근접하지 못했다. 여전히 외워 와야 하는 숙제는 해오지 않았다. 아니 어쩌면 외우기가 불가능했을 것이다. 그런 그녀는 가끔 "공부를 해야 하는데 자꾸 잘 안 되네요. 죄송해요. 열심히 가르쳐 주시는데 제가 공부를 많이 못 해 와서요. 앞으로 더 열심히 할게요."라고 했다. 그리고 나는 신경 써서 수업 내용만 더 열심히 가르쳤다.

그러다 그녀는 점점, 아이들 병원 예약이 일찍 잡혔다, 시부모님이 다치셨다, 갑자기 가게에 주말에 나가야 하게 생겼다, 몸 상태가 좋지 못하다, 등의 이유로 결석하더니 어느 날부터 수업을 그만두었다.

어떻게 보면 그녀는 영어 공부를 하려고 몸은 나와 함께 있었어도 머리로 제대로 이해하는 영어 공부를 했던 적은 없었을 것 같다는 생각이 들었다. 물론 그런 생각은 그녀를 만나고 수년이 지나서야 비로소 들었다. 과거를 뒤돌아보면 채연 씨와 같은 사람은 어른 중에도 학생 중에도 참 많았던 것 같다. 열심히 하려고 마음 잡고 시작했는데 글이 잘 읽히지도 않고, 문장 외우는 게 너무 힘들고, 외워도 자꾸 까먹고, 분명 아는데 생각이 안 나고, 사람들 앞에서 글을 읽으라고 하면 심장이 벌렁거려서 학원 수업도 한두 번 나가고 바로 그만두고…. 오래전 나는 그 수많은 사람들이 왜 영어 공부를 힘들어했는지 단 한 번도 진지하게 생각해 본 적이 없었다. 아니 생각을 해 봤더라도 내 머릿속에서는 어떤 새로운 것은 떠오르지 않았을 것이다.

나는 항상 그들이 노력을 충분히 하지 않는다고 생각했다. 외국어가, 특히 한국어가 모국어인 사람들에게 영어는 무척이나 오랜 시간과 많은 훈련이 투입되어야 비로소 성과를 얻을 수 있는데, 너무 많은 사람들이 그냥 날로 먹으려 한다는 생각을 하면서. (실제로 지나치게 많은 사람들이 '날(?)로 먹으려고' 하기도 한다.)

그런데 난독증과 신경다양성에 대해서 좀 알게 되니 이전에 내가 도와주지 못했던 사람들이 한 명씩 생생하게 다시 떠올랐다. 그중 한 명이 채연 씨였다. 채연 씨는 아마도 이제는 영어 공부를 접었을지도 모른다. 재미도 없고, 자신은 해도 안 된다고 생각했을지도 모르기 때문이다. 정말 채연 씨는 안 될까? 나는 늘 채연 씨가 마음에 있었다. 어쩌면 채연 씨가 영어를 잘 읽을 수 있었다면, 읽기를 최소한으로 줄이면서 회화는 재밌어하고 잘했을지도 모를 일이다. 하지만 그녀는 그걸 거의 경험하지조차 못했다. 나는 그게 몹시도 안타까웠다.

그렇게 수년이 흐르고 마치 나에게 두 번째 기회를 준 듯 채연 씨를 연상시키는 한 중년 여성을 만났다. 이때의 나는 난독증에 대한 이해가 높아져 있어서 한두 가지 특징만 보여도 난독증을 의심했고, 난독증이 심한 경우에도 어떻게 도와줄 수 있는지 남들보다

난독증을 읽다

휠씬 잘 알고 있었다. 나는 이전에 도와주지 못했던 채연 씨를 생각하면서 제2의 채연 씨를 열심히 도왔다.

그녀도 학창 시절을 포함하여 인생을 통틀어 공부라곤 별로 해본 적도 없고, 특히 영어는 너무 어려워서 엄두를 내지 못했지만 이제라도 조금 해 보고 싶다고 했다.

역시 그녀도 채연 씨와 비슷하게 영단어를 읽는 것에서부터 막혔다. 대부분의 사람들은 자주 나오는 짧고 쉬운 단어들은 읽거나 알아보는 데 큰 어려움을 가지지 않는다. 한눈에 보고 알아차릴 수 있는 단어를 '일견一見 단어' 또는 '일견 어휘'라고 한다. 이는 자주 접하는 짧은 단어로, 철자와 발음이 일치할 수도 있고 그렇지 않을 수도 있다. 예를 들자면, write, their, eye, two, the, eight, would, laugh 등이다. 그녀는 어려운 단어는 물론이고 이런 일견 단어들도 읽기에 어려움이 있었다.

어떤 특정 규칙에 따라 글을 읽을 때면 읽기도 하고 못 읽기도 했다. 예를 들어, r-ight, l-ight, f-ight, n-ight와 같은 단어들은 모두 -ight로 끝나고 앞의 자음 소리에 '-아잍'을 붙이면 되는 거였다. 즉, r-ight는 ㄹ-아잍→ 라잍, s-ight는 ㅅ-아잍→ 사잍, t-ight는 ㅌ-아잍 → 타잍 이라고 읽으면 되었다. 간단했다. 그녀도 무척 간단하다고 이해했다. 그리고 나와 함께 -ight가 들어가는 다양한 단어들을 몇 번 훈련한 후엔 잘 읽었다.

그런데, 나중에 단어들을 섞어서 다시 읽으면 대체로 잘 읽었지만, 반드시 못 읽는 단어가 하나씩 있었다. 예를 들자면, 앞에 다른 자음이 붙는 것은 다 읽는데 m이 붙어서 나는 m-ight는 읽을 수가 없었다. m이 ㅁ의 소리가 난다는 것을 잘 알고 있었는데도 말이다.

단어가 짧고 쉽다고 더 쉬운 것은 아니었다. bike도 읽고, like도 읽고, Mike도 읽는데 hike만 나오면 틀렸다. 한두 번도 아니고 매번 hike 앞에서는 주저했다. 너무 신기했다. 하지만 처음에 이렇게 어려운 것도 계속되는 반복과 훈련 후에는 반드시 좋아졌다.

그녀는 분명 영어란 글자를 해독하는 게 힘들었다. 예전에는 아예 해독 규칙을 몰랐으니 어떻게 적용해서 연습을 해야 할지 전혀 감이 잡히지 않았던 것 같았다. 그녀에게는 분명 '난독증'이 있었다. 아마 어린 시절 한글을 배울 때도 쉽지 않았을 것이다. 하지만 나는 중년의 한국인에게, 그것도 지금까지 별문제 없이 살면서 사회적, 경제적으로도 성공한 사람에게 '당신에게는 난독증이 있습니다.'라고 말할 자신이 없었다. 나 자신은 아무리 난독증에 대해 편견이 없다 할지라도 그녀가, 내가 자신을 폄하한다고 느끼기라도 한다면 마음에 상처가 될 수도 있을 것 같았다. 나는 의도치 않게라도 그녀의 마음을 상하게 하고 싶지는 않아서 이렇게 말했다.

"좌뇌보다는 우뇌로 정보를 처리하는 창의적이고, 이미지나 패턴형, 입체적 사고에 최적화된 유형이신 것 같아요. 이미지나 패턴형 사고에 우세한 뇌는 종종 글을 읽을 때 각각의 음소를 분리해서 인식하지 않고 통으로 그림처럼 보려고 합니다. 그런데 후두엽을 좀 더 활성화시켜서 글의 음소를 빨리 인식하는 걸 훈련하시면 훨씬 더 효율적으로 빨리 글을 읽으실 수 있을 것 같습니다. 음소 인식* 훈련을 같이 좀 해 보실래요?"

보통 이렇게 얘기하면 사람들은 뭔 말인지 잘 모른다. 하지만 자신에게 영어 공부에 어떤 어려움이 있는데 그걸 도와준다고 하니 순순히 그러자고 한다. 그녀도 그랬다. 정말 다행이었다. 학습자가 난독증의 특징이나 어려움이 있어서 도움을 받아야 할 때도 대부분 나는 굳이 '난독증'이란 단어를 쓸 필요를 크게 느끼지 못한다. 어차피 내가 병을 진단하는 의사도 아닌데다, 그들에게 어떤 의료적 혜택을 받게 할 것은 아니기 때문이다.

그녀와 단어 읽기 훈련을 할 때 나왔던 거의 대부분의 단어들은 모두 폰트 크기가 14~16 정도 되는 굵직굵직하고 선명한 글자들이었다. 그런데 수업을 마치고 나서 그녀는 자주 '눈알이 빠질 것

---

* 음소 인식이란 '달'이나 '책'이 'ㄷ-ㅏ-ㄹ'과, 'ㅊ-ㅐ-ㄱ'의 개별적인 소리로 이루어져 있다는 걸 알아차리거나 이해하는 것이다.

같다'고 했다. 이게 나는 이해가 되지만 이해가 안 될 사람들을 위해 한 가지 간단한 글을 함께 읽어보자. 우선 한글이다.

다음의 글을 최대한 빨리 15초 안에 읽고 내용도 함께 기억해보자.

> 이걸 낭독징 잃슬 대 어덯게 바여질 즁일 수 있엉지 실명임다.
> 문잠을 익는 대 헷링깔릴 수 있만 차레대로 익아바려 너럭에 보세요.
> 알바르고 글자릴 익어야 이미글 이애앓 스 잇슴다.

이게 너무 쉬웠고, 혹시 영어가 가능하다면 영어도 한번 읽어보자. 한글과 마찬가지로 읽고 내용을 기억해야 하고 이번엔 20초 안에 읽어보자.

> Tsi is a smiluatoin of owh dsylxeic ppeole mgiht raed txet.
> Dsyleixa cn cuase the wrdo to lkoe slgihly difeernt, maikng it hrad to udneratnd a frits. Prcacie raedig tihs txet to udnerstadn waht it felos lkie to hvae a rediang dsroder.

한글은 다들 비교적 쉽게 읽었을 것이라 생각되는데 아마도 '문맥에 크게 의존'하여 어떠어떠한 말일 것이라 추측하며 거기에 단어를 꿰맞추면서 읽었을 것이다.

가령 어떤 글을 읽을 때, 문맥에는 맞지만 쓰인 대로는 아닌, '설명입니다 → 설명이다' '보여질 수 → 볼 수' '노력해 → 애써' '이해할 수 → 알 수' 등으로 바꿔 읽었다면 이는 글을 제대로 읽었다고 할 수 있을까 아닐까? 난독증이 있는 많은 사람들은 문맥을 따라 글을 읽기 때문에 자신이 그 문맥 안의 단어를 바꾸어 읽었어도 종종 알아차리지 못한다. 문맥에 방해만 되지 않는다면. 어떤 영어 학습자는 분명 텍스트에는 '키튼kitten'(새끼 고양이)이라고 적혀 있는데도 자연스럽게 '베이비 캣baby cat'(아기/새끼 고양이)이라고 읽고 넘어갔다고 한다. 뜻은 그 말이 그 말이니까. 대부분 자신이 키튼kitten이라고 읽지 않은 것도 다른 사람이 알려주기 전에는 알아차리지 못할 것이다.

위의 한글 예시는 난독증이 있는 사람에게 보일 수도 있는 여러가지 가능성 중 하나를 만들어 본 것이고, 원문은 다음과 같다.

> 이건 난독증이 있을 때 어떻게 보여질 수 있는지에 대한 설명입니다.
> 문장을 읽는 데 헷갈릴 수 있지만, 차례대로 읽어보려고 노력해 보세요.
> 올바르게 글자를 읽어야 의미를 이해할 수 있습니다.

한글에 비해 풀어쓰기를 하는 영어는 훨씬 더 읽기가 어렵다.

어디서 음절이 끝나는지를 알기가 어렵기 때문이다. 아래는 위 영어 문장의 제대로 된 원문이다.

> This is a simulation of how dyslexic people might read text. Dyslexia can cause the words to look slightly different, making it hard to understand at first. Practice reading this text to understand what it feels like to have a reading disorder.

어디서 음절을 끊어야 하는지, 각 음절의 소리가 어떻게 나는지도 정확히 모른 채 문맥에 의존하며 이런 글을 한 시간 정도 읽었다고 하면 눈알이 빠질 것처럼 아프지 않을 사람이 있을까? 그리고 이렇게 눈알이 빠지도록 글을 읽으면서 동시에 내용도 파악하고 그걸 기억까지 할 수 있을까? 대부분은 '글을 읽는 데 모든 에너지를 다 쓰기 때문에' 읽은 직후에도 자신이 읽은 것을 기억하지 못하기도 한다.

제2의 채연 씨는 집중적으로 개별 훈련을 하고 나니 읽기를 꽤 잘했다. 그런데 읽기가 되고 나면 그다음은 읽은 것의 뜻도 기억해야 하는데 머릿속에서 뒤죽박죽이 되어 버리고 머리가 새하얘지는 것 같다고 했다. 분명히 열심히 다 읽었고 뜻도 아는 건데 기억이 나지 않는다는 것이다. 만약 우리도 읽는 것에 좀 더 많은 에너지를

난독증을 읽다

써야지만 해독이 가능한 글을 읽어야 한다면 그 내용까지 기억할 여력은 남아있지 않을 것이다.

나는 그녀가 머리가 나쁘다는 느낌을 전혀 받지 않았다. 오히려 아주 영민하다고 느꼈다. 이런 훈련을 1~2주일 정도 하자 그녀는 글을 꽤 잘 읽었다. 그리고 어느 날은 그녀가 환하게 웃으며 "아, 영어 읽기가 너무 재밌어요!"라고 했다. 영어가 재밌어지기까지 그녀는 얼마나 힘들었을까. 나는 그녀가 겪었을 학교생활을 상상하고 싶지도 않았지만, 학교 다닐 때 매번 영어 시간이 되면 '오늘이 12일이니까 2번, 12번, 22번 일어나서 읽어.' 하고 긴장시키던 선생님들의 목소리가 떠오르는 듯했다. 어떤 이는 초등학교 때는 국어, 중학교 때는 영어를, 고등학교 때는 또 다른 제2 외국어를 자신의 차례가 되어 일어나서 읽어야 했을 때 손에 땀이 흥건하게 차고, 심장은 곧 터질 듯 뛰었다고 했다. 그냥 읽기만 하면 되는데 왜 그렇게 긴장했을까?

그냥 적힌 대로 읽기만 하면 되는 쉬운 것인데, 잘 못 하면 우리는 '낙인'이 찍힐 걸 알았기 때문일 것이다. '너 바보 아냐? 이것도 제대로 못 읽냐?' 하면서.

영국의 유명한 배우 수잔 햄프셔는 어려서부터 글 읽기를 피하는 요령을 터득해서 요령껏 아주 잘 빠져나갔다고 했다.[21] 누군가에게 뭔가를 나누어 주거나 다른 곳에 갖다주고 와야 하면 항상 빠르게 자진해서 다녀왔고, 자신이 글을 읽어야 하는 순서가 다가오면 갑자기 배가 아프거나 화장실에 다녀와야 하거나 했다. 하지만 가끔은 빠져나올 방법이 없을 때도 있어서 항상 주머니에 햄스터를 한 마리 넣고 다녔다고 했다. 자신이 일어나 읽어야 할 차례가 되면 조금 읽는 척을 하다 주머니 안의 햄스터가 밖으로 나오게 하여 도저히 책을 계속해서 읽을 수 없는 상황을 만들었다. 당연히 주위 사람들은 그녀가 책을 읽지 못한다는 것을 눈치채지 못했다. 난독증이 있는 많은 사람들이 남들이 눈치채지 못하도록 아예 이야기나 책 페이지를 통으로 다 외워버렸다는 얘기를 참 많이 한다. 수잔도 수많은 텍스트를 외웠던 것 같다. 읽기가 힘들어서 차라리 내용 전체를 통으로 다 외워버리는 사람들을 멍청하다고 할 수 있을까? 적힌 대로 글을 '읽기만' 하는 사람들을 정말 똑똑하다고 할 수 있을까?

누구에게 '난독증'이 있고 없고, 무엇 무엇은 '난독증'의 진단에 들어갈 정도이고 아니고가 중요한 게 아니라, 그 사람에게 '난독증의 특징'이 있다는 걸 알아차리는 게 중요하다. 국가의 보조를 받아 지원센터에서 도움을 받아야 할 정도의 난독증은 아닌 사람들이 우리 주위에 너무 많다. 그들 중에는 그냥 '학원에서 멍 때리고 앉아 있는 사람들' '노력은 죽어라 하는데 성적이 오르지 않는 사람들' '열심히 배우려고 하는데 늘 직장에서 같은 실수를 하는 사람들'

난독증을 읽다

'영어에 극도로 스트레스를 받는 사람들'이 있을 수 있다. 난독증과 신경다양성에 대해 조금만 알고 나면 우리는 난독증의 다른 특징들을 알아차릴 수 있을 것이고, 이를 통해 자신이 혹은 우리와 가까운 소중한 사람들이 난독증이 있을 수도 있음을 알게 될 것이다. 그제야 우리는 우리 자신과 그들을 제대로 이해하게 될 것이다.

만약 아이가 초등 저학년 때 한글이나 산수에 큰 어려움을 보이지 않으면 난독증인지 알아차릴 기회를 놓치게 되고, 나중에 중·고등학교에 가서 혹시 난독증인지를 알아보려고 해도 갈 수 있는 곳이 없다고 한다. 우리나라의 난독증 진단은 한글로만 하는데, 한글에는 별 어려움이 없지만 영어에는 많은 어려움이 있는 사람이라면 선별하기가 무척 힘들고, 진단은 한국에선 거의 불가능한 듯하다.

앞에서 난독증은 인구의 5~20퍼센트라고 하는 의견까지 참 다양하다고 했는데, 정말로 글자를 읽는 데 큰 어려움이 있는 사람들만 보면 그 수가 5퍼센트에 가까울지 모르겠다. 하지만 스펙트럼을 좀 더 넓혀서 글을 해독할 수 있게 된 이후에도 글과 관련한 어려움을 계속해서 겪고, 글을 읽거나 쓸 때 무의식적으로 실수를 하는 사람들까지 합치면 20퍼센트는 될 거라고 생각한다. 나는 정말 '최소' 20퍼센트라고 생각한다. 그리고 그들은 결코 반대 극의 다른 20퍼센트보다 전혀 열등하지 않다. 그걸 아는 게 무척 중요하다.

● 머릿속에 잡생각은 없고 잡그림만 있는 내 친구 제임스

나에게 큰 영향을 준 책이 여러 권 있는데, 그중에 마이클 A. 싱어의 《될 일은 된다》라는 책이 있다. 언젠가 이 책에 대해 내 친구 제임스(J)와 얘기를 나누다 나와 완전히 다른 세상에 사는 사람들이 있다는 것을 알게 되었다.

나 그 책이 왜 나에게 큰 울림을 줬냐면 음… 가령, 우리 머릿속에는 '이렇게 할까 저렇게 할까?' '저 사람은 왜 저렇게 말할까?' '내일은 뭐 먹을까?'처럼 수많은 목소리가 있잖아? 그런데 싱어는 그 시끄러운 목소리들이 대체 누구의 목소리냐는 물음이 생겼다는 거야. 내 머릿속의 생각은 나의 일부인데 그 생각들은 왜 질문을 던지는 것이며, 그것은 도대체 누구에게 던지는 것이냐는 거지… 시작은 그러한 궁금증에서 출발했는데….

J 잠깐만… 목소리라니, 무슨 목소리가 있다는 거야?

나 왜, 항상 머릿속에서 '이렇게 할까, 저렇게 할까, 오늘은 며칠이지, 저거 달라고 할까…' 하는 여러 가지 생각의 목소리가 있잖아.

J 무슨 목소리를 말하는지 도대체 모르겠어. 머릿속에 무슨, 누구의 목소리가 있다는 거야?

나 아, 진짜 답답하네…. 왜 생각할 때 머릿속에서 조용히 혼잣
   말처럼 생각하잖아?!

J 아니, 난 말로 생각 안 하는데?

나 ?? 그럼 생각을 어떻게 하는데??

J 내 머릿속은 아주 조용해. 아무 소리도 없어.

나 무~쓴 말도 안 되는 소리야? 그럼 뭔가 생각을 해야 할 때 어
   떻게 하는데? 예를 들어서 내일 아침에 일찍 일어나서 무슨
   무슨 옷을 입고 몇 시까지 어떠어떠하게 직장에 가야겠다고
   생각을 안 한단 말이야? 그런 건 어떻게 해??

J 그런 경우에 나는 목소리가 들리는 게 아니라 그냥 이미지가
   떠올라. 마치 영화의 한 장면처럼 말이야. 내가 일어나는 이
   미지가 떠오르고, 어떤 옷을 입을 건지 그 옷이 떠오르고, 차
   로 운전하는 게 떠오르고 등등 말이야. 마치 무성 영화의 장
   면들이 지나가는 것처럼. 난 그렇게 생각하는데? 다른 사람
   도 다 그런 거 아니야?

나 아~~~~니! 나는 다른 사람들도 당연히! 나처럼 머릿속에 목
   소리가 있다고 생각했지. 이미지로 생각하는 사람이 있다는
   건 꿈에서도 상상조차 해 본 적이 없어. 와!! 완전 대박이다!!
   그럼 너와 내가 보는 이 세상은 정말로! 완전 다른 세상일 수
   있겠다. 네가 엄청 감동하면서 보라고 하는 것이 내게는 감동

이 전혀 없고, 내가 엄청 대박이라고 하는 글이 너에게는 별 감흥이 없을 수도 있고… 와, 이거 정말 신기하다.

그랬다. 지금 어떻게 표현조차 할 수 없을 만큼 그때 받았던 충격은 마치 평생 감고 살았다가 갑자기 눈을 뜨고 세상을 처음으로 직시하게 된 것처럼 며칠이 지나 생각을 하고 상상을 해 보아도 신기하고 신선하고 놀라웠다.

그 에피소드 이후에 템플 그랜딘이 쓴 여러 책[22]을 읽게 되었는데 그녀가 제임스가 하려고 했던 얘기를 여러 책에서 구체적으로 하고 또 하는 것 같았다. 템플 그랜딘은 미국의 동물학자이자 대학 교수인데 미국의 가축 시설 3분의 1을 직접 설계한 걸로 유명하다. 그녀는 2010년 타임스The Times가 선정한 세계에서 가장 영향력 있는 100인에 들기도 했다.

템플 그랜딘에게는 자폐가 있다. 우리가 흔히 자폐라고 하면 오래전 영화 〈레인맨〉의 '레이먼드'나 최근 드라마의 '우영우' 정도로 생활에 어려움을 겪는 사람들을 떠올리겠지만, 사실 사람들이 거의 눈치채지 못할 정도로 사회생활에 문제가 없거나 능숙하게 가면을 쓰고 그런 모습을 숨기는 사람들이 훨씬 더 많다. 그들 중 가장 대표적인 인물이 일론 머스크다. 내가 느끼기에 템플 그랜딘 박사는 일론 머스크와 레이먼드 사이, 우영우와 조금 비슷하거나 덜한 정도의 자폐로 느껴졌다. 일론 머스크는 원하면, 혹은 신경 쓰면 전혀 문제가 없는 것처럼 보일 수도 있지만, 강연 영상들 속의 템플 그랜딘을 보면 자연스럽다는 느낌은 들지 않았다. 목소리의 높낮이나 톤 조절이라던가, 표정이라든지, 반응이라든지 모두 어느 정도 부자연스러운 요소가 없는 건 아니었다. 그렇다고 사회생활이 불가능할 것 같지도 않은 그 정도 말이다.

그녀는 글보다는 이미지로 생각하는 게 편해서 기계의 설계를 머릿속에서 그려보고, 작동까지! 시켜본다고 했다. 설계의 뭔가가 잘못되었으면 머릿속에서 작동이 잘 안 된다고 했다.

자폐와 난독증을 함께 가지고 있는 사람이 참 많은데 템플 그랜딘에게는 자폐가 더 두드러졌지만, 글을 읽거나 외우거나, 글로 뭔가를 이해하는 것도 정말 많이 힘들었다고 했다.

내 친구 제임스는 굉장히 시각적인 사람인데, 글을 마치 사진을 찍듯이 아주 빨리 읽고 이해한다고 했다. 전화번호부의 모든 이름과 번호와 페이지까지 정확하게 외우는 서번트증후군은 아니라서 중간중간에 빼먹는 경우나 단어를 잘못 읽기도 하는 경우가 가끔 있는 것 같았다.

제임스의 글을 본 적은 거의 없지만 말을 할 때는 단어 인출을 힘들어했다. 대화 도중 종종 나에게 자신이 하고자 하는 말을 길게 풀어서 설명한 다음, 그럴 때 쓰는 한 단어가 뭔지 물어보곤 했다.

그리고 내가 말한 몇 개의 단어 중 자신이 찾던 게 있으면 '그래, 바로 그거야!' 하곤 했다. 나도 그러는 경우가 있지만 제임스의 경우보단 훨씬 빈도가 낮다.

　이런 제임스에게는 아스퍼거도 있다. 아스퍼거는 과거에 흔히 '고기능 자폐'라고 불렸다. 고기능, 즉 사회생활을 함에 있어서 큰 문제가 없고, 주로 지능지수가 높은 사람들을 느슨하게 묶어 일컫는 말이었다. 자폐가 있고 여러 어려움이 없는 것이 아니지만 대부분이 없는 척 가면을 쓰고 살기 때문에 밖으로 표시가 거의 혹은 전혀 나지 않는 정도의 자폐를 말한다. 그런데 학계에서는 그 고기능이란 것이 어디까지라고 정확하게 선을 그을 수도 없고, 이들도 어차피 자폐의 특징을 공유하지만, 경중의 정도만 다른 것이니 합쳐서 자폐스펙트럼으로 부르기로 합의한 듯하다.

　당연히 공식적으로는 '아스퍼거'란 말이 사라졌지만, 여전히 비공식적으로는 많이 쓰이고 있으니 나도 이 책에서는 계속 아스퍼거를 함께 쓸 것이다. 그 이유는 우리가 머릿속에 그리는 자폐는 여전히 레인맨의 레이먼드 같은 모습을 주로 떠올리기 때문이다. 자폐에 대해 편견이 가장 없다면 없을 자폐아를 키우는 엄마들도 공공장소에서는 '자폐증'이란 단어를 삼가고, 영단어인 '오티즘autism'을 쓴다고 들었다. 이 책을 덮을 때쯤에는 '자폐스펙트럼'이란 말이 조금 더 편해지고, 일론 머스크나 빌 게이츠 같은 사람들의 '고기능

경도의 자폐까지 포함'하는 것이라는 걸 이해하게 되기를 바란다.

자폐(아스퍼거), 난독증, ADHD를 가지고 있는 많은 사람들이 종종 '시각적인 사고'를 한다고 한다.(패턴적 사고, 입체적 사고 유형도 있다.) 그리고 자폐(아스퍼거), 난독증, ADHD는 각각 개별적인 것이 아니라 일정 부분 겹치는 경우가 많이 있다. 이것은 난독증을 알아차리는 데 굉장히 중요한 단서다.

시각적 사고가 발달한 사람들은 종종 아주 어린 시절의 기억도 생생한 이미지로 저장하고 있는 경우들이 많다. 중년이 넘은 제임스는 3살 때의 일도 생생하게 기억하고 있었다. 정작 내일 해야 할 일을 깜박하는 경우는 있어도 아주 오래전 과거의 일을 정말 영화처럼 기억하고 있다고 했다. 참으로 신기하고 또 신기하지만, 나로서는 도저히 상상을 할 수도 없어서 참 아쉽다.

난독증의 두뇌는 문자에 익숙한 두뇌보다 시각적, 입체적, 패턴적이어서 훨씬 더 창의적인 경향이 있다. 반드시 이 점을 기억해서 아이들이나 성인이 자신의 '강점'을 약점으로 여기지 않았으면 좋겠다. 모든 사람이 다 그렇게 시각적, 이미지적 사고를 하지는 않으며, 그렇게 할 수 있는 능력이 내재되어 있지도 않으니까. 나는 단 하루만이라도 그런 뇌를 경험해 보고 싶다.

● 일본으로 애니메이션을 전공하러 가고픈 희연이

희연이를 안 지는 오래되었지만, 최근에 그 아이에게 영어를 잠시 가르치게 되면서 특이한 점을 발견하게 되었다.

희연이는 그림을 무척 잘 그렸고, 매우 시각적인 아이였다. 한번은 내가 희연이에게 머릿속에 사과를 하나 떠올려보라고 했다. 그리고는 그 떠오른 사과를 최대한 자세히 묘사해 보라고 했다.

"모양이 약간 비대칭이고요, 꼭지는 약간 말라비틀어졌어요. 그 꼭지에는 약간 시든 잎이 한 장 붙어 있어요. 그리고 한쪽은 멍이 든 듯 약간 갈색이고, 표면은 빛으로 매끌매끌해 보이지만 촉감은 약간 우둘투둘하게 느껴져요. 그리고 사과의 한쪽으로 길게 그림자가 져 있고요…."

너무 감동적이지 않은가??

나는 단 한 번도 내 머릿속에 사과를 이렇게 자세하게 떠올려 본 적이 없다. 물론, 누가 자세히 설명을 해 주고는 이러이러한 사과를 그려보라고 하면 그리려고 노력은 했을 수도 있겠다. 하지만 그냥 힘들이지 않고 이런 자세하고 선명한 모양의 그 어떤 것이라도 저절로 떠오른 경험이 내게는 한 번도 없었다. 정말 너무 신선했다!

희연이 외에도 나는 '머릿속에 사과를 그려 봐'라는 얘기를 여러 명에게 한 적이 있는데, 더욱더 시각적일수록 사과의 표면이나 촉감까지 혹자는 향기까지 묘사하기도 했다. 너무 신기하지 않은

난독증을 읽다

가? 나는 정말 이 세상이 나 같은 사람들로만 가득 차 있지 않고 희연이와 같은 사람들이 많이 함께하고 있어서 훨씬 더 아름답고 흥미롭다고 생각한다.

이렇게 시각적인 희연이는 수업 시간의 주요 내용을 그림으로 정리하곤 했다. 과학 시간에 배운 내용도 글은 거의 없고 대부분 그림일기처럼 그림으로만, 본인이 기억하기 쉽도록 그려져 있었다. 내용 정리가 텍스트로 꼭 필요한 부분에선 아주 단순한 모양의 스틱맨이 그려져 있고, 그 옆에는 말풍선이 있었다. 그리고 정리해서 알아야 하는 내용은 스틱맨이 자신에게 알려주는 것처럼 표현되어 있었다. 자신이 왜 그러는지는 모르지만 그냥 언젠가부터 늘 그래왔다고 했다.

난독증이 있는 사람들은 글만 줄줄이 적혀있어 내용을 이해하기가 힘들 때 '마인드맵'을 자주 사용한다. 핵심 개념을 중심으로 가지를 뻗어나가듯 연결된 정보를 시각적으로 정리하는 것이다. 검색창에 '마인드맵'을 치면 수많은 디자인의 마인드맵이 나타날 것이다. 난독증이 없어도 마인드맵이 도움이 되겠지만, 난독증이 있는 경우는 마인드맵이 없으면 이해가 어렵다고 하는 걸 많이 들었다. 희연이의 스틱맨도 예술적으로 차별화는 되었지만 결국은 '마인드맵'과 비슷한 방법이 아닌가 하는 생각이 들었다.

희연이는 책을 참 좋아하는 아이였는데, 주로 소설을 한 달에

3~4권은 읽는다고 했다. 나는 희연이가 너무너무 감동적으로 읽었다는 판타지류의 소설을 읽어보았지만 큰 감흥이 없었다. 인터넷, 틱톡 등에서 화제가 되었다는 소설들이었는데, 문장들이 복잡하지 않은 이야기들이었다. 희연이가 그토록 눈이 퉁퉁 붓도록 울면서 너무나도 감동적으로 읽은 것이 왜 내게는 전혀 감흥을 일으키지 못했던 것일까 생각해 본 적이 있다. 희연이와는 반대로 나는 그렇게 시각적인 사람이 아니라고 생각한다. 그래서인지 나는 그런 판타지류의 소설을 그냥 줄거리를 따라가며 읽었다. 그러니 결말이 예상되는 좀 뻔한 이야기라고 느꼈다. 하지만 희연이는 줄거리를 따라 글을 읽었다기보다는 이미지로 그려지는 그 판타지 세상에 흠뻑 빠져서 아예 그곳을 실제 방문하고 온 느낌이었을 것으로 추측했다.

한동안 잊었다가 2023년 아카데미상을 받으면서 다시 주목받은 〈에브리씽 에브리웨어 올 앳 원스〉Everything Everywhere All at Once라는 영화가 있다. 나는 이 영화를 두 번 봤는데 너무 힘들었다. 너무 정신이 없었고, 따라가기가 힘들었다. 그런데 나와 함께 봤던 매우 시각적인 사람들 3명은 무척이나 몰입해서 이 영화를 봤고, 인생 최고의 영화라고도 했다. 그중 한 명은 펑펑 울었다. 솔직히 나는 이 영화가 그렇게 슬픈 영화인가라는 생각마저 들었다. 같은 영화도 시각적인 사람과 그렇지 못한 사람은 정말 극과 극으로 경험할 수 있는 것이다. 당연히 희연이는 매우 시각적인 아이였으니 내가 펑

난독증을 읽다

소에 당연시했던 공부법은 맞지 않았을 것이다.

희연이는 책을 적게 읽는 편도 아닌데 과학책처럼 사실적이거나 정보 위주의 책을 읽으면 내용이 기억이 안 난다고 했다. 가령 리처드 도킨스의 《이기적 유전자》와 같은 책을 읽으면 한 장을 몇 번씩 다시 읽는지 모를 정도로 읽은 내용이 머릿속에 남지 않는다고 했다. 몇 페이지 읽다가 다시 돌아오고, 또 몇 페이지 읽다가 다시 돌아오고를 반복해야 해서 책 읽기가 무척 힘들다고 했다.

사람들은 난독증은 글을 떠듬떠듬 읽거나, 잘 쓰지도 못하고, 보통 책을 멀리한다고 알고 있지만, 대부분은 그렇지 않다! 난독증이 있는 많은 사람들이 책을 잘 읽고 책을 너무 좋아하지만 잘 읽히지 않는 장르들이 있고, 그래서 일부러 낭독해서 읽는 훈련을 하는 사람들도 있다.

난독증이 있는 사람들 가운데 많은 사람들은 책 읽는 것을 너무 좋아하지만, 독서는 자신이 이야기를 만들어내거나 귀로 듣는 것에 비해서 더 많은 에너지가 필요하다고 한다. 어떤 시나리오 작가는 자신이 늘 하는 게 글을 쓰는 것인데도 가끔 글이 '뭉텅이'로 보인다고 했다. 그래서 글을 읽으려면 '자, 이제 (마음잡고) 한번 읽어볼까' 하고서 읽는다고 했다. 그래서인지 선택을 할 수 있으면 읽는 책보다는 오디오북을 선호하는 사람들도 많다.

물론, 난독증이 있는 사람들 중에는 책이라면 근처에도 안 가는 사람도 있고, 책을 읽으면 눈이나 머리가 너무 아픈 사람도 있고, 읽어도 내용이 기억 안 나는 사람도 있다. 하지만 책을 정말 좋아하고, 글쓰기를 좋아하며, 상상력이 무척 풍부해서 글을 매우 잘 쓰고, 글 쓰는 것이 자신이 하는 일의 주된 부분인 경우도 많다. 모든 난독증이 글을 못 읽고, 못 쓰고, 글을 싫어하며, 책을 멀리한다는 잘못 각인된 생각을 이제는 날려버려야 한다. 책의 앞 부분에서 밝혔듯이 dyslexia의 번역인 난독증이라는 한자어 표현은 실제로 난독증의 어려움을 겪는 사람들의 모습을 제대로 담고 있지 못하다. 오히려 오해와 편견을 강화시키기도 한다. 난독증과 독서를 하지 않는 것은 비례하지 않는다. 난독증이 없는 것과 독서량이나 독서를 좋아하는 정도가 비례하지 않듯이 말이다. 다시 한번 강조하자면, '우리가 난독증을 한 명 만났다면, 정말 한 명만 만난 것이다!'

희연이는 자신이 의도하지는 않았겠지만, 글이 많은 문제나 텍스트를 이미지로 외우는 것 같았다. 나는 영어의 기본을 닦을 때 문장 외우기를 매우 중요하게 생각한다. 당연히 희연이의 과제에도 문장 외우기가 많이 포함되어 있었다. 간단한 문장 20~30개만 외우면 되는데 그게 그다지 힘든 일은 아니었다. 다만 시간 투자가 필요할 뿐.

희연이는 늘 문장을 참 잘 외워왔고, 그래서 나는 희연이에게 문장 외우기는 아주 쉬운 일이라고 생각했었다. 그러던 어느 날, 그날은 유독 공부해야 할 양이 많아서 늘 잘해왔던 숙제를 빠르게 검사할 요량으로 "문장 외우기는 오늘은 홀수만 검사할게~ 짝수 번호 말고 홀수만. 내가 건너뛰며 말할 테니 빠르게 영어로 만들어 말해 봐~"라고 했는데, 그때 희연이는 멘붕에 빠진 듯했다. '문장을 건너뛰며… 검사… 한다고…??? 안돼~~' 이렇게 말하는 표정이었다. 특이하게도 희연은 문장을 건너뛰지 말고 제발 처음부터 순서대로 '다' 물어봐 주면 안 되겠느냐고 했다.

참, 신기한 일이었다. 대부분은 어떻게든 조금만 검사하면 좋아하는데 희연이는 순서가 흐트러지면 안 되는 것처럼 보였다. 하지만 나는 그래도 한번 해보자고 했고, 희연은 어쩔 수 없이 홀수만 검사를 받았다. 내가 보기엔 큰 차이가 나 보이지는 않았지만 자신은 무척 긴장이 되었던 것 같다. 희연은 자신만의 방식으로, 어쩌면 이미지로 문장들을 머릿속에 저장해 두었는데 꺼내야 하는 이미지의 모양이 망가지거나 그 순서가 흐트러져 버리면 어려움을 겪는 아이인지도 모르겠다고 생각했다.

문제를 여러 개 풀고 나면 학생들에게 스스로 답지를 보면서 확인하고 무엇을 틀렸는지, 반복적으로 틀리는 것이 무엇인지, 앞으로 어떻게 다시 틀리지 않을 것인지 고민하라고 하는데, 희연이는 스스로 채점이 잘 안 됐다. 채점을 하려면 답지에서 같은 페이지와 번호를 순서대로 찾아서 번호와 단어의 스펠링과 순서가 같은지를 차근차근 보면서 매겨야 하는데 이게 희연이에겐 힘들었던 것 같았다. 희연이는 종종 틀린 것을 맞았다 하고, 어떤 것은 건너뛰고, 어떤 것은 스펠링을 정확히 확인하지 않았다. 또한, 문제집에 문제가 빡빡하게 많은 것은 보는 것 자체를 힘들어했다. 그리고 문제를 자주 건너뛰었고, 잘못 읽었으며, '아는데 틀렸다'는 말을 자주 했다. 모두가 그런 것은 아니지만 난독증의 특징을 가진 사람들은 종종 문자로 된 정보를 차근차근 순서대로 처리하는 것을 잘 못한다. 이는 ADHD의 특징들과 겹치는 부분 같기도 하다.

희연이의 또 다른 특징은 알고 있는 것이라고 해서 문제를 항상 맞히는 게 아니었다는 것이다. 머릿속으로 알고는 있지만 쓸 때는 엉터리로 쓰는 경우가 많았다. 난독증이 있는 사람들은 '머릿속에 있는 이미지'와 '손으로 표현되는 글'이 다른 경우에도 알아차리지 못하는 경향이 있었다. 이들이 '문제'가 있다기보다는, 우리 사회에서는 대부분의 경우에 글로 정보를 요구하고 처리하는데 그 방법이 그들이 정보를 처리하는 방법과는 다를 뿐이다. 이들의 두뇌는 텍스트를 선형적으로 처리하는 사람의 두뇌와는 정보를 처리하는 방법이 기본적으로 다르다. 당연히 세상을 보는 시각도 다를 것이다.

모든 난독증이 시각적 사고자는 아니지만, 시각적 사고자들 중에는 난독증이 흔히 있다. 따라서 난독증이 있는 많은 사람들은 사진이나 그림처럼 이미지로 기억하는 것에 능하다. 희연이는 어려운 개념이 있으면 글보다는 그림을 그려서 정리하는 편이 훨씬 더 기

난독증을 읽다

억의 저장과 인출에 용이했던 것 같다. 희연이가 소설류의 글을 읽을 때는 이야기의 시각화가 아주 쉬웠기 때문에 '글을 읽는다'기보다는 글을 이용해서 영화처럼 '이야기를 본다'는 표현이 좀 더 잘맞지 않을까 싶다. 이런 경우 문맥에만 맞으면 글을 중간중간에 빼먹기도 하고, 단어가 틀린 게 있어도 알아차리지 못하고 읽는다. 글을 '읽는 것'이 아니라 '문맥'으로 '보는 것'이기 때문이다.

희연이의 성향을 알고 나니 문맥 없이 그냥 문장만 30개씩 외우는 것이 쉬운 일이 아니었을 것 같았다. '아, 이런 시각적인 아이를 문맥도 없이 생으로 문장만을 외우게 만들었다니… 너무했구나' 싶었다. 열심히 노력해 힘들게 그 전체를 이미지처럼 외워두었는데 내가 또 중간중간에 한 줄씩 빼겠다고 했으니 멘붕이 왔을 법했다. 자신이 어렵게 머릿속에 저장해 둔 그림이 있는데 중간중간을 잘라내고 다시 그려내라고 한 것과 비슷한 꼴이 되었으니. 불가능한 것은 아니지만 시간이 추가적으로 걸리는 게 당연한 일이었겠다 싶었다.

● 광고 회사에 다니는 40대 상진씨

십여 년 전에 어떤 작가가 시 같기도 하고 짤 같기도 한, 재밌고 아주 짧은 글들을 페이스북에 올렸다. 그의 글들은 재밌기도 했지만 뭐라고 콕 집을 수는 없어도 다른 시에서는 느껴보지 못한 뭔가가 있었다.

그리고 수년이 지나, 그를 다시 떠올리게 된 것은 최근에 만난 한 전직 디자이너 상진 씨의 이야기를 들었을 때였다. 상진 씨는 책 읽기를 좋아하지 않았고, 책 읽는 걸 즐기는 사람들을 오히려 신기해했다. 그는 정보 검색을 글이 아닌 유튜브 동영상으로 하는 걸 오래전부터 당연시했다. 그에게 구글이나 다음, 네이버에 있는 정보 글은 동영상으로 원하는 정보를 찾을 수 없을 때만 가는 마지막 수단이었다. 그의 눈은 빛에 예민해서 새하얀 종이나, 형광등, 눈부신 햇빛도 좋아하지 않았다.

그런 그는 손짓발짓을 하더라도 영어로 말을 하는 데는 별 거리낌이 없었고 어떻게든 할 말은 전달했다. 하지만 언어가 좀 더 높은 단계로 가려면 단어도 많이 알아야 하고 글도 많이 읽는 게 필요한데, 그는 절대 책을 펴서 공부하는 건 하고 싶어 하지 않았다. 그래서 내가 물었다.

"혹시 글을 읽기가 힘들지는 않아요?"
"아뇨."

"그럼 흰 바탕의 글씨를 보기가 힘든가요?"
"네, 맞아요. 한국 책들은 특히나 눈이 아프도록 반짝반짝하는 새하얀 종이에 글을 인쇄하더라고요. 외국책은 누런 똥종이 같은

난독증을 읽다

건데 말이죠. 한국의 그런 너무 새하얀 종이가 보고 싶지 않아요."

"혹시 글을 읽지만 읽고 난 후에 그 내용이 증발해 버린다거나 그런 건 없나요?"

"어… 뭐, 딱히 그런 건지는 잘 모르겠는데… 음… 사실 잘 모르겠네요. 읽은 걸 잘 정리하거나 기억하거나 하는 게 좀 어려운 거 같기도 하고요. 읽기는 잘 읽는데 읽고 나면 내용이 잘 정리가 되거나 기억이 나지는 않긴 하더라고요. 사실, 책을 처음부터 끝까지 차례대로 읽어 본 적이 없어요. 첫 몇 장 보다가 뒤로 가서 몇 장 읽다가 다시 중간중간 뒤적뒤적 대충 보고는 '아, 뭐 대충 이러이러한 내용이구나' 하면서 책을 덮죠."

"언제 글을 읽는 게 힘들다고 생각했어요?"

"최근에 해외여행을 갔는데 그 왜 입국카드 같은 걸 써야 하잖아요? 거기에 칸칸이 이름, 주소, 방문 목적 같은 걸 순서대로 써야 하는데 참을 수 없도록 힘든 거예요. 그걸 순서대로 빈칸을 메꿔야 한다는 거가. 다행히 옆에 있던 아내가 다 써줬죠. 아, 저도 그게 왜 그렇게 미치도록 힘들었는지 모르겠어요. 사실 그게 그렇게 어려운 것도 아닌데 말이죠. 글을 못 읽는 것도 아니고 정보를 모르는 것도 아니고…"

"업무를 보다가 문서로 하는 작업에 실수를 하지는 않나요?"

"하하, 왜 없겠어요. 하죠. 많이 하죠! 숫자를 엉뚱하게 보거나, 분명히 받은 자료에 내용이 다 적혀 있었는데 저는 반만 읽거나 한 거예요. 온라인에서 주문할 때도 실수를 많이 해요. 분명히 A를 주문했다고 생각했는데 B가 오기도 하고, 오배송 왔다고 반품 신청하려고 주문 내역을 보면 제가 잘못 주문한 경우가 자주 있더라고요. 하하, 그냥 제품 사진을 누르고 주문할 수 있으면 좋을 텐데 제품을 주문하려고 하면 꼬~옥 그 안에서 글로 종류를 또 골라야 되더라고요. 아, 저는 그림과 이미지가 편한데 말이죠."

"글이 뭉텅이로 보인다는 사람들도 있던데 혹시 그렇기도 한가요?"

"제가 전에 디자이너로 일할 때 다 그랬어요. 사실 디자이너들은 글을 각각의 글자로 인식하지 않아요. 한 덩어리로 인식하죠. 그래야 문장이 어떻게 예쁜 디자인으로 만들어질지가 보이거든요. 모든 디자이너들이 아마 다 그럴 걸요. 다들 덩어리로 인식해요. 예쁘게 글이 보이도록 디자인해야 하니까요."

내가 앞서 떠올렸던 그 작가는 자신은 강박적으로 글의 모양을 맞추려고 띄어쓰기도 파괴하고 줄 바꿈에도 신경을 쓰는데, 그런

난독증을 읽다

그는 스스로를 시를 디자인하는 '시자이너'라고 언급한 적이 있다.

나는 그 시인에 대해서는 그의 시를 제외하고는 전혀 알지 못하니 그가 글을 어떻게 읽는지는 모른다. 하지만 어떤 사람들에게 글은 생각과 정보를 전달하고 공유하는 중요한 매개이지만, 다른 어떤 이들에게 글자는 자신의 머릿속에 있는 이미지와 아이디어를 전달하는 그림의 일부이기도 한 것 같다는 생각을 한다.

어느 날 상진 씨와 함께 점심을 먹으러 길을 걷다가 도로 쪽을 향해 걸려있던 플래카드를 지나게 되었다. 우리는 플래카드의 뒤쪽 인도로 걸어가고 있었으니 거기 적힌 글들은 모두 뒤집혀 보였다. 상진 씨가 플래카드가 붙어 있는 나무 뒤를 지나가면서 아무렇지 않게 거기에 적혀있는 글을 읽었다. 글이 뒤집혀 있었는데도 말이다. 뒤집혀 있다는 인식 자체를 하지 않는 것처럼 보였다.

"글이 거꾸로 쓰여 있는데도 참 잘 읽네요!"
"어, 진짜 그러네요. 근데, 왜 뒤집어져 있다는 생각조차 못 했을까요?"

물론, 문맥이 있으면 글이 앞뒤, 위아래로 뒤집어져 있어도 아마 누구나 잘 읽을 것이라고 생각한다. 하지만 난독증이 있는 사람들 중에는 특히 단어가 뒤집어져 있는지, 글자가 틀렸는지도 인지하지 못하고 줄줄 읽는 사람들이 있다. 애초에 그런 것이 중요하지 않은 시각적 이미지형 학습자들이니까.

2000년대 초에 '타이포글러시미어^{typoglycemia}'라는 게 한창 유행하며 떠돌아다녔다. 단어의 제일 앞 글자와 마지막 글자는 두고 그 안에서 스펠링을 섞어도 사람들이 빠르게 읽을 수 있다는 것이 무척 신기했다. '몇 가지 규칙은 지키면서' 그 범위 안에서 마음대로 섞을 수만 있었지만 그래도 정말 신기했다. 당시 한참 인터넷을 바쁘게 돌아다녔던 예시는 다음과 같다.

Aoccdrnig to a rscheearch at Cmabrigde Uinervtisy, it deosn't mttaer in waht oredr the ltteers in a wrod are, the olny iprmoetnt tihng is taht the frist and lsat ltteer be at the rghit pclae. The rset can be a toatl mses and you can still raed it wouthit porbelm. Tihs is bcuseae the huamn mnid deos not raed ervey lteter by istlef, but the wrod as a wlohe.

캠릿브지 대학의 연결구과에 따르면, 한 단어 안에서 글자가 어떤 순서로 배되열어 있지는는 중하요지 않고, 첫 번째와 마지막 글자가 올바른 위치에 있는 것이 중다요하고 한다. 나머지 글들자은 완전히 엉진망창의 순서로 되어 있라을지도 당신은 아무 문제 없이 이것을 읽을 수 있다. 왜하냐면, 인간의 두뇌는 모든 글자를 하하나나 읽는 것이 아니라 단어 하나를 전체로 인하식기 때이문다.

난독증을 읽다

이 글이 아까 앞에서 글자가 마구 섞인, 난독증이 있는 사람에게 보일 수도 있는 글과 같아 보인다고 생각할 수도 있지만, 이것은 몇 가지 '규칙을 바탕으로' 학술적인 목적으로 만들어진 것이다. 그러니 원 단어에서 글자 순서가 바뀐 것은 같지만 근본적으로는 앞의 예시와는 다른 것이다. 지켜야 하는 몇 가지 규칙 중 가장 중요한 규칙은 '첫 글자와 마지막 글자는 고정'한다는 것이다.

이 글이 유행하던 당시 이 몇 가지 필수 규칙을 지키지 않은 글도 함께 돌아다니며 '이 글을 읽을 수 있나요? 그렇다면 당신은 타이포글러시미어가 있을 수 있습니다'라고 했다. 마치 그것이 '병'이라도 되는 것처럼 말이다. 그 당시 난독증이 있는 사람들은 이 글을 더 잘 읽을 수 있다는 말이 돌아다녔지만 아니다, 이 글은 난독증과 상관없이 거의 누구나 잘 읽을 수 있었을 것이다. 그건 우리의 대단한 인지 능력을 보여주기 위해 학자들이 연구했던 것이니까.

> **순서를 바꾸지 않은 글**
>
> According to a researcher (sic) at Cambridge University, it doesn't matter in what order the letters in a word are, the only important thing is that the first and last letter be at the right place. The rest can be a total mess and you can still read it without problem. This is because the human mind does not read every letter by itself, but the word as a whole.

캠브릿지 대학의 연구결과에 따르면, 한 단어 안에서 글자가 어떤 순서로 배열되어 있는지는 중요하지 않고, 첫 번째와 마지막 글자가 올바른 위치에 있는 것이 중요하다고 한다. 나머지 글자들은 완전히 엉망진창의 순서로 되어 있을지라도 당신은 아무 문제 없이 이것을 읽을 수 있다. 왜냐하면, 인간의 두뇌는 모든 글자를 하나하나 읽는 것이 아니라 단어 하나를 전체로 인식하기 때문이다.

그 글을 전달해 주었던 어떤 난독증이 있었던 작가가 내게 말하길, 자신은 어차피 꼭 그 글뿐만이 아니더라도, 스펠링이 조금씩 틀리게 돼 있는 다른 글도 그런 사실을 알아차리지 못하고 잘 읽는 것 같다고 했다.

이렇게 스펠링이 틀려도 문맥이 있으면 잘 읽을 수 있는 능력이 우리에게 어느 정도 내재되어 있다면, 조금만 더 상상력을 보태 보면, 난독증이 있는 사람들이 틀린 스펠링이 있어도 개의치 않고 글을 빠르게 읽을 수 있는 까닭을 조금 이해할 수 있지 않을까?

이것과 비슷하지만 약간은 다른데, 많은 사람들이 난독증의 실제 경험에 가깝다고 하는 것이 있다. 스웨덴의 개발자인 빅똘 비델 Victor Widell은 난독증이 있는 자신의 친구가 글을 읽을 때 글자가 자꾸 움직인다고 하는 걸 들었다. 그걸 듣고 그는 글자가 끊임없이 계속 옆으로 왔다 갔다 하며 움직이게 만들어 자신의 블로그에 올렸다. 난독증 증상에 관해 얘기할 때 여러 난독증 커뮤니티에서는 이 시뮬레이션이 종종 언급된다. 하지만 어떤 사람은 글이 옆으로 움직이는 게 아니라 위아래로 움직인다는 사람도 있고, 어떤 사람은 글자가 휘어지거나 페이지 밖으로 나간다는 사람들도 있다.

이 시뮬레이션이 궁금한 사람은 한 번쯤 여기를 방문해 보면 재밌을 것이다.

▶ https://geon.github.io/programming/2016/03/03/dsxyliea

나는 시각적으로나 청각적으로 음소 인식에 어려움을 겪는 사람들은 여럿 만나 보았지만 글이 휘어지거나 움직인다는 사람들은 거의 만나보지 못했다. 이제 대부분의 학자들은 이처럼 글이 휘어지고 움직이는 현상은 난독증의 전형적인 증상으로 보면 안 된다고 말한다. 이 두 가지의 어려움을 모두 난독증이라고 보든, 각각 다른 이름으로 명명하든, 그것은 학자들끼리 논의할 일이다. 우리들은 현재 이 두 가지 경우가 모두 난독증에 관해 얘기할 때 종종 언급되는 다양한 모습 가운데 하나라는 것을 알면 된다. 두 경우 모두 글을 읽고 정보를 처리하는 데 있어서 어려움이 있는 것은 맞지만 도움을 주는 방법은 달라야 한다는 것이 중요하다.

상진 씨는 학창 시절 과목별로 오랫동안 과외를 받았지만, 성적이 오르지 않았다고 했다. 그는 영어의 어떤 단어나 문장을 외울 때 자신이 떠올릴 수 있는 경험이나 이미지, 즉 어떤 감각을 이용해도 떠오르지 않는 것은 글로 아무리 설명을 들어도 절대 외워지지 않았다고 했다.

상진 씨는 영어 문장 외우기를 힘들어했고 당연히 잘 늘지도 않았다. 그에겐 책을 보는 것 자체가 힘들었던 것 같다. 하지만 자신이 난독증이 있거나 어떤 어려움이 있다는 것보다는 오히려 자신이 '게을러서' 혹은 '노는 것이 더 좋아서'라는 등의 말로 학습의 어려움을 덮었다.

난독증이 있는 많은 학생들은 차라리 '문제아'나 '공부를 안 한다'라는 소리를 듣는 편이 난독증이 있어서 글을 '못' 읽는다는 말보다 더 낫다고 생각한다고 한다. 전자는 어찌할 수 없는 '장애'가 아니라 자신이 '선택'할 수 있는 영역이라는 생각이 들어서일 것이다. 주위에 공부를 잘하지 못했던 사람들 중 '내가 공부를 못하는 게 아니야, 그냥 하고 싶지 않은 것뿐이라고! 그러니까 억지로 시키지 마!'라고 했던 사람들이 있었을 것이다. 이들 중 상당수는 사실은 어쩌면 정말 잘하고 싶었을지도 모른다. 자신의 특성을 이해하고 개별적인 속도와 방법에 맞추어 기꺼이 이끌어 줄 선생님이 있었더라면 그들도 공부를 열심히 재밌게 하지 않았을까?

글로 학습하는 게 더 쉽다는 것이 이미지나 패턴으로 시각화하여 볼 수 있는 것보다 우월한 것은 절대 아니다. 단지 방법이 다를 뿐이다. 문자의 발명 이후로 문자에 대한 중요성만 너무 지나치게 강조되어 왔다. 시각적 사고자의 필요성과 훌륭함을 완전히 간과한 채로. 이제는 절대 권력으로서의 문자의 시대는 지나고 있으니 시각적 사고자들이 더 우세해지거나 적어도 절대 열등하다고는 느끼지 않게 될 때가 머지않았다. 난독증이 있는 사람들에게 훨씬 덜 불편한 세상이 곧 오겠지만, 그때도 문자는 계급만 강등될 뿐 공존할 것이니, 문자를 익히는 훈련은 계속해서 하긴 해야 할 것이다.

● 집중하는 것 같지만 아닌 20대 준영이

엄마 준영아, 그러니까 가능한 날을 빨리 찾아서 사무실에 전화를 해서 예약을 하고 만약 불가능하면 미리 취소해서 환불을 받을 수 있잖아.

준영 아….

엄마 그런데 아무 말도 안 하고 있다가 예약일이 지나버리면 그쪽에서도….

준영 ♩♪♬ 싸구려 커피를 마신다~ ♬ 미지근해 적잖이 속이 쓰려온다. … 이 노래 알아요?

엄마 ?? 갑자기 무슨 노래야?

준영 이거, 장기하 노랜데요, 진짜 그 사람 너무 특이하지 않아요? 노래를 부르는 것도 아니고 혼잣말을 하는 것도 아니고 근데 묘하게 중독적이란 말이죠. 자꾸 그 노래가 머릿속에서 맴돌아요. 엄마는 장기하 알기는 알죠? 엄마 어릴 때도 이 노래가 있었나? 언제 나온 거지? 엄마는 그 가수 뮤직비디오 봤어요? (핸드폰을 꺼내서 장기하의 싸구려 커피 뮤직비디오를 찾으려 한다.)

엄마 엄마 지금 중요한 얘기하고 있었는데 방금 뭐라고 했는지 기억 안 나지?

준영이는 엄마와 이렇게 대화하는 경우가 무척 잦았다. 엄마는 열심히 얘기하는데 별로 신경 써서 듣고 있지 않은 것 같은 준영이의 이런 태도에 종종 역정을 내기도 했다.

그러던 어느 날, 엄마는 20여 년 만에 처음으로 매우 진지하게 준영이에게 물었다.

"엄마가 얘기하고 있는데 너는 갑자기 뜬금없는 얘기를 막 하고 그러더라. 대체 왜 내 말을 주의 깊게 듣지 않는 거니?"

그에 대해 아들이 해 준 대답을 듣고는 엄마는 아들에게 더 이상 짜증을 내지 않게 되었다.

준영이는 머릿속이 늘 여러 가지 이미지와 아이디어로 넘쳐난다고 했다. 그래서 한 가지에 오래 집중하기가 어렵기도 하다고 했다. 가끔은 한 시간 전에 들었던 노래가 갑자기 머릿속에 떠오르기도 하는데 그게 상대방이 말을 하는 중일 때도 있다고 했다. 그때 하고 싶은 말을 빨리 하지 않으면 까먹으니까 상대방이 뭔가 말을 하고 있어도 하게 되는 거라고 했다.

준영이의 어린 시절을 돌아보면, 6학년 때 담임선생님과 면담할 때 선생님이 뭔가 의미심장한 눈빛으로 "준영이는 자주 다른 세상에 살고 있는 것처럼 보입니다."라고 하셨다. 선생님은 어쩌면 준영이가 약간은 4차원적이며 독특한데 딴생각도 잘해서 ADHD나 아스퍼거의 특징이 있다는 말을 하고 싶으셨던 건 아닐까.

어려서부터 준영이의 강점은 창의적인 것이었다. 아주 어렸을 때는 가르쳐주지도 않았는데 영어 알파벳을 혼자서 뗐고, 재밌는 책에 빠지면 밥도 거르고 밤을 새우며 읽기도 하고, 이야기 만드는 걸 좋아해서 수많은 이야기를 썼고, 사람들 앞에서 연설하는 것도 즐기고, 피아노도 잘 치고, 그림도 아주 좋아해서 만화도 그리고, 역사를 너무 좋아해서 역사를 바탕으로 보드게임을 몇 년에 걸쳐서 만들기도 했다. 창의적인 데다 다방면으로 재능이 있었다.

이 정도면 엄친아가 아닌가 하는 생각도 들겠지만, 사람들은 자신이 보고 싶은 것을, 자신이 보고 싶은 대로 본다. 그러니 많은 사람들이 그렇듯 같은 것도 약점과 문제 위주로 본다면 준영이는 이럴 수도 있겠다. 준영이는 자신이 좋아하고 관심 있는 분야의 책만 읽었으며, 자신이 재밌다고 생각하는 것에는 과몰입하는 경향이 있었다. 반대로 재미가 없으면 집중이 잘 안 되지만, 늘 착하고 우등생이란 칭찬만 듣고 자라서 멍 때리고 앉아 있어도 집중하는 것처럼 보이게 노력했다. 이야기를 많이 썼지만 모든 이야기는 도입부와 전개 부분만 있을 뿐 결말이 있는 이야기는 거의 없었다. 수많은 아이디어가 떠오르면 시작은 잘하지만, 마무리는 잘 못하는 약점이 있었다. 피아노를 수년간 배웠음에도 악보 읽기는 어려워서 결국은 코드를 이해하여 코드로 치는데 대부분은 거의 음을 외워서 쳤다. 문맥과 이야기가 있는 역사는 무척 좋아하지만 추상적 개념을 이해해야만 알 수 있는 수학은 너무나도 힘들어했다. 준영이는 영어를 잘했지만 아주 많이 접한 단어도 종종 자신이 생각하는 대로 발음하기도 했고, 연필을 바로 잡는 것도 힘들어 글씨에 힘이 없었다. 운동은 좋아하지만 준영이가 뛰거나 수영하는 모습을 보면 운동신경이 좀 둔해 보이는, 조금은 어색한 동작들이란 걸 눈치챌 수 있었다. 그림을 좋아해서 만화를 그리지만 색칠하는 것을 보면 밖으로 잘 삐쳐 나가기도 했다. 깔끔하게 칠을 하지 않는 것인지 못하는 것

난독증을 읽다

인지 의문이 들었다.

타인이 볼 수 없는 것을 본인이 직접 말해주지 않으면 자신에게 어떤 어려움이 있었는지, 어떻게 극복했는지 다 알 수는 없지만 추측해 볼 수는 있다. 준영이에게는 주의력결핍 과잉행동장애ADHD, 약한 운동 협응 능력, 난산증, 난독증이 있을 수 있다. 하지만 생활이나 학습에 큰 지장을 줄 정도가 아니었거나, 그걸 크게 문제 삼지 않는 가정환경에서 자랐거나, 높은 아이큐 지능과 앞선 인지발달 덕분에 자신이 극복하는 방법을 잘 찾아서 적응해 나갔을 수도 있다.

여기서 내가 얘기하고자 하는 것은 준영이에게 어떠어떠한 꼬리표를 붙이자는 게 아니라 이런 엄친아 같은 아이들에게도 우리가 낙인처럼 찍는 난독증이 있을 수도 있다는 얘기를 하고 싶어서다. 그리고 모든 난독증이 정도가 심해서 생활에 큰 어려움을 초래하는 것이 아니며, 경미한 정도일 때는 타인이나 자신조차도 알아차리기가 힘들 수도 있다. 준영이 정도는 난독증 진단은 받기가 힘들 것이고, ADHD나 자폐도 진단으로는 내려지지 않을 가능성이 크다. 하지만 본인은 분명 생활에 어려움이 있을 것인데, 이런 자신의 특징을 알고 모르고는 큰 차이가 있다.

● **베스트셀러 작가를 꿈꾸는 40대 제러드 씨**

그는 글을 정말 엄청나게 빨리 읽었다. 마치 한 페이지씩 이미지를 찍고 넘어가듯이 빠른 속도로 글을 읽어내지만 주로 '문맥적'으로 읽는다고 했다. 그래서인지 문맥적으로 크게 필요하지 않은 내용은 쉽게 지나치기도 하고 한 문장에서 (내용상) 중요하지 않은 단어는 가끔 빠뜨리고 읽기도 했다.

또한 그는 종종 글을 쓰는 데 필요한 단어를 잘 생각해내지 못했다. 즉, 필요한 '단어의 인출'이 어려웠던 것이다. 그래서 '거… 그거 뭐더라…' 'ㅇㅇㅇ 하는 그걸 뭐라고 부르더라…' 같은 말을 자주 했다. 하지만 요즘은 다양한 앱과 AI 기능이 있어서 불편이 많이 줄었다고 했다.

흥미롭게도 제러드 씨는 '베이글'을 베이글이라 하지 않고 거의 '동글'이라고 했다. '베이글'이란 단어를 모르는 것이 아닌데 그 단어를 말하려고 하면 자꾸 '동글'이 떠오른다고 했다. 그리고 늘 베이글을 말하려면 애써서 생각해 내야 한다고 했다. 나는 제러드 씨와 그런 현상의 이유를 곰곰이 찾아내려 해 본 적이 있는데, 납득할 수 있는 가장 그럴듯한 이유는 이것이었다.

제러드 씨가 어렸을 때는 '베이글'이란 게 없었고, 그와 비슷하게 생긴 '도넛'만 있었다. 그래서인지 베이글을 말하려고 하면 머릿속에 자연스럽고 선명하게 도넛 모양이 떠오르고, 도넛보단 덜 친숙한 단어인 베이글과 섞여서 donut + bagel = dongel/dongle처럼 되면서 자꾸 '동글'이라고 하는 게 아닌가 싶었다. 제러드 씨는

난독증을 읽다

이런 식으로 아는 단어지만 인출에 어려움을 겪거나, 인출 시 자신만의 단어로 바꿔서 '슈비' '쥬비' '파지시클'처럼 실제로는 없는 단어를 자주 썼다.

작가 J. K. 롤링은 이제는 거의 모두가 아는 보통의 인간을 뜻하는 '머글'이란 단어를 포함하여 여러 가지 주문呪文, 생물 및 종족, 마법 세계의 물건과 장소, 물질, 특정 능력 등에 새로운 단어들을 매우 많이 만들어냈다. 어쩌면 제러드 씨의 이런 능력도 작가가 되기에 장점으로 작용하지 않을까 싶다.

또한 그는 영어를 읽을 때 단어의 길이가 비슷하고 모음이 비슷한 게 있으면 쉽게 헷갈려했다. 예를 들어, herald는 자주 hearld라고 썼고, volcano(화산)와 tornado(회오리바람), off나 of 같은 단어는 여전히 아주 헷갈린다고 했다. 난독증이 있는 사람들 중엔 volcano와 tornado가 무엇인지 정확히 알고 있지만 말할 때 엉뚱하게 바꿔서 말하는 경우나 단어 인출 시에 헷갈려하는 경우가 있다는 걸 책에서 읽은 적이 있다. 하지만 나는 전혀 헷갈리지 않았기에 그냥 '아, 그렇구나…' 하고 읽고 넘어갔다. 그런데 제러드 씨에게 평생 그게 헷갈렸다는 말을 들었을 때 정말! 신기했었다.

그는 글자의 모양에 따라서도 읽기가 쉽거나 더 어려운 때도 있다고 했는데, 글 전체가 대문자로 적힌 정보 글을 받으면 훨씬 더 읽기가 힘들다고 했다. 그리고 글자체도 타임스 뉴 로먼Times New Roman 이나 조지아 Geogia 처럼 선이 깔끔하지 않고 간격이 빽빽한 것은 훨씬 더 읽기가 힘들어서, 글자에 장식이 없고 단순하며 간격이 조금 더 있는 '산세리프 글꼴'을 더 편하게 느낀다고 했다. 산세리프 글꼴이란 예를 들면, Sans Serif Fonts 와 같은 느낌이다.

DYSLEXIA FRIENDLY FONT

▶ Dyslexie 폰트

난독증이 있는 사람들을 위해 선이 깔끔하고 아랫부분이 좀 더 두꺼워서 글의 안정감을 보태주는 '디스렉시 dyslexie'라는 글꼴도 만들어져 있는데 확실히 읽기가 더 쉬워 보였다.

한글도 난독증을 위한 서체를 개발한다는 얘기를 들은 적은 있지만 흔히 쓰이지는 않는 것 같다. 난독증을 위한 무료 서체도 많이 보급되면 좋겠다.

제러드 씨는 난독증에 종종 수반된다는 다른 많은 어려움도 함께 가지고 있었다. 신발 끈 묶기(끈을 잘 묶지만 묶고 푸는 걸 몹시도 싫

난독증을 읽다

어했다. 추가적인 에너지가 들어가서일까), 왼쪽 오른쪽 구별하기(왼손 엄지와 검지를 L자로 펴 들고 'Left'(왼쪽)라고 하면서 익혔다고 했다), 양말 같은 짝 찾기, 앞 사람을 보면서 따라 하는 운동이나 춤추기 등.

물론 성인이 되면서 끈이 없는 신발이나 자동으로 돌리면 되는 다이얼 운동화를 주로 신고, 왼쪽과 오른쪽은 아직 헷갈리고, 양말은 여전히 종종 뒤집어 신거나 짝이 안 맞아도 신는다고 했다. 운동은 아주 단순하지만, 효과적인 것들을 반복적으로 한다고 했다.

● 학교 다닐 때 수학, 과학은 쉬웠지만, 영어는 너무 어려웠던 한의사 윤

윤에게 영어를 가르치기 전에는 그녀가 언어 학습을 어려워할 거라는 생각을 해 본 적이 전혀 없었다. 내가 알기로 그녀는 학교 다닐 때 공부를 무척 잘했고 당연히 영어 성적도 좋았기 때문이었다.

윤이 학생 때는 학교에서 회화를 위한 영어를 가르치지도 않았고, 선생님들도 발음이 '댓뜨that, 우드 유 라이크 투Would you like to …' 하는 분들이 많던 시절이었으니 본인이 딱히 발음을 못한다거나, 발음이 어렵다는 생각을 안 해 봤을지도 모르겠다. 하지만 이제 와서 영어를 하려니 발음이 중요하다 하고, 연음을 해서 빠르게 읽어야 된다 하는데 그게 그렇게 어렵다고 하였다.

윤은 수학과 과학을 무척 쉬워했고 재밌어했다. 그녀에게 수학과 과학은 아주 논리적이고 체계적이어서 쉽게 이해가 되었으니까. 하지만 학창 시절 영어는 문법이 너무 이해가 되지 않았다. 수십 수백 번 기계적으로 꾸역꾸역 억지로 머리에 새겨 넣으며, (이해는 잘 안 됐지만) 문법에 맞춰 문제를 풀었다고 했다. 사실 영어도 수학만큼 논리적이지는 않지만, 라틴어, 독일어, 프랑스어, 언어의 역사 등에 대해 배우다 보면 어떤 특정한 문법과 발음에 대한 이유를 대부분 알게 된다. 하지만 문법, 발음, 표현의 한 부분을 설명하기 위해 그 배경지식을 일일이 다 설명하는 것이 힘드니까 영어 수업에서는 주로 '그냥 그래' '원래 그래'와 같은 말을 자주 하게 된다. 하지만 아주 논리적인 사람들에게는 그게 언어를 멀리하게 되는 이유가 되기도 하는 것 같다.

영어 문장을 소리 나는 대로 듣고 외우려면, 일단 단어와 단어가 연결되어 하나의 새로운 소리로 합쳐지는 게 들려야 한다. 그런 소리를 '연음'이라고 하고, 의미를 이해하려면 연음으로 들린 몇 개의 단어들을 다시 분리할 수도 있어야 한다. 누구나 새로운 언어를 배울 때는 이렇게 연음이 잘 들리지 않는다. 그런데 그런 과정이 유독 힘든 사람들이 있다. 두 단어가 합쳐져서 어떤 소리로 난다고 해도 자신에게는 그 소리가 절대 들리지 않는다고 하는 사람들이 있다. 가끔 이들은 어떤 (문장에는 없는) 의문의 소리가 자신에게는 들린다고도 한다. 하지만 더 큰 문제는 그걸 그대로 따라 하는 게 절

난독증을 읽다

대 쉽지 않다는 거다.

예를 들자면, 'I'm not interested in that.'과 같은 짧은 문장도 귀로는 '인터레스티딘'이라고 한 단어처럼 들리는 것을 눈으로는 '인터레스티드 인'이라고 두 단어로 나눠서 인식해야 하는 게 어려운 것 같았다. 또한, 자음이 이렇게 순간적으로 많이 나오는 소리는 아주 여러 번 듣고 반복하고 또 듣고 반복한 후에야 할 수 있었다. '인터레…인스터레…인터레티…인스터레디드…인터레티드…인터레스‥티드…인터레스틸…인터레스티딘'처럼.

그리고 윤에게서 무척이나 흥미로운 점을 찾았는데, 그녀는 일반적으로 많은 사람들이 쉬워하는 be 동사보다 오히려 훨씬 복잡하고 어려워하는 일반동사를 더 쉬워하고 잘했다. Be 동사는 문장에서 편의상 주로 '~가 있다, ~은 ~이다'라고 해석을 하지만, 딱히 정해진 뜻이 없어서 문장 안에서 가장 적절하게 알아서 해석을 해야 한다. 하지만 일반동사들은 use: 사용하다, walk: 걷다, drink: 마시다 처럼 뜻이 주로 정해져 있고 대체로 시각화가 가능하다.

대부분의 사람들은 be 동사는 am/is/are, was/were, be 이렇게 6가지만 외우면 되고, 주어가 무엇인지, 시제가 과거인지 현재인지만 기억하면 되니 이걸 일반동사보다 더 쉬워한다. 일반동사는 종류도 많은데다 그중 수십 가지는 과거 형태가 자기 마음대로 불규칙적으로 바뀌어서 외우기가 어렵기 때문이다. 또한 일반동사는 주어가 3인칭 단수일 때는 동사에 s를 붙여야 하고, 부정문이나 의문문을 만들 때는 주어와 동사의 자리만 바꾸는 게 아니라 조동사 do를 추가해야 하는데 그것도 주어와 시제에 따라 do, does, did로 바꿔야 한다. 강조를 할 때도 동사 앞에 do, does, did를 써야 한다는 등의 복잡한 규칙이 있다. 하지만 윤의 입장에서 생각을 해보면 어쨌든 '규칙'이 있다. 윤은 그런 걸 좋아했다. 규칙이 있으면 아무리 복잡해도 어떻게든 이해를 했고, 이해가 되면 그다음은 어려워하지 않았다.

윤은 분명 대입 시험에서 영어 독해도 고득점을 받았고, 직업상 원서에 나오는 영단어도 많이 접해서 영어가 생소하지만은 않았다고 했는데, 회화로 접하는 영어는 be 동사가 절대 입에 붙지도 않고 그렇게 계속 헷갈린다고 했다. 다른 어려운 걸 잘하는 사람이 We was, She were, The books is… 이러는 모습을 상상하기가 쉽지 않겠지만 윤이 실제로 그랬다. Be 동사라는 것이 딱히 정해진 뜻도 없고, 체계적인 규칙 따위도 없이 그냥 I는 am, you는 are, he는 is, am과 is의 과거는 둘 다 was, are은 were 하는 식으로 논리적이지도, 체계적이지도 않아서 첫 한두 달은 무척 헷갈려했다.

윤은 한국어를 들을 때도 종종 '네? 뭐라고요? 네?' 이런 말을 자주 했다. 보통 주의를 기울이고 상대의 말을 잘 듣다가도 피곤하거나 바쁘거나 하면 특히 잘 못 알아들었다. 하지만 윤은 정말 전형

난독증을 읽다

적인 모범생이고 우등생이어서 자신의 약점을 어떻게 극복할지를 치열하게 고민하고 실천했다. 윤은 우선 수업이 끝나자마자 항상 수업 시간에 들었던 내용을 시각적으로 정리한다고 했다. 도표도 만들고, 색깔 펜도 사용하여 자신이 명확하게 이해할 수 있도록 반드시 정리를 했다. 그리고 헷갈리거나 계속 어렵게 느껴지는 것은 다음 시간에 할 질문으로 따로 정리를 했다. 윤은 그렇게 생각을 반드시 글로 정리해야 했는데 그렇지 않으면 이해를 하거나 기억하는 데 어려움이 많다고 했다.

윤에게 가장 힘든 부분은 문장을 '듣고' 그걸 그 속도에 맞춰서 따라 하는 것이었는데 그게 잘 안된다고 했다. 조금 듣고 겨우 소리를 해독하고 있으면 문장이 끝나 다음 문장으로 넘어가 버리고, 조금 더 노력해서 자신의 속도가 약간 빨라진 후에는 따라 하는 중에 다음 문장으로 넘어가고, 그러니 정말 허겁지겁 듣고 따라 하기가 반복되는 거였다. 하지만 나이 60이 되기 전에 반드시 영어 회화를 잘해서 원어민과 어느 정도 자유롭게 소통하려는 열망이 강해서 자가용으로 출근하는 길에, 퇴근하면서, 주차하고 집에 올라가기 전 차 안에서 30분, 점심시간에는 점심 먹으면서 한 문장을 최소 100번 이상씩은 따라 하고 또 따라 했다고 했다.

이렇게 생활의 0순위로 영어를 하던 윤이 4개월쯤 지난 시점에 영어가 너무 힘들다고 포기하고 싶다고 했다. 그래서 나는 솔직히 현실적인 나의 의견을 말해줬다. 일단 영어를 반드시 해야 하느냐고 묻자, 아이들이 유학을 가면 자신이 함께 가서 이것저것 도와줘야 할 수도 있으니 반드시는 아니지만 아주 유용할 것이라고 했다. 회화를 유창하게 잘하고 싶으냐는 질문에 외국인과 '프리 토킹이 어느 정도 가능한 수준'까지는 도달하고 싶다고 했다.

나는 영어를 가르치는 몇십 년 동안 이 '프리 토킹'이란 말을 참 많이 들어왔다. 원래 '프리 토킹'이란 어떤 주제를 던져줘도 말을 어느 정도 할 수 있는 걸 말하는데, 이건 생각만큼 쉬운 일이 아니다. 나는 사람들을 만나면 주로 난독증, 언어학, 인간관계, AI, 신경다양성에 관한 얘기를 한다. 하지만 어떤 사람은 늘 사진, 달리기, 디자인, 전기, 인테리어 등에 관해 얘기하고, 또 어떤 사람은 정치, 운동, 식단, 구직, 또 다른 이는 투자, 주식, 주택, 법, 명품, 골프, 쇼핑에 대해 주로 얘기한다. 몇 가지 단순한 예만 들었지만 나는 이 중 아무거나 던져줘도 자유롭게 대화할 수 있을까? 나는 한국어로도 불가능하다. 그러니 당연히 영어로도 불가능하다.

이런 얘기를 윤에게 해주며 우리가 매일 8시간 이상씩 영어에만 매달릴 수는 없으니, 현실적으로 그냥 기초 영어를 할 수 있으면 좋겠다고 생각해야 한다고 했다. 그리고 자신이 자주 얘기하는 몇 분야의 말은 쉽게 알아들을 수 있도록 단어와 표현과 듣기와 말하기 연습을 많이 해야 한다고 했다. 하지만, 나는 윤에게 영어 '회화'

난독증을 읽다

는 무척 힘든 일이 분명하다고 느꼈다. 남들보다 몇 배로 하면 언젠 가는 임계점을 넘고, 뇌도 조금 바뀌겠지만 그 지난한 과정 동안은 무척 재미가 없을 것이기 때문에, 아마도 지속하기가 어려울 것이 었다.

똑같은 외국어를 공부해도 소리를 정확하게 잘 듣고, 톤의 높낮 이도 잘 알아차리는 사람들이 있다. 그리고 말하는 걸 너무 좋아해 서 늘 말을 따라 하며 다니는 사람들도 있다. 당연하게도 이런 사람 들이 회화를 훨씬 더 빨리 배운다. 하지만 그렇다고 해서 이런 사람 들이 영어 자체를 더 잘하게 된다는 것은 아니다. 이들 중에는 말하 고 따라 하는 것은 즐겁지만, 앉아서 단어를 외우고 글을 읽어 깊 이 있는 영어를 하는 것은 즐거워하지 않는 사람들도 많기 때문이 다. 영어를 한국어로 번역하는 전문 번역가들 중에도 회화를 거의 못 하는 사람들이 많고, 회화를 아주 유창하게 하는 사람들 중에도 긴 글은 잘 못 읽거나, 1분만 말하고 나면 말할 거리가 떨어지는 사 람도 있다. 즉, 회화도 원어민처럼 잘하고, 발음도 정확하고, 어려운 글도 매우 쉽게 읽고, 쓰는 것도 잘하고, 듣는 것도 백 퍼센트 정확 히 다 알아듣는 사람은 극히 소수라는 것이다.

난독증은 보통 글을 구성하는 기본적인 소리값을 구분하지 못 하는데, 흔히 우리가 난독증이라고 하는 경우에는 글을 '보고' 음소 를 빨리 구분해내지 못해서 읽는 데 어려움을 겪는 것을 말한다. 하지만 '청각적'으로 음소 인식이 어려운 사람들도 주위에 상당히 많다. 귀로 소리가 잘 인식되지 않으면 그에 해당하는 적절한 문자와의 매칭도 매우 어려울 수 있다. 이들의 특징은 주로 글을 써서 생각을 정리한다. 단어를 외울 때도 깜지처럼 열심히 쓰면서 공부한다. 상대의 말을 듣고 흉내 내는 걸 잘하지 못하고, 하고 싶어 하지도 않는다. 듣고 단어를 외우는 것은 올바른 공부 방법이 아니라고 생각한다. 전화로 상대방과 통화하는 걸 좋아하지 않고, '애매한 음치'인 경우도 많다.

● 한 번 말해선 기억하지 못하는 5학년 진우

진우는 영어를 잘 읽지 못했다. 하지만 듣고 따라 하는 것은 무척 잘했다. 발음도 정말 좋았다. 그러나 보고 읽는 것은 잘하지 못했고 힘들어했다. 하지만 진우를 가르치는 데 사실 가장 힘들었던 것은 그 무엇보다도 '작업기억'이 좋지 못한 것 때문이었다. 작업기억이란 어떤 일을 해야 할 때 머릿속에서 짧은 시간 동안 정보를 임시 저장하고 처리하는 걸 말한다.

진우는 작업기억이 좋지 못해서 같은 내용을 최소 20번 이상 며칠이고 반복하고 또 하고, 다른 방법으로 설명하고, 그림으로, 표로 보여주며 설명해야 했다. 말로 길게 하는 설명들을 순서대로 저장하는 것이 힘든 것 같았다. 분명히 다 이해하고 있는 것 같을 때

난독증을 읽다

도 알고 있는 걸 다시 꺼내어 '순차적으로' 무엇인가에 적용하는 걸 너무 힘들어했다. 영어로 독해도 잘하고, 문장도 잘 만들지만, 문제로 응용해서 푸는 건 훨씬 쉬워도 잘 풀지 못했다. 참, 미치고 팔짝 뛸 노릇이었다. 모르지 않는데 시험 점수로는 거의 모르는 것처럼 보일 테니 말이다. 작업기억이 좋지 않은데 머리는 나쁘지 않다는 게 말이 안 된다고 생각할지도 모르지만, 매우 시각적이면서 전체 그림을 직관적으로 보는 것이 쉬운 영민한 사람들 중에는 작업기억이 좋지 못한 사람들이 있다.

진우에게 단순한 한 가지를 가르치기 위해선 보통 수십 번의 설명이 필요했다. 나는 진우가 나에게 역으로 설명을 할 수 있을 때까지 가르치고 또 가르쳤는데, 진우가 드디어 나에게 어떤 개념을 정확하게 설명할 수 있게 되면 대체로 그다음은 잘 기억했다. 하지만 그 개념을 이용해 문제를 푸는 것은 또 다른 난관이었다. 진우는 문제를 건너뛰고, 잘못 읽는 경우가 많았기 때문이었다. 늘 문제를 차근차근, 순서대로, 주의 깊게 푸는 걸 잘 못했다. 그래서 같은 문제를 여러 번 다양한 형태로 풀고 또 풀면서 몸에 익을 때까지 연습해야 했다.

진우는 문법이나 단어 스펠링에 구애받지 않고 상황에 따라 듣고 말하는 회화를 좋아했다. 노래를 듣고 영어를 배우거나, 상황극을 하면서 따라 하는 걸 좋아했지만, 진우의 작업기억은 분명 전통적인 학업을 따라가는 데 걸림돌이 되었다. 하지만 훈련을 하면 할수록 더 좋아지긴 했다. 작업기억이 무척 뛰어난 사람처럼 따라가긴 힘들겠지만 훈련을 하면 많이 좋아지는 것은 분명하다. 자기 스스로가 할 수 있다고 생각하고, 반복하고 반복하고 또 반복하면서 나아졌다. 하지만 그러기 위해서는 무한 반복을 도와줄 수 있는 사람이 있어야 하고, 그 사람은 무한 반복에도 지치지 않고 아이가 부정적인 자아상을 만들지 않도록 도와주어야 한다. 즉, 선생님과 부모님이 옆에서 지치지 않고 도와줄 수 있으면 진우 같은 아이들의 작업기억도 반드시 좋아진다.

나는 기억력이 좋다, 작업기억이 좋다, 글을 논리적으로 잘 쓴다, 계산이 빠르고 정확하다, 단어를 많이 안다 등은 받아들일 수 있지만 '머리가 좋다'라는 두리뭉실한 표현은 정확히 어떤 점에서 좋다는 것인지, 굉장히 편파적인 개념이라고 생각한다. 언어, 수리, 공간지각 등 몇 가지 제한된 분야만 측정하는 아이큐 점수만 가지고 머리가 좋다고 해도 될까? 우리에게는 창의적 지능, 감성 지능, 사회적 지능, 신체운동 지능, 음악적 지능, 자연주의적 지능 등등 훨씬 더 다양한 지능이 있는데 언어, 수리, 공간지각 점수가 낮으면 머리가 나쁜 것인가 하는 생각을 의심한다. 그래서 나 스스로도 머리가 좋다는 말에 편견을 싣지 않으려 노력한다.

● 한국 교육을 떠난 중학생 승우

승우는 어릴 때 한글을 잘 읽지 못해 센터에서 한글 읽기 중재를 받았다. 얼마 지나지 않아 한글 읽기에는 전혀 문제가 없어졌고, 학업 성적도 우수했지만. 영어에 대해서는 별다른 조처를 하지 않았다. 한글 읽기가 완전히 해결되었으니, 영어도 자연스럽게 따라올 것이라고 막연히 생각했기 때문이었다.

하지만 엄마는 승우가 영어를 어려워하는 것 같다는 느낌이 언젠가부터 자꾸 들었다. 주변 사람들은 난독증을 의심하는 엄마에게 난독증일 리 없다고 단정 지어 말했다. 아이가 영어를 제외한 다른 과목에서는 뛰어난 성적을 보이고 있었기 때문이었다. 국어 성적이 우수하고 논리적인 글쓰기까지 잘하는 아이가 난독증이 있다는 것은 쉽게 상상하기 어려운 일이었을 것이다.

보통 아이가 영어 학원에 다니면 영어 난독증이 있음을 금방 알게 될 것이라고 생각하지만, 실제로는 그렇지 않다. 학원에서는 수십 명의 학생을 한꺼번에 가르치다 보니 개별적으로 영어 읽기를 평가할 기회가 거의 없다. 선생님이 읽고 설명하며 해석하는 방식으로 수업이 진행되고, 학생들은 단어를 외워 와서 시험을 본다. 하지만 단어 시험조차도 단어를 읽는 것이 아니라 철자를 암기해 종이에 적는 방식으로 이루어지기 때문에, 난독증 여부를 확인하기 어렵다.

승우도 비상한 기억력으로 단어의 모양을 외워 시험을 치렀기 때문에 영어 난독증이 쉽게 드러나지 않았다. 단순히 점수가 낮은 것은 공부를 소홀히 했기 때문이라고 생각하기 쉬운 상황이었다. 그러나 엄마가 직접 선생님께 아이의 영어 읽기를 확인해 달라고 요청한 후에서야 비로소 "그럴 가능성이 있다"라는 이야기를 어렵게 듣게 되었다.

지능이 높아 단어의 형태를 암기해 시험을 보고, 수업 내용을 듣고 이해하는 아이들의 경우, 난독증이 있는지 쉽게 판별되지 않는다. 이러한 아이들이 중학교 2~3학년이 되어서야 난독증이 확인되는데, 이때는 이미 학업 격차가 너무 벌어져 따라잡기가 어려운 상황이 된다. 단순히 영어 읽기의 문제가 아니라 전반적인 학습 능력에서 큰 어려움을 겪게 되는 것이다. 따라서 난독증이 있는 아이들은 최대한 빨리, 초등학교 시기에 선별하여 한글과 영어 읽기에 대한 적절한 지원을 받도록 해야 한다.

승우에게 난독증이 있다고 확신하게 된 엄마는 시중에서 구할 수 있는 모든 난독증 관련 책을 읽기 시작했다. 하지만 책에는 전문 용어가 너무 많았고, 읽으면 읽을수록 더 미궁에 빠졌다. 게다가 아이가 난독증이라는 확신이 들어도 어디서 어떤 도움을 받아야 할지 알 수 없었다. 교육청, 구청, 학교, 센터 등에 문의했지만, 곧 고등학생이 되는 승우가 받을 수 있는 지원은 어디에도 없었다. 그러던 중 내 이야기를 듣게 되어, 그렇게 나는 중3이 된 승우를 만나게 되었다.

처음 만난 승우는 말수가 무척 적었고, 영어를 읽을 때 눈에 띄게 긴장하는 것이 느껴졌다. 눈을 맞추는 것이 다소 부자연스러웠지만, 크게 문제가 될 정도는 아니었다. 승우가 처음 읽을 수 있었던 영단어는 이미지처럼 외워 기억하는 것뿐이었다. 그러나 단 2시간의 수업 후, 승우는 이미 어떻게 읽어야 하는지를 이해했고, 여러 단어를 읽을 수 있게 되었다. 왜 지금껏 아무도 승우에게 단어를 다른 방식으로 가르쳐 주지 않았는지 안타까웠다.

첫날 이후 승우의 태도는 한결 편안해졌고, 둘째 주부터는 얼굴에 웃음도 조금씩 띠기 시작했다. 말수도 점점 늘어났다. 승우가 영어를 잘못 읽었을 때 나는 절대 지적하지 않았다. 대신 이렇게 말했다.

"어? 그렇게 읽는 것도 틀렸다고 볼 순 없지. 뉴질랜드에서는 그렇게 발음하거든. 하지만 한국에서는 잘 모르니까, 학교에서 알아듣는 발음을 기억해 보자."

"그렇게 발음하면 스코틀랜드 시골 할아버지처럼 들릴 수도 있어. 그러니까 다르게 해보는 게 좋겠지?"

"그건 너무 흑인식 발음이야. 물론 틀린 건 아니지만, 그러면 나머지 발음도 그 스타일에 맞춰야 해."

"그건 주로 한국의 나이 든 아줌마, 아저씨들이 그렇게 발음해."

이런 식으로 승우가 잘못한 것이 아니라, 학교에서 인정하는 발음으로 익히는 것이 중요하다고 설명했다. 그러면서 그는 점차 발음을 틀리는 것에 대한 불안감과 부담감을 덜어가는 듯 보였다.

승우가 12시간의 수업을 마쳤을 때, 드디어 교과서를 읽을 준비가 되었다. 물론 혼자서 교과서의 모든 단어를 즉시 읽을 수 있는 것은 아니었다. 교과서에는 발음 규칙이 적용되지 않는 단어가 많았기 때문이다. 하지만 읽기 법칙을 익히면서 천천히 학습을 병행할 수 있게 되었다.

승우는 불안이 많았지만, 마음이 편안할 때는 집중력이 뛰어났고, 기억력도 우수했다. 그는 스트레스를 받을 때 방 안에서 온종일 레고를 만들며 마음을 달랬다. 흥미로운 점은 난독증이 있는 아이들 중 레고로 스트레스를 푸는 경우가 많다는 것이었다. 승우 또한 레고를 통해 자신만의 세계에서 안정을 찾고 있었던 것이다.

승우와 같은 아이들은 우리 주변에 생각보다 많다. 난독증의 종류와 정도에 따라 스스로 방법을 찾아내거나, 도움을 줄 수 있는 사람을 만나면 학습에서 두각을 나타낼 수 있다. 하지만 읽기에서부터 어려움을 겪게 되면 학습 자체를 거부하게 되는 경우가 많다. 이

난독증을 읽다

런 아이들이 가장 자주 듣는 말은 "너는 똑똑한데 노력이 부족해! 조금만 더 노력하면 뭐든 할 수 있어!" 같은 말이다.

승우의 엄마도 울면서 말했다. 아이에게 너무 오랫동안 그런 말을 해 왔다고. 하지만 정작 아이는 죽을 만큼 노력하고 있었고, 더 노력하고 싶어도 읽는 방법을 몰라 극심한 스트레스를 받고 있었다는 사실을 전혀 알지 못했다고 했다. 승우에게 필요한 것은 단순한 노력 강요가 아니라, 영어 읽는 법을 배우고 학습할 수 있도록 돕는 것이었다.

또한, 승우에게는 난독증뿐만 아니라 아스퍼거의 특징도 일부 보였다. 어색한 눈 맞춤(눈을 살짝 피하거나, 혹은 너무 강하게 응시하는 모습), 레고에 대한 몰입, 논리적이고 체계적인 사고방식, 매뉴얼대로 하는 듯한 예의 바른 답변 등이 그러한 특징이었다. 다행히 승우는 남자아이였기에 그 특성이 희미하게나마 보였지만, 본인이 인정하지 않는다면 누구도 확신할 수 없는 것이 아스퍼거의 특성이기도 하다.

특히 여자아이들의 경우, 아스퍼거가 있어도 스스로 인지하지 못하는 경우가 많다. 사회의 규칙에 맞춰 가면을 쓰고 살아가는 것이 당연하다고 여기기 때문에, 자신이 다르다는 사실조차 깨닫지 못하는 경우가 대부분이다. 시중의 아스퍼거 관련 서적들이 대부분 남성을 대상으로 하는 이유도, 여성의 경우 본인조차 자각하기 어려운 특성을 보이기 때문일 것이다.

승우와 수업을 하면서 아이가 정말 똑똑하다고 느낀 순간이 많았다. 그래서 "정말 대단하다!" "너 천재 아니야?"라고 말하면, 승우는 의아한 표정으로 나를 쳐다보았다. 어쩌면 영어 선생님에게서 그런 말을 들어본 것이 처음이었을지도 모른다. 그는 "아니에요. 이정도는 누구나 다 하는 거 아닌가요?"라고 대답하곤 했다. 그 말을 들을 때마다 마음이 아팠다. 스스로 자신의 한계를 정해두고, 자신의 뛰어난 능력을 깨닫지 못하는 모습이 안타까웠다.

이처럼 난독증이나 아스퍼거를 가진 아이들은 단순히 학습의 어려움을 겪는 것이 아니다. 그들은 자신이 얼마나 뛰어난지 인지하지 못한 채, 남들이 정해놓은 기준 속에서 스스로를 과소평가하며 살아가고 있다. 그렇기 때문에 이들을 조기에 발견하고 적절한 지원을 제공하는 것이 무엇보다 중요하다.

아스퍼거와 난독증이 함께 있는 경우엔 본인이 말하지 않으면 거의 찾을 수 없다고 생각한다. 그들은 대부분 공부도 잘하고, 인간관계에도 큰 문제가 없고 (사실은 대부분이 가면을 쓰고 원래의 모습과는 다른 모습으로 생활한다. 특히, 여자아이들은 전혀 알 수가 없다. 가면을 썼는지 원래의 모습인지), 아주 논리적이기도 하다. 이런 아이들은 한글은 대체로 아주 약간의 어려움만 보이거나 별 어려움 없이 익힌다. 그리고 영어를 배우기 전까지는 무척 똑똑한 모습을 많이 보여준다.

난독증을 읽다

승우 엄마가 승우가 난독증이 있다고 의심을 하기까지 시간이 아주 오래 걸린 것도 이 때문이다. 아이가 다른 모든 면에서는 똑똑하고 뛰어난 면을 보여줬으니까. 이들이 나중에 영어 읽기에서 고충을 겪는 경우가 생길 때 빨리 이들에게 난독증이 있다는 걸 알아차리고 조금 다른 방법으로, 개별로 지도해 주면 된다.

나는 이런 승우 같은 친구들이 생각보다 무척 많을 것으로 추측한다. 큰 도움이 없이도 자신에게 맞는 방법으로 결국에는 잘 극복할 이 같은 아이들에 대해 굳이 얘기하는 이유가 궁금할지도 모르겠다. 그건 조금이라도 아는 것과 전혀 모르는 것은 무척 큰 차이를 가져오기 때문이다. 나도 몇 년 전까지만 해도 난독증과 신경다양성에 대해 무척 제한적으로 알고 있었거나 아예 생각해 보지도 않았던 부분이 많았다. 그런데 어떤 것에 대해서 알고 상대나 나를 보는 것은, 전혀 모르고 보는 것과는 하늘과 땅 차이라는 것을 알게되었다. 난독증은 신경다양성과 무척 밀접한 관련이 있어서 신경다양성을 알지 못하고 난독증에 관해 얘기할 수는 없다.

나는 승우처럼 문해력에는 지장은 없지만, 글자보다는 이미지혹은 패턴적으로 사고하는 이들에게 '난독증이 있다'라고 라벨을 붙이기보다는 '시각적(이미지) 사고'나 '패턴적 사고'에 더 강하다고 하면 어떨까 생각한다. 이러한 사고는 선형적인 사고에 비해 문자로 정보를 받아들이는 것이 조금 더 힘들 수 있다. 하지만 자신의 이러한 특성을 알면 '영상, 이미지, 청각, 경험' 등을 이용해 자신에게 더 잘 맞는 방법을 찾을 수 있을 것이다. 유학이나 이민으로 해외 학교에서 필요한 지원을 받기 위해 꼭 진단서가 필요한 경우가 아니라면 일부러 진단받을 필요까지는 없다고 생각한다. 하지만 수많은 사람들이 분명 자신이 누구보다 똑똑한 걸 알고 있는데, 학습이나 일을 하는 데에 자꾸 뭔가 걸림돌 같은 게 있다고 느껴지는 경우가 있다고 한다. 그런데 그 걸림돌이 '난독증'이었다는 걸 알게 되면 오히려 해방감을 느낀다고 한다. 지금껏 계속 자신의 발목을 잡았던 것들이, 자신의 두뇌에 배선이 처음부터 다르게 깔렸기 때문이었다는 걸 알게 되면, 자신에게서 문제점을 찾는 대신 자신에게 '맞는 방법'을 찾기 시작한다는 것이다.

내가 난독증과 다른 신경다양성에 대해서까지도 자꾸 언급하는 것은 철저하게 잘 숨겨져 있는 난독증을 다른 연관된 신경다양성의 어려움이나 특징을 보고서 알아차렸으면 하는 마음에서다. 사람들은 종종 난독증과 아스퍼거를 함께 가지고 있는데, 난독증도 아스퍼거도 겉으로 거의 드러나지 않으니 자꾸 연관된 다른 많은 특징을 언급하는 것이다.

승우는 이듬해 갑작스럽게 호주로 떠나게 되었다. 한국에서 (영어 성적이 입시에서 무척 영향이 커서) 고등학교 교육과 대학 진학이 어렵다고 판단한 엄마는 직업에 대한 편견이 적은 호주에서 새로운 삶을 시작하기로 결심했다. 다행히 호주에는 이미 이모가 거주하고 있었고, IT 업계에서 일하던 아빠도 아이엘츠(IELTS; 비 영어권 출신자들에 대한 영국식 영어 사용 능력을 평가하는 국제공인시험) 성적을 취득하고 직장을 구하면서 이민을 결정하게 되었다.

승우가 제 학년에 맞춰 진학하면 10학년이었지만, 내가 아는 승우의 영어 실력으로는 7학년도 버거울 것 같았다. 하지만 예전에 영어 실력이 부족한 중학교 2학년 학생 두 명이 캐나다로 유학을 떠났던 사례를 떠올리며, 완전히 불가능한 일은 아닐 수도 있겠다고 생각했다. 그 학생들은 한국에서 수학을 잘하는 편은 아니었지만, 캐나다에서는 수학이 훨씬 쉬웠고, 다른 과목들은 이해하기 어려워도 한글 사이트에서 정보를 찾아 공부한 후 영어로 대략 정리해 제출하면 무난한 점수를 받을 수 있었다고 했다. 게다가 요즘은 챗지피티ChatGPT와 다양한 번역기가 있어 예전보다 훨씬 수월하게 학업을 이어갈 수 있을 것이다.

과거에 국제학교에 진학하려던 한 고등학생 친구를 위해 내가 소견서를 써 준 적이 있었다. 내가 난독증 '진단'을 내릴 수 있는 전문의는 아니지만, 어쩔 수 없는 한국의 상황을 설명하며, 아이에 대한 내 의견을 써 보냈다. 다행히 나의 영국 난독증 협회 자격증을 그쪽 학교에서 인정해서 진단서 대신 소견서를 받아들였다. 영국, 호주, 미국 등 난독증 지원이 체계적으로 마련된 국가에서는 정식 난독증 진단서를 제출하면 다양한 학습 지원을 받을 수 있다. 예를 들어, 시험 시간 연장, 조용한 환경에서 시험 보기, 눈이 편안한 색상의 종이에 시험지 인쇄, 시험 문제를 음성으로 제공하는 등의 혜택이 주어진다. 학교마다 지원 방식은 다르지만, 난독증 학생들이 학업을 지속할 수 있도록 배려하는 제도가 갖춰져 있다.

그러나 이러한 혜택을 받는 과정이 간단하지는 않다. 서구권에서는 난독증 진단을 받는 데만 백만 원 이상의 비용이 소요되는 경우가 많아 경제적 부담이 크다. 반면 한국에서는 한글을 유창하게 읽고 이해력도 높은 아이가 영어를 잘 읽지 못한다는 이유만으로 난독증 진단을 받기가 거의 불가능한 실정이기 때문이다. 부디 승우가 호주에서 다양한 지원을 받고 잘 적응하고 있기를 바랄 따름이다.

● **난독증 커밍아웃한 하준 엄마**

컴퓨터 회사에 다니는 하준 엄마는 아들이 난독증이 있다는 것을 알게 되고 나서야 뒤늦게 자신에게도 비슷한 특징들이 있었음을 알게 되었다고 했다. 자신도 학교 다닐 때 단어를 알파벳 순서로 된 목록으로는 잘 외우지 못했다고 했다. 자신은 이미지에 강해서 주로 머릿속에 그림을 그리면서 단어를 외웠는데, 추상적이거나 자신이 경험해 보지 못한 단어는 외우기가 힘들었다고 했다. 유학도 다

난독증을 읽다

녀오고 괜찮은 대학도 나왔으니 수학을 못한 것은 아니지만 여전히 수학이 아닌 산수에서 어려움이 있다고 했다. 이전에 남편이 반전세로 할 경우 보증금과 월세에 대해 이율이 얼마 얼마일 때 어떻고, 보증금이 더 올라가면 월세가 얼마가 된다고 간단한 설명을 할 때도 자신은 아예 들으려고 하지도 않았다고 했다. 머리가 이미 지끈거리는 것 같았기 때문이다.

그녀는 아날로그로 된 시계를 대체로 잘 읽지만 가끔은 헷갈려서 주로 디지털 시계를 사용한다고 했다. 남편이 운전할 때 방향을 반대로 가르쳐 준 적이 여러 번 있어서, 남편은 이제 아예 내비만 보고 다닌다고 했다. 이상하게 그녀는 오른쪽과 왼쪽이 아직도 헷갈린다고 했다. 머리로는 알고 있는데 입으로 나올 땐 반대로 나오거나 그게 어느 쪽인지 헷갈려서 엉뚱하게 말한다고 했다. 나사를 조일 때도 '오른쪽은 조이고 왼쪽은 풀리고'를 노래하면서 돌린다고 했다.

그런 그녀는 어릴 때 일어서서 책 읽는 시간이 너무 싫었는데 자기는 분명 제대로 읽었다고 생각했지만, 꼭 한두 단어씩 틀리게 읽곤 해서 친구들이 지적해 주었다고 했다. 그래서 뭔가를 읽어야 하는 숙제가 있으면 그녀는 주로 다 외워버렸다고 했다. 특히 그녀는 여러 과목들 중에 영어가 너무 어려웠는데 그래도 남들보다 열심히 (억지로) 외우고, 문맥에 크게 의존해서 독해를 하고, 발음은 그렇게 좋지는 않아도 자신이 하고 싶은 말을 간단하게는 할 수 있게 되었다고 했다.

반면에 수학이나 물리는 그냥 이해가 되었다고 했다. 계산상에서 실수를 하기는 했지만, 개념은 힘들지 않고 그냥 직관적으로 알 수 있었다고 했다. 수학을 어렵다고 하는 사람이 정말 이해가 안 되는데, 실은 아들이 자신과 비슷한 점이 아주 많음에도 불구하고 수학을 어려워하는 게 이상하다고 했다. 자신은 수학 문제를 풀 때 주로 종이에 적지 않고 그냥 머릿속으로 풀었다고 했다. 문제를 보면 그냥 답이 보였는데 학교 시험에서는 항상 풀이과정을 순서대로 써야 했고, 쓰는 중에 숫자를 잘못 쓰거나 계산 실수를 해서 점수가 좋지 않은 적이 많았다고 했다. 수학은 쉬운데 산수는 잘 못한다니 참 흥미로웠다.

그럼 수학이 쉽고 재미있어서 공부를 열심히 했느냐고 묻자, 잠시 생각하더니 "그렇다고 수학을 공부로 열심히 해 본 적이 있는 것 같지는 않아요. 그냥 이해가 되긴 했지만 학교 다닐 때 열심히 공부한 기억은 사실 없어요. 잠도 실컷 잤고, 하고 싶은 거 다 했고, 사실 공부는 딱히 열심히 안 했는데 뭐 그냥 알았다고 할까요? 뭐 대답이 좀 이상한가?" 했다. 그렇다. 대답이 좀 이상했다. 하지만 나는 (난독증이 있을 수도, 없을 수도 있는) 신경다양성이 있는 사람들 중에 이런 사람들을 몇몇 보았다. 학습에 필요한 지능은 높지만 불안

난독증을 읽다

이 높거나, 오래 집중을 못하거나, 순차적인 계산이나 풀이가 어렵거나, 피로를 아주 쉽게 느끼거나 하는 사람들.

자신은 어떤 일을 할 때 큰 그림이 보여서 처음부터 어떻게 하면 어떤 결과가 나올지가 훤히 보이지만, 남편은 그런 걸 볼 줄 모르는 것 같다고 했다. 자신은 큰 그림은 잘 그리지만, 단계별로 순서대로 꼼꼼히 해야 하는 일들을 잘 처리하지 못해서 그런 건 남편이 다 한다고 했다.

이런 하준 엄마에게는 절친이 있었는데, 이 절친은 하준이를 어릴 때부터 계속 봐 왔었다. 하준이는 어려서부터 난독증의 특징이 있었는데 한글을 쓸 때도 오랫동안 자신의 이름도 제대로 못 써서 '아죽'이라고 썼고, '한강'에 들어있는 'ㅎ'이 자신의 이름에 들어있는 'ㅎ'과 같은 것도 인식하지 못했다. 그럴 때마다 그녀의 절친은 "어머, 아직 애기 같다. 에고, 귀여워~"했다. 하준이가 고학년이 되어 영어를 잘 읽지 못할 때도 "괜찮아. 영재인가? 영재들이 글을 늦게 뗀다고 하잖아. 호호호" 했다.

하준 엄마는 하준이에게 난독증이 있다는 걸 알고 난 후, 어느 날 아무렇지 않게 그 절친에게 툭 한 마디 던졌다.

"하준이가 난독증이래."
"헐, 무슨 소리야?!"

"아니, 진짜야."

"누가 그래? 무슨 말도 안 되는 소리를, 누가 그랬어?"

"아니야, 난독증을 전문으로 공부하신 분이 그렇다고 했어."

"아니야. 그 사람이 뭘 안다고 그런 소리를 한단 말이야. 우리 하준이가 어디를 봐서 난독증이 있다는 거야? 그냥 아직 어려서 그런 거야!"

그 친구를 보면서 하준 엄마는 정말 절친이구나 하고 마음이 놓였다고 했다.

그런데 언젠가부터 그녀의 태도가 돌변한 걸 느낄 수 있었다고 했다. 이전과 비슷하게 하준이가 맞춤법을 틀리거나 하면 "아이고, 어떡해? 난독증이라 아직 맞춤법을 잘 모르는구나." "어쩐지 글자를 자주 틀린다고 했더니 그게 난독증이 있어서 그랬구나. 속상하겠다. 이런 '장애'가 있어서" "아이고 또 틀렸네? 난독증이 빨리 안 고쳐지는구나. 어떡하냐? 빨리 '치료'를 해야 하는 거 아니야?" 같은 말을 하기 시작했고, 하준 엄마는 "아니야, 난독증이 불편한 점도 좀 있지만 아주 창의적이고 좋은 점도 많아. 뭐 맞춤법이야 계속 도와주면 되고… 나도 어릴 때 맞춤법이 아주 힘들었어. 나도 난독증이 있는 거 같아. 뭐 그렇다고 '장애'까진 아니잖아?" 했다.

하준 엄마는 절친에게 난독증에 대해 편하게 얘기한 건데, 어쩌

난독증을 읽다

다 보니 '난독증 커밍아웃'을 한 것 같은 느낌을 받았다.

난독증이 우리 사회에 너무나 부정적인 이미지로 그려져 있고, 난독증은 모두 지능이 낮다는 틀린 정보도 많은 사람들이 가지고 있다. 그러니 자신이나 자녀가 난독증이란 걸 알게 되어도 사람들에게 편하게 얘기하기가 힘든 것이 현실이다. 이것은 마치 '혼혈' '미혼모' 혹은 '이혼'이 터부시되었던 과거의 우리 사회에서 그와 관련한 이야기를 했던 것과 비슷할 것이다. 미혼모에게 정부의 지원이 없는 것도 큰 문제였지만 '사회적 낙인' 때문에 너무나 많은 신생아들이 외국으로 입양 가야 했다. 또, 수많은 혼혈은 혼혈임을 숨기거나, 다른 나라로 가거나, 사회의 따가운 시선을 견디며 힘든 생활을 해야 했을 것이다. 과거의 (가문에 오점을 남긴) '이혼녀'는 아무도 모르게 쉬쉬해야 했지만 이제는 당당한 '돌싱녀'라는 새로운 이미지를 가진다.

이렇게 난독증이 부정적으로 비치는 사회에서 '제가/제 아이가 난독증입니다'라고 말하는 건 거의 '게이 커밍아웃'만큼 힘들 것이라 생각한다. 하지만 그렇다고 난독증을 숨기고 사는 것 또한 정말 피곤하고 스트레스를 엄청나게 받는 일이다. 매일매일 다른 사람인 척, 자신의 약점을 들키지 않도록 조심하며 살아야 하니까. 난독증이 없는 척하려면, 자신은 예측할 수 있었던 실수들을 마치 우연한 실수인 것처럼 늘 연극을 해야 하고, 항상 글이나 수와 관련된 것에

얽히지 않으려 무척 애를 써야 할 것이다.

내가 만났던 난독증이 있는 사람들은 거의 모두 자신이 난독증이 있음을 주위에 밝혔다. 그랬더니 다행히도 대부분 따뜻하게 이해해 줬다고 했다. 그리고 놀랍게도 난독증에 관해 얘기를 하다 보면 주위의 다른 사람들이 자신에게도 난독증이 있는 것 같다거나 가까운 사람 중에 다른 난독증이 있는 사람들을 떠올리기도 했다. 난독증을 '밝힐 것이냐 아니냐'는 개인이 결정할 문제지만, 나는 밝힐 수 있으면 밝히는 게 좋다는 데 한 표를 던진다.

템플 그랜딘은 《비주얼 씽킹》에서 자폐와 난독증을 정상과 비정상이 아닌 선형적 사고와 시각적/패턴적 사고의 관점에서 썼다. 그녀에게는 자폐를 문제라고 생각하지 않고 자신감을 가지고 성장할 수 있도록 항상 가르치고 지지해 주었던 그녀의 엄마가 있었다.

《나는 사고뭉치였습니다》의 저자 토드 로즈는 어린 시절 정말 많은 (위험한) 사고를 쳤는데 그는 지금까지도 ADHD로 힘든 순간들이 있다고 한다. 하지만 그가 하버드에서 강의를 하고 많은 책을 낼 수 있었던 것은 그의 조부모님이 계셨기 때문이었다. 항상 자신을 믿어주고 낙인찍지 않았던 할아버지와 할머니, 그리고 자신의 강점을 일깨워 주었던 아버지 덕분에 그는 포기하지 않을 수 있었다. 그리고 성인이 된 후로는 대학의 한 교수가 그를 절대적으로 믿어줬는데 그것이 그를 다시 한번 바꾸고, 포기하지 않도록 해줬다.

난독증을 읽다

《나를 똑바로 봐》Look me in the eye의 존 엘더 로비슨은 중년이 되어서야 자신에게 아스퍼거가 있다는 것을 알게 되었다. 하지만 이미 도저히 이해할 수 없었던 너무나 힘든 어린 시절을 다 보낸 뒤였다. 학창 시절 늘 왕따 당하고 힘들었던 존이 지탱할 수 있었던 건 인자하고 늘 자신을 믿어준 할아버지가 계셨기에 가능한 일이었다.

난독증을 고백한 거의 최초의 자서전을 쓴 영국의 배우 수잔 햄프셔는 자신의 엄마가 아니었다면 얼마나 힘든 어린 시절을 겪었을지, 어떤 어려움을 마주해야 했을지, 어떤 문제아가 되었을지 상상도 못 할 지경이라고 했다. 어쩌면 그녀의 엄마도 난독증이 있었기 때문에 딸을 더욱 잘 이해할 수 있었기 때문인지도 모르겠다. 하지만 모든 부모가 자신이 난독증이 있다고 해서 자녀들을 이해하는 건 아니다. 오히려 자신은 '극복'했는데 자녀는 극복하려는 '노력'을 하지 않는다며 더욱 힘들게 하는 사람들도 있다.

템플 그랜딘, 토드 로즈 등 이들의 곁에는 그들을 격려해 주고 믿어주며, 무엇보다 이들을 부끄러워하거나 낙인찍지 않는 어른들이 있었다. 주위에 부정적으로 보거나 낙인찍는 어른들이 있었겠지만, 좀 더 가까운 곳에 그 낙인보다 더 강력한 믿음을 주는 어른들이 있었다. 이 어른들은 이들이 '문제'가 있는 '비정상'이 아니라 다수와는 '다른 뇌'를 가지고 있음을 인지하고 그들의 '강점'을 더욱 강조하고 강화했다. 이 같은 훌륭한 보호자들이 없었다면 이런 대단한 동물학자, 사업가, 교수, 그리고 영화배우가 탄생하지 못했을 것이다. 오히려 말썽꾸러기, 문제아, 지진아, 그리고 범죄자를 만들어냈을지도 모를 일이다.

우리는 우리의 학생들에게, 자신의 자녀에게, 친구의 자녀에게 어떤 낙인을 찍고 있지는 않은가? 무엇보다, 그 아이가 난독증이 있다는 것을 '내'가 '부끄러워'하고 있지는 않은지 점검해 보아야 할 것이다.

● 중등 1등, 고등학교 자퇴, 대학 졸업

모든 학생들을 각각의 개인으로 보지 않고 규격화된 시스템의 표준에 모두 맞추려고 하면 어떤 일이 벌어질까?

내가 참 좋아하지만 볼 때마다 처음 만나는 듯한 신기한 느낌을 주는 사진작가가 있다. 그는 매우 실력이 좋아서 아주 먼 곳에서도 사진을 찍으러 그의 스튜디오를 찾는다고 한다. 사진 강의도 종종 하는 그는 광고 사진도 많이 찍고, 외부 촬영도 많이 한다. 그는 사진을 매우 감각적으로 찍는데, 과장을 조금 보태면 그가 발로 찍은 사진도 예술 작품이 될 정도다. 방금 당신이 읽은 잡지의 표지 사진이 그가 찍은 것일 수도 있다.

그는 뭐든 굉장히 시각적으로 생각했는데, 건물의 인테리어도 쓱 한 번 둘러보면 여기는 무슨 색, 여기는 어떤 모양, 여기는 어떤 질감 같은 게 머릿속에서 쭉 펼쳐지는 것 같았다.

이런 그는 뭔가에 집중하면 무섭게 파고드는 능력 또한 있었다. 한 우물을 매우 깊게 파는 것은 신경다양성의 큰 장점이다.

그런 그는 중학교 때까지 거의 전교 1등을 했다고 했다. 머리가 매우 비상해서였는지 공부를 하지 않아도 들은 내용을 거의 다 기억했고, 시험도 별로 어렵지 않았다고 했다. 이런 그가 고등학교에 가서는 상황이 좀 달라졌다. 귀로만 수업을 듣고 이해하고 기억해서 시험을 볼 수 있는 정도의 양이 아니었기 때문이다. 중학교 때와는 달리 책을 눈으로 읽어야 했고, 글을 읽고 이해해야 했으며, 어려운 단어를 수백 개씩 외워서 시험을 봐야 했다. 모든 것이 귀로 듣고 기억하는 것에서 눈으로 글을 읽고 이해하는 것으로 바뀌었다. 그는 더 이상 전교 1등을 하지 못했다. 반에서도 마찬가지였다.

도저히 단어를 외울 수 없었던 그는 몇 번이나 영단어 시험에서 컨닝하다 들켜서 창피를 당하기도 했다. 하지만 그는 그 수많은 영단어를 도무지 어떻게 외워야 할지 몰랐다. 그렇게 서서히 공부와는 담을 쌓기 시작했고, 견딜 수 없이 힘들었던 그는 결국 고3 졸업을 코앞에 남겨두고 자퇴하고 말았다. 고등학교 중퇴로 할 수 있는 일이 많지 않았던 그는 여러 알바로 생계를 이었다. 그러다 수년이 지나, 우여곡절 끝에 대학에 들어가게 되었다.

나름 똑똑했지만, 난독증이 무엇인지 아무도 모르던 시대에 학교를 다녔으니, 자신은 단지 고등학교 때는 공부를 열심히 하지 않았을 뿐이라 생각했다. 이번엔 좀 더 공부를 열심히 하자고 마음을 다잡고 시작했던 대학 생활도 쉽지 않았다. 수많은 교재와 자료를 다시 '읽어야' 하고 글로 에세이를 써서 제출해야 했는데, 그게 전혀 쉽지 않았다. 도중에 그만둘 뻔한 적이 여러 번 있었다. 하지만 한국 사회에서 대학을 졸업하지 않고는 얼마나 심하게 차별을 당할 수 있는지를 고달픈 사회생활을 통해 뼈저리게 느꼈던 터라, 무슨 일이 있어도 졸업하겠다는 각오로 겨우겨우 마쳤다고 했다.

그는 글이 아닌 것을 볼 때는 아무런 문제가 없는데 글만 보면 머리가 아프고, 무슨 말인지도 잘 모르겠고, 집중도 안 된다고 했다. 이런 그가 한 번은 같은 건물 안, 각기 다른 강의실에서 강의하고 있는 여러 연사들의 사진을 찍어야 했다. 그는 강사들의 사진을 생각보다 아주 빨리 다 찍고는 여유롭게 쉬고 있었다고 한다. 그러다 일정표를 다시 살피다 자신이 전체 강사의 반만 찍었다는 걸 알아차렸다. 무척 창의적인 그는 아주 신선한 기지를 발휘하여 그 위험천만했던 위기를 모면했다고 한다.

이처럼 그는 글이나, 일정표, 주문서, 퍼센티지나 이율 계산 등을 잘하지 못해서 빈번히 실수하고, 불필요한 가산금이나 연체료를 내기도 한다고 했다. 심지어는 송금할 때도 엉뚱한 번호로 부치는 경우도 가끔 있다고 했다. 그가 직접 자신의 약점들에 대해 말해주

난독증을 읽다

지 않았다면 나를 포함한 아무도 그의 이러한 면은 전혀 알 수 없었을 것이다. 오로지 그의 매우 뛰어난 시각적 감각만 칭송하였을 것이다. 그의 사업은 나날이 번창하고 있고 더욱 창의적인 아이디어로 업계의 아이돌이 될 거라고 믿어 의심치 않는다. 다만 달리기에 너무 몰두하여, 하루에 20킬로씩 뛰며 몸을 혹사하는 일을 줄여야 더욱 길게 정상의 자리를 즐길 수 있지 않을까 싶다.

레오나르도 다빈치는 앞서 언급한 '거울상 글씨'로 무척 유명한데, 그 이유야 어떻든 그렇게 방대한 양의 글을 자연스럽게 거울에 비친 상으로 쓴 것을 보면 그가 매우 시각적인 사고를 했음을 짐작하게 한다. 시각적이고 입체적인 사고가 쉬웠을 그에게는 글자의 방향을 뒤집어서 쓰는 건 그리 어려운 일이 아니었을 것이다. 그는 어떤 현상에 대해 말로 풀어쓰는 것보다 그림으로 보여주는 것을 더 선호하고 잘했다고 한다. 그는 무엇이든 자신이 관찰한 것을 스캔한 것처럼 자세한 그림도 노트와 함께 늘 그려두었다. 그의 신체해부도는 거의 의학의 역사를 바꿀 만한 정도라고 한다. 이런 그는 학교 교육을 거의 받지 않고, 아버지 지인의 공방에서 예술과 과학에 대한 이해를 자신의 방식으로 쌓아나갔다고 한다. 그의 글에는 문법적, 철자적 오류가 자주 발견되어서 어떤 이는 이것을 그가 난독증이 있었다는 증거로 제시하기도 한다.[23] 수백 년 전의 그의 난독증에 대한 갑론을박이 별 의미가 없을 수 있지만, 그래도 그의 이런 특징들이 난독증이 있는 다수의 사람들의 특징과 일치하는 부분이 많은 건 부인할 수 없다.

이런 그가 만약 현대의 한국 학교에서 공부해야 한다면, 수업 시간에 그림을 그려서도 안 되고, 궁금하다고 질문을 해서도 안 되며, 자신이 궁금하거나 관심이 있는 것만 공부해서도 안 되고, 딱딱한 의자와 책상에 앉아 선생님이 얘기하시는 것만 듣고 외워서 다른 토를 달지 않고 그대로 시험지에 적어야 한다면… 그는 중학교는 졸업할 수 있을까? 궁금하다.

초등 저학년에서 무척 똘똘하고 학교에서 아주 우수해 보였던 아이들이 왜 고학년이 되면서 읽기를 잘 못하고, 학습을 힘들어하게 되는 걸까? 아직 글을 사용해서 학습을 시작하지 않는 저학년 때는 대부분의 활동이 다중 감각을 이용해서 이루어진다. 하지만 학년이 올라갈수록 거의 모든 학습이 오로지 읽고 쓰는 것으로 이루어지니 무척 시각적이고 입체적인 난독증이 있는 아이들에게는 이런 교과 과정이 어렵게 느껴지는 것이다. 아마도 학교의 학습 방법이 일률적이지 않을 미래에는, 다양한 특성의 아이들이 훨씬 더 편하게 학습을 할 수 있게 될 것이다.

언어학자 김성우의 《인공지능은 나의 읽기-쓰기를 어떻게 바꿀까》에 미래의 교실에 대한 실현 가능한 시나리오가 나온다.

　　　　　　　　　　　난독증을 읽다

교사의 설명이 끝나자 교재의 내용과 교사의 설명을 종합한 새로운 문서가 학생들의 컴퓨터에 표시되었습니다. 학생들은 이 내용을 기반으로 자신의 이해를 도우려고 다양한 프롬프팅을 시작했습니다. "이 내용을 내가 좋아하는 캐릭터가 등장하는 웹툰으로 그려 줘." "'리터러시' '윤리' '통합'과 같은 단어들이 너무 어려워. 이들을 설명하는 글을 여러 예시와 함께 새로 만들어 줘." "얼마 전에 언니랑 박완서 작가의 한 시간짜리 인터뷰를 보았어. 그 내용이 너무나 인상적이었는데, 선생님의 설명과 연결되는 게 굉장히 많은 것 같아. 인터뷰 영상 주소를 줄 테니, 선생님과 박완서 작가님의 대담 형식으로 내용을 정리해 줘." … (중략) … 이런 상황에서 예전의 방식 그대로 공부하는 학생들도 보였습니다. … (중략) … 공부와 수다는 구별되지 않았고… (중략) … 종종 이런 대화를 녹취해서 인공지능으로 수정하고 보완하는 작업을 거쳐 '미니책'을 만들기도 했습니다.

이처럼 각자에 맞게 AI를 활용하는 수업은 충분히 가능해 보인다. 어쩌면 이미 와 있는 미래의 교실은 시각적인 아이들도 공부하기가 더욱 편한 환경이 될 것이다. 글이 편한 아이들과, 이미지가 편한 아이들이 차별받지 않고 함께 공부하는 모습, 너무 아름답지 않을까.

구글의 AI 서비스 중 하나인 NotebookLM에서는 인터뷰나 대담 형식으로 내용을 정리하고 사용자가 원하는 것을 쉽게 알려준다. 이미 상용화된 다양한 AI들이 그림, 영상, 요약, 설명을 해 준다. 홀로그램으로 실제와 같은 경험들을 몇몇 학교에서 시범적으로 보인 바도 있다. 난독증이 있는 것이 많이 불편하지 않은 시대가 이미 현재에 와 있다. 그러니 우리는 서둘러 '생각의 유연함'을 길러야 한다.

구글에서도 예전에는 일반적인 방법으로 최고의 교육을 받고 출중한 이력을 가진 사람들을 뽑았지만, 이제는 더욱 독창적이고 진짜 유능하고 탁월한 역량을 가진 숨은 인재를 발굴하기 위해 전력을 다하고 있는 것 같다. 우리 사회도 낙인찍는 습관과 획일화하는 시스템에서 탈피하여 유능한 인재가 위축되지 않고, 자신만의 방법으로 세상을 탐구하고 사회에 도움이 될 수 있도록 바뀌어야 할 것이다.

● 난독증이 없어졌다는 사람들

"저도 어릴 때 한글을 떼는 데 너무 오래 걸려서 학교 갔다 오면 상 펴놓고 엄마하고 앉아서 맨날 한글 공부했던 기억이 나요. 등을 두들겨 맞아 가면서요. 얼마나 많이 울었는지 몰라요. 그래도 어찌어찌해서 한글을 떼고 이제는 난독증이 없어졌어요."

"어릴 때 한글을 하도 몰라서 솔직히 애가 바보 아닌가 하는 생각을 했어요. 근데 우연히 TV에서 난독증에 대한 다큐를 보는데 나오는 증상들이 우리 애랑 너무 똑같은 거예요. 그래서 난독증이 있다는 걸 알게 됐죠. 아, 그때부터 저는 거의 제 일보다는 애 가르치는 거에 더 신경을 썼는데, 애가 분명히 어제 하고, 그저께 한 것도 모르고 하니까 제가 화가 너무 많이 나더라고요. 전국에 좋다는 한의원도 다 다니고, 뇌파 치료도 한다고 돈 엄청 깨졌죠. 그 와중에 남편하고 저는 정말 이혼 위기를 몇 번을 넘겼는지 몰라요. 아이고, 아무튼 그래도 제가 그런 남편에게 맞서서, 끝까지 애를 나름 열심히 가르쳐서인지 이제는 한글 난독증은 없어졌어요. 영어 난독증도 어느 정도는 치료된 것 같은데 완전히는 아닌 것 같고요."

난독증에 관해 얘기를 하다 보면 이렇게 '어릴 때는 난독증이 있었으나 이제는 치료가 되었다.' '한글 난독증은 없는데 영어 난독증은 있다.'는 얘기를 참 많이 듣는다. 난독증이란 것을 어디까지로 볼 것이냐에 따라 일정 부분 맞는 말도 있긴 할 것이다. 하지만 난독증은 간단하게 정의 내리기가 정말 까다롭다. 《학습 장애: 이론과 실제》(김애화 외)에는 학습 장애의 정의에만 한 꼭지가 할애되어 있다. 나라마다, 또 시대가 바뀜에 따라, 학자마다 무엇을 포함시키고 무엇을 포함시키지 않을 것인지 의견이 분분하고 복잡했던 것이다.

학습 장애의 정의가 그렇게 합의를 보기가 어려운데, 그중 80퍼센트를 차지하는 난독증도 간단할 리가 없다.

난독증을 한글로 적힌 암호(글자)를 해독하여 소리를 내어 읽고, 그 암호를 기억해서 다시 쓸 수 있게 되는 것만으로 한정해서 말한다면 난독증이 치료되었다고 해도 틀린 말은 아닐 것이다. 하지만 난독증은 사실 문자를 해독해서 읽을 수 있게 되는 것뿐만 아니라 문자를 읽고 이해하는 것, 문자로 된 정보를 처리하는 것, 단어를 기억해 내는 것, 순차적으로 정보를 처리하는 것 등을 포함한다. 이렇게 좀 더 넓은 의미에서의 난독증은 평생 없어지지 않는다고 할 수 있다. 다만 조기에 글을 읽는 훈련을 받아서 다른 학습에서의 어려움을 훨씬 줄여줄 수는 있을 것이다.

이 책을 내려놓을 때쯤엔 난독증은 첫째, 병이 아니라 세상을 다르게 인식하는 다른 종류의 뇌라는 것과 둘째, 한 번 난독증은 평생 난독증이라는 걸 알게 되면 좋겠다. 요즘은 (논란이 많지만) 두뇌의 특정 부분을 자극하고 '고쳐서' 난독증이나 자폐를 없앨 수도 있는 기술을 연구하고 만드는 것 같다. 일론 머스크의 뉴럴링크도 그렇지만, 그런 시도는 이전에도 있었고, 그 덕분에 자폐가 한동안 사라졌다는 성공 수기도 있다. 하지만 그런 기술이 보편화된다 해도 그건 어떤 사람의 세상을 보는 시각을 바꿔 완전히 다른 사람으로 바꾸는 것이니 위험하고 우울하기 그지없다.

　　　　　　　　　　　　　　　　　　　난독증을 읽다

마지막으로 셋째, 난독증은 그냥 난독증이라는 것을 알았으면 좋겠다. 한글을 읽는 게 어려웠던 사람은 영어 읽기는 훨씬 더 어려울 것이고, 일본어나 중국어도 배우는 방법에 따라 똑같이 어려울 수 있다. 물론 앞서 언급한 소셜미디어의 미국인처럼 영어에서 어려움이 있었던 사람이 한국어를 배우기가 훨씬 쉬운 경우는 있겠지만 그렇다고 난독증의 다른 특징들도 같이 사라지지는 않을 것이다.

난독증 수기를 읽다 보면 정말 많은 사람들이 죽을 만큼 힘들었던 자신의 학창 시절을 회고하고, 결국은 그 어려움을 딛고 성공하게 되었다는 얘기가 많다. 그들은 공통적으로, 난독증은 특정 학습 '장애disabilities'가 아니라 특정 학습 '차이differences'라고 말한다. 문제가 있는 게 아니라 다만 '다를 뿐'이라는 것이다. 나도 그들의 의견에 동의한다. 하지만, 아무리 난독증이 강점이 많아도 난독증이 없는 사람들과 함께 사는 세상에서 부딪히는 어려움은 수없이 많을 것이다. 그래서 나는 난독증이 특정 학습에 '어려움SpLD, Difficulties'이라는 데에도 이견이 없다.

하지만 난독증이 학습 '장애'인지는 잘 모르겠다. 학습에 어려움이 있으면 그게 학습 장애가 아니냐고, 혹자는 말장난이라고 불만을 토로할지도 모르겠다. 하지만 무언가에 '어려움'이 있는 경우는 주위 환경이나 사람들과 기술 등에 의해 그 어려움이 없어지거나 완화될 수 있다. 반면 '장애'라고 하는 것은 아예 그런 가능성을 원

천 봉쇄하는 느낌이다. 장애가 있다는 것은 그 반대편에는 '비장애'
가 있다는 것이고, 장애에는 뭔가 정상이 아니라는 의미가 스며있
기도 하다.

머지않아 완전히 세상이 바뀌어서 문자의 사회적 입지가 내려
가고, 시각적, 총체적 사고*가 핵심적으로 되면 그때도 난독증은 비
정상일 것인가? 난독증은 그들과 다른 식으로 세상을 보는 사람들
에게 맞춰진 학습 방법과 학교 시스템이 자신들에게 맞지 않아 어
려움을 겪는 것일 뿐이다.

● 친구가 가짜 난독증이라는 선경이

수년 만에 선경이가, 변경된 내 카톡 프사(프로필 사진)를 보고
연락을 해왔다. 그다지 공부를 즐기지 않았던 선경이가 이를 악물
고 재수해서 이제는 원하던 법대 졸업반이 되어 있었다. 법학 전공
답게 읽을 것도 많고, 글을 읽고 정리해야 할 내용도 많았을 것이다.

이런저런 얘기를 하다 난독증이 자연스레 화제가 되었고, 한참
내 얘기를 열심히 듣던 선경이가 불쑥 말했다.

"제 주위에도 난독증 많아요. 조별로 같이 케이스를 읽고 정리

---

* 부분적인 개별 요소 보다는 전체적으로 통합된 관점에서 바라보는 사고 방식

해야 하는 게 있는데요, 자기는 난독증이라면서 저보고 다 하래요! 헐! 말이 돼요? 분명 난독증이 아닌 거 다 아는데 자기가 난독증이래요! 참 네….”

“진짜 난독증일 수도 있잖아?”

“아니에요! 걔가 난독증이 아닌 거 다 알아요! 그냥 자기가 과제를 하고 싶지 않으니까 저한테 다 떠넘기려고 그러는 거예요! 아, 진짜….”

나는 지금까지 한국에서 난독증이 있는 당사자에게 쉽게 “당신은 난독증입니다”라고 말하는 것은 상상도 할 수 없었다. 그건 한국 사회에 은연중에 깔려있는 ‘난독증=저능아’의 공식 때문이다. 그래서 나는 난독증의 특징을 보이는 분이나 혹은 그(녀)의 자녀분의 그런 모습에도 ‘난독증’이라는 말을 쉽게 언급하지 않는다. 난독증이란 단어를 공공연하게 말하는 것만으로도 얼마나 큰 낙인이 될 수 있는지 알기 때문이다. 그런데 선경이의 친구가 자신이 난독증이 있다고 아무렇지 않게 얘기했다는 것이 좀 믿기지 않았다. 과연 선경이의 친구는 정말 난독증이 있었을까? 없는데 거짓으로 그렇게 얘기한 걸까? 상황이 어땠는지, 어떤 식으로 말했는지에 따라 다르겠지만, 그 과제가 정말 너무 힘들어서 해낼 수 없는 상황이었다면 어쩌면 사실이었을 수도 있을 것이다. 하지만 확률적으로만 놓고 보면, 나는 그 친구는 난독증이 아닐 확률이 높다는 생각이 들었다.

미국이나 영국에서는 난독증이 좀 더 널리 알려져 있어서 유명인들을 포함하여 아주 많은 사람들이 '난독증 커밍아웃'을 했다. 여기서 '커밍아웃'을 쓴 이유는, 여전히 서양에서도 난독증이 있는 사람들에게 난독증은 멍청하고, 게으르며, 집중을 잘 못하고, 글을 못 읽는 등의 수많은 꼬리표가 따라다니는데, 그럼에도 불구하고 낙인이 찍힐 것을 각오한 채, 누군가에게 도움이 되고자 오래되고 무척 아픈 상처를 드러내는 것이기 때문이다. 사회적으로 크게 성공한 많은 사람들이 자신이 난독증이라는 것을 공공연히 밝혔기 때문인지, 서구 사회에서는 난독증이 예전보다 더 많이 알려지고, 오명도 조금 씻긴 것 같다.

이런 서구 사회에선 난독증을 정식으로 진단받으면 학교 시험이나 여러 자격 시험 응시 시 추가적인 시간을 준다. 많은 경우, 이미 내용을 알고 있지만 그걸 글로 읽어내는 데도 시간이 더 오래 걸리고, 쓰는 것도 힘들어하기 때문이다. 하지만 실제로 난독증이 있는 모든 사람들이 정식 진단을 받아서 이런 추가 시간을 받을까? 받을 수도 있는데 요구하지 않는다면 왜일까? 쉽게 추측할 수 있듯이, 많은 사람들이 난독증은 멍청하고 게으르다는 생각을 확고하게 가지고 있다는 걸 난독증이 있는 학생들은 알기 때문이다. 이들은 오히려 10배의 노력을 더 해서 재시험을 볼지언정 자신에게 난독증이 있는 것은 절대 밝히고 싶어 하지 않는다. '너는 난독증이라

난독증을 읽다

서 추가 시간도 받고 좋겠다'라는 말을 들으면 난독증이 있는 학생들은 '나는 난독증이 없어져서 추가 시간을 받지 않아도 된다면, 바로 이 자리에서 1초의 망설임도 없이 추가 시간을 받지 않겠다'라고 한다 했다.

2024년 영국 난독증 협회의 테마는 '당신의 이야기는 무엇인가요?'What's your story? 였다. 사람들은 저마다 힘들었던 이야기, 어떻게 그 어려움을 헤쳐 나갔는지, 지금은 어떻게 하고 있는지에 대한 얘기를 했다. 그들은 한결같이 글 읽기가 어려웠지만, 사람들이 자신에게 '멍청하다고 낙인을 찍은 것'이 그보다 훨씬! 더 견디기 힘들었다고 했다.

난독증은 치료되거나 완전히 사라지는 것이 아니기 때문에, 그들은 평생 난독증과 함께 살아왔을 것이다. 그리고 삶의 매 단계마다 난독증은 그들에게 어려움을 안겨주었을 것이다. 난독증이 치료되지도, 없어지지도 않으면 대체 난독증이 있는 사람들은 어떻게 사는 것일까?

바로, 자신에게 맞는 방법을 찾아서 사는 것이다.

이케아의 창립자인 잉바르 캄프라드는 자신의 제품에 일련번호 대신 명사를 붙였던 걸로 유명하다. 난독증이 있는 그는 숫자로 된 제품명을 기억하기가 힘들었기 때문이다. 알려진 바에 따르면 그는 그 나름대로의 규칙에 따라 제품을 명명했다고 한다.

책장: 스웨덴어로 된 남성 이름

의자 및 식탁: 스웨덴어로 된 남성 및 여성 이름

침대, 옷장, 서랍장: 스웨덴의 지명에서 따온 이름

카펫: 덴마크어 및 노르웨이어 지명

커튼: 여성 이름

조명: 스웨덴어로 된 단어 (관련된 사물이나 개념)

한국에서도 난독증이 있는 분들 중에 이제 중년이 된(40~60대) 분들이 자신이 학창 시절에 난독증 때문에 얼마나 힘들었던 지를 쓴 글이나 영상을 아주 가끔 접할 수 있다. 물론, 영상에 자신의 얼굴은 공개하지 않으며, 글에서도 실명은 거론되지 않는다. 이러한 영상과 글의 주된 공통점은 자신이 과거에 난독증으로 얼마나 힘들었는지, 자신이 모자라지 않다는 걸 증명하기 위해 얼마나 치열하게 노력해서 지금의 성공한 자리에 올라섰으며, 그러한 꼬리표가 자신을 얼마나 평생 힘들게 했던가 하는 내용들이 많았다.

그런데 그토록, 무슨 수를 써서라도 숨기고 싶은 난독증을 아무렇지 않게 과제가 좀 힘들다고, 같은 조 친구에게 자신은 난독증이 있어서 잘 못하니 친구더러 읽고 정리하라고 쉽게 말할 수 있을까?

강조를 하고 또 하지만, 진짜 난독증이 있는 사람들은 그렇게 쉽게 자신이 난독증이 있다고 말하지 않는다. 대부분 어떻게든 그

난독증을 읽다

걸 숨기는 데 온 에너지를 다 쏟는다. 그렇게 때문에 난독증은 발견하기가 어렵고, 여전히 사회의 수면 아래에 있고, 제대로 된 사회적 인식과 지원에서 멀어져 있다.

내가 조금 신경이 쓰였던 말은 선경이가 '아니에요. 난독증이 아닌 거 다 아는데 그러는 거예요.'라고 했던 거였다. 선경이는 그 친구가 난독증이 아닌 걸 어떻게 알 수 있었을까? 난독증이 있는 사람들 중 (유명한) 대학까지 간 사람들은 글을 떠듬떠듬 읽거나 맞춤법이 엉망인 사람들이 아니다. 그리고 이미 그들만의 방법으로 자신의 어려움을 극복한 사람들이다. 잉바르 캄프라드처럼. 그런데 이들이 난독증이란 걸 딱 보기만 하면 한눈에 알 수 있을까? 아니다, 절대 본인이 말하기 전까지는 알 수 없다.

난독증이 있는 사람들이 마주할 수 있는 아주 다양한 어려움에 대해 알고 나면 우리는 '저 사람이 혹시 난독증이 있지 않을까' 하고 '혼자 추측'해 볼 수 있을 정도의 정보만 가지게 될 것이다. 누군가를 보고서 난독증이 있다 없다를 단정적으로 말하기는 생각보다 무척이나 어렵다.

● **너무나 예민한 감각의 40대 은주 씨**

어릴 때부터 몸이 허약하고 예민했던 은주 씨는 카페에 가면 주위의 소리를 걸러내지 못해 모든 테이블의 대화가 동시에 다 들려서 너무 힘들다고 했다. 대부분의 사람들에게는 상대의 말을 듣기 위해 불필요한 다른 배경의 소리를 걸러내는 능력이 원래 탑재되어 있는데, 그녀에게는 그런 힘이 부족한 것 같았다. 카페에서 수다를 떠는 사람들의 모든! 대화가 한꺼번에 다 들리는데 동시에 내 앞에 있는 사람의 말에도 집중해야 한다면… 그건 고문과 마찬가지여서 너무 괴로울 것 같다. 그 정도로 주변의 소리에 예민하면 약하지 않았던 몸도 허약해지겠구나 싶었다.

그녀는 카페는 물론 집에서도 윗집, 옆집의 소곤거림까지 들려 매일 고통스럽다고 했다. 그래서 한 번은 윗집을 향해서 '제발 이제 그만 좀 얘기하고 잠 좀 잡시다!' 하고 소리쳐 본 적도 있다고 했다. 본인은 새벽에 견딜 수 없도록 너무 시끄러웠기 때문이었는데, 다른 가족들은 신기하게도 그 소리가 거의 들리지도 않고 당연히 거슬리지도 않았다고 했다. 이렇게 감각이 무척 예민한 그녀는 글을 읽을 때도 한 단어가 행이 바뀌면서 하이픈(-)으로 걸쳐 연결되는 걸 견딜 수 없어 했다. 그래서 폰트 크기든 간격이든 어떻게든 방법을 찾아내어 그 단어가 그 줄을 넘어가지 않도록 맞춘다고 했다. 아… 정말로 고달픈 수고로움이다.

하지만 내게는 그보다 훨씬 더 흥미롭게 느껴진 현상이 있었다. 책에서는 무척 여러 번 읽었지만, 실제 사례는 본 적이 없었던 현상을, 실제로 그런 사람이 있는지 정말 궁금했던 것을 그녀에게서 듣

난독증을 읽다

게 된 것이었다.

그녀는 어려서부터 종종 문장이 위아래로 휘어지거나 가끔은 문장이 종이 밖으로 도망가기도 해서 자를 대고 읽어야 했다. 난독증에 관해 공부를 하다 보면 그녀가 묘사하는 내용이 정말 많이 나온다. 글을 읽는 어려움에는 참 여러 유형이 있는데, 그중 글자가 흩어져 보이거나, 겹쳐 보이거나, 문장이 휘어져 보이거나, 흐려 보이거나, 글이 사라지거나, 형광등 아래서 읽기가 어렵거나, 혹은 다른 이유로 눈부심이 있어 읽기가 힘든 경우들이 있다. 이 경우는 '음소 인식'이 힘들어서가 아니라 빛에 '눈이 너무 예민'해서 그렇다고 한다. 이렇듯 은주 씨와 비슷한 경우도 아주 넓게는 난독증에 포함할 수도 있겠지만, 이는 좀 더 정확하게 말해 '얼렌증후군'이라고 한다.

얼렌증후군은 '컬러 오버레이colored overlay'라는 제품을 사용하거나, 컴퓨터나 종이의 색깔을 바꾸거나, 아니면 안경에 아예 색깔을 넣거나 하는 방법으로 즉각 호전된다는 걸 많이 봐서, 은주 씨에게도 일단 컬러 오버레이가 도움이 되지 않을까 생각했다. 나는 우선 만원이 조금 넘는 가격에 아마존에서 제품을 한 세트 구입해 보았다. 내가 다양한 색깔의 그 제품들을 흰 종이에 대고 글을 읽었을 때는 큰 차이를 느끼지 못했다. 하지만 내겐 초록색이 다른 색보다 글이 조금 더 깔끔하게 보이긴 했다. 어느 날 수업 시간에 별말 없이 초록색 오버레이를 은주 씨의 프린트물 위에 올려보았다. 그런데 은주 씨가 너무 깜짝 놀라는 게 아닌가?! 글이 갑자기 너무 선명하게 보인다고 하면서. 아, 역시 얼렌증후군이 맞았던가 보다고 생각했다. 그리고 다른 색깔들도 다 종이에 대어보라고 했다. 그런데 역시 나와 마찬가지로 은주 씨도 초록색이 가장 선명하게 잘 보인다고 하는 것이었다. 그 후로 은주 씨는 늘 초록색 오버레이를 들고 다니면서 책을 읽었다. 그러니 효과가 있긴 있는 것 같았다.

얼렌증후군 전문 사이트에 가면 좀 더 다양한 색깔과 모양의 오버레이를 구입할 수 있지만 그곳의 제품이 타 사이트의 제품보다 더 좋은지는 잘 모르겠다.

서양에서는 안경 렌즈에다 자신이 읽기에 가장 편한 색깔을 아예 집어넣는 경우도 있다. 유튜브에 가니 이런 안경을 쓰고 큰 변화를 겪는 영상이 있다. 참고하면 좋을 것 같다.

▶ https://www.youtube.com/watch?v=9Djb4uaas9E
Coloured overlays and specially tinted glasses for dyslexia

한국에는 난독증에 대해 두뇌 치료(?)와 관련된 단체들이 엄청 크거나 유명한 듯하다. 하지만 그런 곳에 큰돈을 들여서 후회하지 않으면 좋겠다. 큰 효과는 없을 테니까. 효과가 전혀 없다고 단언할

난독증을 읽다

수는 없겠지만 난독증은 결국에는 각 개인의 두뇌에 맞는 방법을 찾아서 스스로 훈련하는 것밖에 달리 방도가 없는 것 같다.

● 평강공주와 온달

10여 년 전 《공부의 힘》이란 책을 쓴 이후 여러 방송에도 나오고, 수많은 강연도 한 노태권이란 분이 계시다.[24] 그는 난독증으로 어린 시절 글을 읽지 못했다. 당연하게도 이는 학업에 큰 지장을 미쳤고 그의 최종 학력은 중졸로 남았다. 여러 차례 사업 실패를 겪고 막노동으로 생계를 이어 가던 중 그에게 뜻밖의 삶의 전환점이 찾아왔다. 초등학생이던 아들이 어느 날 "아빠는 꿈이 뭐예요?"라고 물었던 것이다. 난독증이 있던 그는 꿈을 가지고 뭔가 할 수 있다는 생각을 해 본 적이 없었기에 그 물음은 그를 뒤흔들어 놓았다. 그는 난생처음 공부를 해야겠다고 결심하게 되었다. 믿기지 않을 정도로 헌신적인 아내의 도움을 받아 그는 43세에 한글 공부를 시작했다. 자음과 모음으로 만들 수 있는 거의 모든 한글 조합을 머릿속에 그림처럼 새기며 몇 년에 걸쳐 한 글자 한 글자 익혀 나갔다. 이 과정은 고통스럽고 지난했지만, 그는 포기하지 않았다. 마침내 그는 한글을 깨우쳤고 또다시 수년에 걸친 치열한 독학으로 7차례나 수능 모의고사에서 만점을 받았다. 이 얘기를 들으며 '거 봐, 난독증(처럼 멍청한 사람)도 수능 만점 받을 수 있잖아. 그러니까 너도 열심히 해!

하면 돼.' 같은 말을 하지 않기를 바란다. 난독증과 멍청한 것은 아무런! 상관이 없으니까 말이다.

글을 유창하게 읽고 쓸 수 있을 때까지, 글자를 잘못 읽고 순서를 뒤바꾸거나 빠뜨리기도 하는 등 그는 계속 크고 작은 실수를 했다. 자신의 사업 상호명이었던 '우성'을 '우정'으로 잘못 신고하기도 하고, 전입 신고할 때는 '구서동'의 '구'를 빠뜨리고 '서동'으로 쓰기도 했다. 또 아이들의 학교 이름인 '종조'를 '조종'으로 혼동해 적었던 일도 있었다. 난독증이 있으면 숫자를 헷갈리기도 하는데, 그는 월세 계약서에 자신의 주민번호를 틀리게 적어 큰일 날 뻔하기도 했다. 또한 그는 접속사와 조사를 자주 빠뜨리곤 했는데, 이는 그가 전하고자 하는 글의 내용을 정확히 전달하는 데 장애물이었다. 그가 수능 모의고사 만점을 수차례나 받을 정도로 '이해하고 암기하는' 공부를 오래 했음에도, 그에게 글쓰기는 또 다른 난관이었다. 그는 (아마도 이미지가 우세했을) 자신의 생각을 (인식이 힘든, 소리) 말을 거치지 않고, 바로 단어와 문장으로 표현하는 글쓰기가 무척 어려웠다고 한다.

그의 목표는 국제변호사가 되는 것이었지만, 그는 자신의 꿈을 접고 두 아들의 미래에 집중하기로 했다. 당시 게임중독과 아토피로 학교에 다니고 있지 않던 두 아들에게 그는 자신만의 학습법을 토대로 공부를 가르쳤고, 결국 둘 다 서울대에 진학시켰다.

그가 비록 초인적인 의지로 믿을 수 없는 일들을 많이 이뤄내긴 했지만, 이 모든 것은 그의 부인이 있었기에 가능한 일이었음을 그는 늘 잊지 않고 강조한다. 그는 "아이큐 평균 이하에 난독증 환자"인 자신을 아내가 극진히 가르치고 도와주지 않았더라면 자신은 변화되지 못했을 것이라 했다. 그는 정말 부인이 하나부터 열까지 모두 챙겨주어야 했다. 그의 아내는 그를 위해 수많은 한글을 써서 가르치고, 수능 공부할 때 문제를 그가 읽기 편하도록 크게 쓰거나 확대 복사해서 일일이 다 코팅해서 주고, 늘 공부에만 몰입해서 걷다가 자주 넘어지고 다치던 남편을 퇴근 후 매일 데리러 가기도 했다. 정말 우리가 예전에 읽었던 '평강공주와 바보온달/온달장군'의 현대 실사판이다.

노태권 님의 어린 시절과 공부 방법을 듣다 보면 그의 특징을 조금 더 잘 알게 된다. 그는 어릴 때 부유한 환경에서 자랐지만, 아버지의 실직으로 어느 순간부터 집안 형편이 어려워지기 시작했다. 그 후 온종일 아버지는 막노동을, 어머니는 행상을 나가시고 그는 홀로 빈 방에서 외로운 시간을 보냈다. 하지만 해직되기 전엔 시청 공무원이었던 아버지는 그에게 많은 이야기를 읽어주고 사랑을 주었다. 어린 그는 총명해서 '한 번 보고 들은 것은 정확하게 기억'했다고 한다. 하지만 그렇게 영특했던 그도 학교에서는 글을 읽고 쓰는 데 많은 어려움을 겪었다. 그때의 어려움을 그는 책에서 이렇게 회상했다. "초등학교에 입학한 저는 글자를 그려야 하는지 써야 하는지를 몰랐습니다. 그 당시는 단어를 보고 그것을 소리로 연결하지 못했으며, 비슷한 소리를 구분하고 발음하는 데 어려움을 겪었고, 글씨를 쓸 때는 좌우상하 방향이 헷갈렸었습니다… 단어를 떠올려 글로 나타내는 데에 서툴렀기 때문이었죠."

그는 어린 시절 내내 '남들은 다 읽는데 왜 너만 읽지 못하느냐?' '노력과 집중력이 부족해서 그런 거니까 열심히 노력해야 한다'는 말을 들어야 했다. 사람들은 명문대에 진학한 두 동생과는 다르게 커서도 계속 글조차 읽지 못하는 그가 아마도 열심히 노력하지 않고 게으르다고 생각했을 것이다. 어릴 때 무척이나 다정했던 아버지마저도 그가 나이가 들수록 점점 살갑지 않게 대했다고 하니까. 그리고 이는 노태권 님께 무척 큰 상처를 남겼다. 공부를 잘하고 싶었지만 늘 게으르고, 노력하지 않는다는 말을 들었던 그는 차라리 공부를 포기하는 편을 택했을 것이다. 이 세상에 공부를 잘하고 싶어 하지 않아 '보이는' 아이들은 있을지 몰라도, 잘하고 싶어 하지 않는 아이들은 단 한 명도 없음을 우리는 반드시 기억해야 한다.

그는 50~60대가 되어서야 '난독증'이란 말을 처음으로 듣게 되고, 결국 검사를 받은 후 정식으로 진단받게 되었다. 그는 난독증 중에서도 "청지각적, 시지각적, 운동 표현성, 그리고 명의 난독증" 등 다양한 난독증 종류를 모두 가지고 있다고 듣게 된다. 즉, 소리

난독증을 읽다

를 귀로 듣고 각각의 단독적인 음소로 인식하는 것과 눈으로 문자를 보고 인식하고 기억하는 것에 어려움이 있으며, 글자를 뒤집어 쓰거나, 쓰는 순서를 잊어버리고, 머릿속에 떠오른 생각을 글이나 말로 옮기는 것과 이름이나 명칭을 바로 대는 것이 힘들고, 자신이 생각했던 것과는 다른 단어를 계속 말하며, 구체적인 명사 대신 '이것' '저것'이란 말로 자주 표현하는 등의 특징을 가지고 있었다는 말이다. 이러한 현상들은 다양한 난독증의 특징들과 같은 것이다.

그가 아들들에게 자신의 방법으로 공부시킬 때는 이런 말을 했다고 한다. "노트필기는 물론 오답 노트도 하지 마라. 오답 노트 만들 시간에 더 공부하고 그 자리에서 이해하고 넘어가라." 선형적인 사고를 하는 사람들에게 매우 중요한 것은 노트필기와 특히 오답 노트다. 그들은 글로 쓰면서 정보를 정리하고 처리하기 때문이다. 하지만 그의 말로 미루어 보건대, 노태권 님은 전형적인 '시각형(이미지형)/패턴형의 공부법'이 맞으셨던 것 같다. 글로 정리하면서 공부하는 것은 그와 맞지 않았을 것이다. 아마 그는 책을 읽고 또 읽으면서, 글자라는 매개체를 통하여 전체적인 '그림'을 그려 나갔을 것이다. 마침내 머릿속에서 큰 그림이 일단 완성되면 그는 어떤 문제가 어떻게 나와도 다 맞출 수 있었을 것이다. 난독증이 있는 미국의 영화배우 우피 골드버그도 자신은 느리게 읽지만 한 번 읽은 것은 모조리 다 기억한다고 했다.[25]

정보를 처리하는 과정을 난독증이 있거나, 없는 사람들의 뇌를 비교해서 얘기할 때면 종종 자동차가 다니는 도로에 비유한다. 난독증이 없는 사람이 정보를 빠르게 처리하는 것은 차가 한 대도 없는, 직선으로 뻗은 고속도로를 타고 목적지에 도달하는 것이라면, 난독증이 있는 사람은 구불구불 굽은 멋진 경치의 해안도로를 타고 가는 것과 비슷하다는 것이다. 목적지에 빨리 도착해야 하는데 운전자가 경치를 구경하고, 하늘을 바라보고, 새소리를 들으며, 신선한 공기를 느끼며 운전하고 있다면 조수석에 앉은 사람은 무척 답답할지도 모른다. 하지만 해안도로가 빠르지는 않지만, 그렇다고 일직선으로 뻗은 고속도로보다 나쁘다고 할 수도 없지 않은가?

우리는 수많은 난독증이 있는 사람들이 그들이 처한 문화에서 요구하는 일들을 빠르게 처리하지 못하기 때문에 그것은 '장애'다, '문제'가 맞다, '재능'이니 '선물'이란 말은 과장된 표현이며, 심지어 정신 차리라는 말을 듣기도 한다. 변호사이자 국제 난독증 협회의 회장을 지낸 에머슨 딕먼Emerson Dickman은 난독증이 있는 사람들을 위해 40년 이상 애써왔지만 '난독증이 재능이고 선물'이라는 것에 동의하지 않는다.[26] 그는 시각장애인은 눈이 보이지 않다 보니 다른 감각인 청각이 더욱 발달하고, 청각장애인은 들리지 않으니 시야가 더 넓어지는 것이지 그것이 태어날 때부터의 재능은 아니라는 것이다. 그는 그들의 이런 (후천적) 강점을 논하기 이전에 시각과 청각에

난독증을 읽다

'장애'가 분명히 있음을 먼저 직시해야 한다고 했다.

일반적으로 뇌는 좌뇌가 우뇌보다 약간 더 크다고 한다. 그런데 난독증이 있는 사람들은 뇌의 좌우 반구의 크기가 비슷하다고 한다. 즉, 난독증이 있는 사람들은 우뇌가 난독증이 없는 사람들보다 더 크다는 뜻인데, 이는 후천적으로 커진 것인가?

미취학 아동들 중에 앉아서 쌓아 올린 레고가 일어서서 보아야만 무엇인지 알 수 있게 만드는 아이들도 있다. 이들은 직접 보지 않고도 이미 머릿속에서 시각화해서 볼 수 있는 능력이 있는 것이다. 이런 능력은 선천적으로 글을 잘 인식하지 못하는 능력을 보상받기 위하여 후천적으로 발달한 것일까? 아니면 선천적으로 시각적 사고가 무척 뛰어나, 글을 인식하는 데 어려움이 있는 것일까?

레고는 난독증이나 신경다양성을 얘기할 때 종종 언급된다. 며칠이고 레고를 계속해서 만든다는 얘기, 몹시 어려운 모양도 쉽게 만들어낸다는 얘기가 많다. 그래서 얼마 전 TV에서 뉴욕에 있는 레고랜드가 나왔을 때, 나는 그곳에는 얼마나 많은 난독증이 있는 사람들이 일하고 있을까 하고 생각했다. 진심으로 복잡한 레고를 디자인하고, 만들고, 즐기려면 아무래도 3D의 시각적인 사고가 우세할 것이고, 그런 사고 중에는 난독증이 있는 사람들이 많이 있으니까 말이다. 아이들 중에는 레고의 모형이 나오는 그림을 보고는 정확히 (좌우를) 반대로 만든다는 이야기를 들은 적도 있다.(사진 참조)

정말 신기하지만, 그리 흔치 않은 일은 아니라고 한다.

미취학의 아이들은 사물을 반대로 보거나 글자를 거울상이나 위아래를 거꾸로 보는 경우가 꽤 있다고 한다. 노태권 님도 초등학교 시절 미술 시간에 집이나 나무 등을 그릴 때 아래에서 위로 그려서 늘 야단맞곤 했다고 한다. 하지만 대부분은 이렇게 방향을 뒤집어 그리거나 만드는 경향이 자라면서 서서히 없어진다고 한다. 하지만 알게 모르게 성인 중에도 거울상의 글씨나 위아래가 뒤집힌 글씨를 아무렇지 않게 쓰는 사람들이 많은 것 같다. 아주 특이하긴

난독증을 읽다

하지만 이제 이런 현상을 난독증의 특징으로 포함하지는 않는다. 그러나 이렇게 사물을 3D로 자유자재로 볼 수 있는 이들 중에는 난독증도 적지 않게 있을 것이다.

　다시 노태권 님으로 돌아와서, 그의 큰아들은 고등학교 진학을 포기했는데, 아이의 책상에는 '나는 학교를 그만둔다, 아니 거부한다.'는 메모가 있었다고 한다. 공부가 '어렵다'는 표현보다 '거부한다'라는 능동적인 단어를 보면서 나는 학교 시스템이 아이가 사고하는 방식과 맞지 않았거나, 그의 지적 호기심을 충분히 충족시켜주지 못했을 수도 있겠다는 생각을 했다. 어쩌면 아들도 아빠의 두뇌를 닮아 '시각형(이미지형)/패턴형'이 아니었을까 추측해 본다. 난독증이 있는 부모에게는 그들의 자녀 중에도 난독증이 있을 확률이 매우 높다. 그의 아들도, 아빠만큼의 큰 어려움은 없었다 하더라도, 시각적(이미지적)/패턴적 사고를 하는 것은 비슷하지 않았을까? 무기력했던 아들들은 자신들에게'도' 잘 맞는 '아빠'가 개발한 학습법으로 이끌어주자 드디어 빛을 발했던 것이 아니었을까? 그들은 노태권 님의 표현처럼 멍청한 '난독증 환자'들이 아니라, 아주 '유능한 천재 아버지와 아들들'이었을 것이다. 다만 그들에게 맞는 학습법을 찾아 조기에 도움을 못 주었기에 오랫동안 삶이 무척 힘들었던 것일 뿐. 난독증을 무조건 좋게만, 그렇다고 무조건 나쁘게만 바라보는 것은 둘 다 옳지 않다. 난독증은 양날의 검이다. 그 칼로 의사를 만들지, 살인자를 만들지는 그를 어떻게 교육하고, 어떤 자아상을 심어줄 것인지에 달려있다.

우리 중 누구라도 노태권 님 부자들처럼 수년간 오로지 수능 공부에만 집중하라면 할 수 있을까? 만약, 했다 하더라도 모두 수능 모의고사를 7번 연속으로 만점 받을 수 있을까? 세상의 모든 일에는 그에 맞는 최적화된 뇌가 필요한데, 모두가 같은 뇌를 가지고 태어나지는 않는다. 즉, 노태권 님만큼 노력한다고 해서 누구나 수능 만점을 받을 수 있는 것은 아니다. 이 최적화된 뇌를 다른 말로는 '재능'이라 부를 수도 있다. 노태권 님은 '난독증의 뇌'라는 재능을 가지고 태어났기에, 글로 된 정보를 이해하기까진 시간이 오래 걸렸을지라도, 한 번 이해가 되고 나면 사진과 같은 기억으로 절대 잊어버리지 않을 수 있었을 것이다. 또한 다른 곳에 정신이 분산되지 않고, 수년간 하나에만 몰입할 수 있는 (신경다양성의 대표 특징인) 무서운 집중력도 없었다면 믿기 힘든 그 많은 일들을 해내지 못했을 것이다.

많은 사람들이 그가 '난독증에, 중졸에, 막노동을 했는데도 불구하고 수능 모의고사에서 7번이나 만점을 받았다. 그런 그도 해냈다'는 등의 말을 한다. 이때 그가 난독증이 있다는 말에는 글조차 읽지 못할 정도로 멍청하다는 것을 간접적으로 내포하고 있다. 따라서 고등학교를 못 간 것도 놀랍지 않으며, 몸이 아니라 머리를 쓰

난독증을 읽다

는 더 편한 일을 가지지 못한 것은 당연하다는 전제가 깔려있다. 아마도 '난독증이 있는 것'과 '공부를 잘하는 것'은 어울리지 않아 보일 것이다. 하지만 '한 번 보고 들은 것은 모두 기억했다'는 그의 말을 통해 그가 비범한 기억력을 갖고 있었음을 알 수 있다. 주유소에서 일하면서도 교육방송을 듣기 위해 30미터에 달하는 이어폰을 직접 만들었다고 하는데 이는 그가 한편으로는 발명가이기도 했다는 말이다. 즉, 애초에 그는 멍청한 사람이 아니었던 것이다. 게다가 그가 중졸이었던 이유는 문자 외에는 정보를 처리하는 다른 어떤 대안도 학교가 제공하지 않았기 때문이다. 그가 막노동 외에 다른 일을 구할 수 없었던 것은, 글이 필요 없는 직업조차도 학력이나 문자로 능력을 평가했기 때문이다. 노태권 님은 운전면허 필기시험에서 13번을 떨어지고 14번째 아슬아슬하게 붙었다고 한다. 운전을 할 수 있는 사람이 왜 문자라는 방법으로만 필기시험을 봐야 하는가? 문제를 소리로 들으면서 풀 수도 있는 선택지가 있어야 하는 것이 아닐까.

　매우 명석한, 난독증이 있는 사람들은 대다수와 같은 방식으로 사고하지 않기에, 죽도로 노력해야만 원하는 길을 갈 수 있다. 그들 앞에 넘기 힘든 커다란 장애물을 '우리 사회가 직접' 세워두고서는, 어쩌다 기적적으로 그 장애물을 뛰어넘으면 힘든 역경을 딛고 무엇무엇을 이루어냈다는 등의 '과한 영웅화'를 한다. 그리고 그를 지켜

보는 많은 이들에게 '너는 노력이 부족해서 성공하지 못했다'는 생각을 주입한다. 마치 경사로가 없는 매우 가파른 계단을, 휠체어를 탄 채, 뒤집혀 다치거나 죽을 각오를 하고 운 좋게 내려온 사람을 칭송하는 꼴이다. 왜 그 휠체어는 애초에 경사로가 아닌 계단을 목숨 걸고 내려와야 했을까? 마찬가지로, 난독증이 있는 사람이 죽을 힘을 다해 노력해야 '극복'할 수 있는 '역경' 따위가 처음부터 없어야 함이 마땅하다. 계단과 경사로와 엘리베이터가 함께 공존하는 것이 이상하지 않듯이 모든 사람이 다르게 사고하고, 학습한다는 것을 당연시하는 교육이 이루어져야 한다.

난독증을 읽다

2부

난독증이라는 세계

우리는 난독증이 뭔지
제대로 모른다

발달의 사다리는 없다.
사다리라기보다는,
우리 각자가 저마다
발달의 그물망을 가지고 있다.

– 토드 로즈

● **난독증이 도대체 뭐예요?**

난독증에 대해 알아보려면 우리는 가장 먼저 무엇부터 할까?

대부분 검색창에 '난독증' '난독증 증상' '난독증의 정의'와 같은
키워드를 넣어 정보를 찾으려 할 것이다. 그래서 나도 네이버 검색
창에 그렇게 넣어봤다.

'난독증'이라고 치니 한의원, 시기능 훈련센터, 정신의학과, 소
아 재활, 아이 치료, 심리발달센터… 등의 광고가 가장 먼저 뜬다.

광고만 보면, 아직 난독증에 관한 찾는 정보를 보기도 전에 대부분의 머릿속에는 이미 이런 생각들이 은연중 스쳤을 것 같다. '유명한 한의원에서 체질을 바꾸거나 한약으로 뭔가를 치료할 수 있는 건가?' '눈에 뭔가 문제가 있는 것이어서 센터에서 특수한 눈 운동을 열심히 하면 나아지는 건가?' '심리적으로도 문제가 있을 수 있겠구나, 정신적인 큰 문제가 있는 건 아니겠지?' '재활해야 하면 이건 정말 장애가 맞는가 보네.'

이런 광고들을 스크롤해 내려가는 동안 '자폐증, 아스퍼거증후군, 발달장애, 틱장애, ADHD, 뇌 손상 교정, 난독증, 불면증, 공황장애, 눈 운동, 프리즘 안경, 소아 사경, 난산, 영어 난독, 언어치료, 인지 경계선 느린 학습자, 아동·청소년 임상 심리상담, 복시, 시기능, 시지각, 학습 장애'와 같은 수많은 단어들이 스쳐 지나간다. 여기까지 오는 동안 우리는 대개 난독증이 그렇게 가벼운 것이 아닐 수도 있고, 장애나 문제가 있는 것은 맞다는 생각을 가지게 되었을 것이다. 그래도 좀 더 자세히 알고자 네이버의 지식백과에서 정의를 읽어 보기로 한다. 출처도 서울대학교 병원이니 이 정보라면 믿을 수 있겠다. 거기에는 "난독증dyslexia은 글을 정확하고 유창하게 읽지 못하고 철자를 정확하게 쓰기 힘들어하는 것을 특징으로 하는 학습 장애의 한 유형으로 읽기장애라고도 한다."라고 적혀 있다.

어? 그런데, 광고에서 봤던 것과는 다르게 아주 간단하다. 글을 정확하고 유창하게 읽지 못하고 철자에 어려움이 있다니…. 내심 이런 생각이 들 수 있다. '일단 내 아이는 아니다. 내 아이는 한글을 아주 정확하고 유창하게 잘 읽으며, 쓰기도 매우 잘 하니까. 휴~ 다행이다. 그럼 내 아이는 난독증은 아닌데…' 이어진 난독증에 대한 설명을 계속 읽어본다.

- 또래들에 비해 학업 수행이 뒤처진다.
- 읽기, 계산, 주의력, 또래 관계에 어려움이 동반된다.
- 말하기가 늦고 발음이 정확하지 않다.
- 글자나 공부, 책에 관심이 없다.
- 초등학교 때 자음과 모음을 헷갈린다.
- 조사와 기능어를 생략하거나 대치한다.
- 맞춤법이 틀리고 작문 능력이 부족하며, 날짜, 사람 이름, 전화번호를 외우기 힘들어한다.
- 성인기에도 지속된다.
- 외부 환경적 요인에 의한 것이 아니어야 한다.
- 시력, 청력, 신경과 운동장애가 직접적인 원인은 아니다.
- ADHD, 의사소통 장애, 발달성 조정장애, 자폐스펙트럼, 불안, 우울, 양극성 장애 등이 공존할 수 있다.

여기까지 읽고 나니 대략 무슨 말인지 알 것 같기도 한데, 그다음부터는 '진단과 검사' '치료' '경과' 등에서 무슨 어려운 평가와 검사가 주욱 나열된다. 음운 인식, 음소 수준 인식, 작업기억, 무의미 단어, 해독훈련, 시지각, 청지각… 과 같은 용어들이 나오면 이젠 이해하기가 무척 어려워진다. 문제가 있다는 건 알겠는데 뭘 어떻게 '치료'해야 하는지는 오히려 잘 모르겠다.

여기까지 정보를 찾고 나면 보통 두 부류로 나뉠 것이다.

한 부류는, 내 아이는 영어를 읽는 것은 못 하기는 하지만, 딱히 심리적인 문제도 없고, 공부도 잘하며, 책도 좋아하고, 수학도 잘하고, 글도 잘 쓴다. 그러니 내 아이는 '난독증은 아니'며 단지 노력이 더 필요하거나 외국어에 재능이 없을 뿐이라고 결론 내린다. 사실 이런 경우의 난독증을 알아차리는 게 너무너무 중요하다는 건 아무리 강조해도 지나치지 않다. 이런 아이들도 정말 힘들 수 있는데 주로, '넌 충분히 잘할 수 있는데, 노력이 부족해. 더 열심히 해.'와 같은 말을 늘 듣기 때문이다. 아이는 진정으로 최선을 다하고 있는데도 말이다.

다른 부류는, 내 아이는 한글을 배울 때도 힘들었고, 영어를 배울 때도 무척 힘들었으며, 계산을 잘 못 하고, 말로 설명하는 개념도 잘 이해 못 하고, 길도 맨날 잘 잃어버리고, 학교에서 종종 눈치 없는 말을 하거나 분위기 파악을 잘 못 해 왕따 당하는 경우가 많았으니 난독증이 맞겠구나라고 생각한다. 이 경우는 주로 초등학교 때 알아볼 수 있어 조기에 도움을 주기가 좀 더 쉽다.

하지만 모든 학부모가 난독증을 선별하려고 하거나 진단을 권고 받을 때 수긍하는 건 아니다. 대개 많은 학부모님들은 일단은 부인하려고 한다. 내 아이가 그럴 리 없다, 발달이 조금 느릴 뿐이다라고 하면서. 그러다 학년이 올라가고 어쩔 수 없이 받아들여야 할 때가 오면 경제적 여력이 있는 부모는 도움이 된다는 것은 다 해 볼 것이다. 전국의 유명한 정신과, 한의원, 뇌파 치료, 뇌에 좋다는 영양제, 독서 안구훈련 등. 그런데 돈을 쏟아부었는데도 아이는 크게 나아지는 것 같지가 않다. 그리고 이제는 더 이상 무엇을 해야 할지 모르겠는 상태가 찾아올지도 모른다.

이런 분들 중에 가끔 어떻게 어떻게 수소문해서 나를 찾아오신 경우가 있다. 이제까지 해 볼 건 다 해봤고, 집안이 풍지박살 날 정도로 부부 싸움도 대판 한 후에 오는 경우들이 많았다. 이런 분들에게 나는 편하게 딱 까놓고 아이에 대해서 얘기할 수 있을까?

첫 난독증 아이와의 에피소드 후 나는 '난독증'이란 단어를 입에 올리는 걸 무척 조심하게 되었다. 내가 아무리 아무렇지 않다고 생각해도 사회가 그걸 부정적으로 보고, 그래서 당사자가 무시당했다고 느낄 수도 있다면, 나는 당연히 '그 단어'를 조심해서 쓰거나 아예 피해야 한다고 생각했다. 하지만 만약 내가 '난독증'이 쓰이는

난독증을 읽다

사회적 문맥이나 당사자가 어떻게 받아들일지 고민하지 않고 얘기할 수 있다면 이렇게 설명할 것이다. 나에게 상담하러 온 가상의 두 어머니와 내가 이런 대화를 하는 것을 그려본다.

초등학생 태빈이의 어머니

어머니의 말씀에 따르면 태빈이는 사람들이 말하는 걸 잘 알아듣지 못하고, 한글 읽기에 어려움이 있으며, 받침을 자주 틀리게 쓰고, 구구단 외우기나 간단한 셈하기도 힘들어하고, 잘 울고, 자신의 마음을 말로 잘 설명하지 못하고, 친구들과의 관계에서 부적절한 말을 종종 해서 교우관계가 좋지 않고, 4학년이 되어서도 아주 기본적인 영어 단어도 거의 눈으로 그림처럼 외워서 읽을 수 있을 뿐이고, 책 읽기를 극도로 싫어하고, 글을 읽고 내용을 기억하거나 요지를 파악하는 걸 못 하는군요.

태빈이는 전체적으로 인지발달이 조금 느린 것 같습니다. 한국에서는 이런 아이들을 '느린 학습자'라고 합니다. 만약 아이큐가 70에서 84 사이면 '경계선 지능'이라고도 합니다. 지적 장애와 소위 '정상'이라고 말하는 지능지수 사이에 있다는 것입니다. 참, 말이 잔인하지요? 지능이 '정상'이 있고 '비정상'이 있는데 그 사이에 어중간하게 끼어있는 '경계선 지능'이라니 말이죠. 하지만 그런 말이 있습니다. 사회가 얼마나 한 종류의 지능IQ만을 신봉하는지 단적으로 보여주는 용어라고 생각합니다.

'경계선 지능'이란 말이 너무 부정적이다 보니 '느린 학습자'란 말을 대신 쓰기도 하는데요, 사실 '느린 학습자'는 말 그대로 '학습이 느린 아이들'을 모두 일컫는 말입니다. 여러 가지 요인으로 학습에 어려움이 있어 느린 아이들을 포괄하는 넓은 용어인 셈이죠. 따라서 '느린 학습자'에 '경계선 지능'이 포함된다고 보시면 됩니다. 조금 헷갈리지요?

'느린 학습자'는 '경계선 지능'을 비롯해 흔히 '읽기장애'라고 하는 '난독증'과 '산술장애' '쓰기장애'를 포함하는 '(특정) 학습 장애'와 '운동 협응 장애'를 모두 포함합니다. 그런데 태빈이의 경우는 난독증의 특징을 가지고는 있지만 이는 '낮은 인지발달'로 인해 겪는 '다른 어려움들의 일부'라고 볼 수 있겠습니다. 태빈이는 난독증만 문제라기보다는 '전체적인 기초 인지능력'을 올려주는 훈련을 하면 학습도 조금 수월해질 것 같습니다.

그런데 어머니, 한국에서는 '표준'과 '정상'을 참 좋아하고 사람들에게 '비정상'과 '장애'를 아무렇지 않게 쉽게 갖다 붙이는 경향이 있습니다. 우리가 신봉하는 하나의 '특정 지능'만을 측정하는 아이큐 검사는 무척 편향되어 있습니다. 요즘은 일반인들에게도 널리 알려져 있는 하워드 가드너의 '다중지능 이론'이 있는데요. 처음엔 7가지 지능으로 나눴는데, 요즘은 9가지의 더욱 다양한 지능으로

난독증을 읽다

확장되었습니다. '언어 지능' '논리-수학 지능' '공간 지능' '음악 지능' '신체-운동 지능' '대인관계 지능' '개인 내적 지능' '자연 지능' '실존 지능'이라고 합니다. 사람마다 최소 이 9가지의 지능이 다양하게 분포하고 있다는 의미일 것입니다.

솔직히 모든 사람이 눈만 뜨면 야구만 하고, 죽어라고 연습한다고 박찬호 선수처럼 될까요? 아니라는 걸 인정하시죠? 어머님이 어려서부터 가족의 전폭적인 지원을 받아서 아무것도 안 하고 피아노만 칠 수 있었다면 조성진이나 임윤찬처럼 될 수 있었을까요? 저 먼 아프리카에서 오로지 남을 위하여 평생 온몸을 바친 고 이태석 신부처럼 모두가 그렇게 살 수 있을까요? 저는 팔팔하게 잘 살아있는 식물도 종종 말려 죽이거나 물에 질식사시킵니다. 동물들이 막 짖으면 저는 대체 왜 짖는지 그냥 무섭기만 하고요, 낑낑대거나 미지의 눈빛을 보내도 저는 잘 파악하지 못합니다. 새들과의 교감은 당연히 불가하고, 문어와 교감하기 위해 깊은 심연을 몇 달이고 몇 년이고 다니고 싶은 생각도 전혀 들지 않습니다. 어머니는 어떠세요? 그렇지만 이런 여러 재능과 능력이 모두 지능지수 하나로 측정하거나 판단이 가능할까요? 여러 다른 지능과 상관이 있다면 이해가 되실까요?

제가 단지 몇 가지만 예를 들었지만, 이런 게 모두 사람들이 제각각 다양한 지능을 가지고 있기 때문에 가능한 겁니다. 태빈이는 아이들과는 관계 형성이 어렵지만, 어른들에게는 무척 예의가 바르고 싹싹하며 귀여움을 많이 받죠? 그런 걸 아무나 할 수 있지는 않죠. 그리고 동물을 무척 좋아하죠? 동물과의 친화력이 무척 뛰어나서 거의 모든 동물을 무서워하지 않고 쉽게 다가가며 동물이 원하는 걸 잘 알아차리죠? 제가 태빈이의 모든 모습을 알지는 못하지만 태빈이에게는 분명 다른 높은 지능이 있습니다.

하지만 태빈이의 더딘 인지발달과 난독증은 학교 교과 수업을 따라가는 데는 큰 걸림돌이 될 수 있습니다. 그러니 센터와 가정에서 조금 더 개별 훈련을 시켜 주시면 많이 나아질 겁니다. 그리고 태빈이의 높은 지능은 학교 시험에서 높은 점수를 받는 것이 아닌 다른 곳에 있을 수도 있으니, 그 분야를 찾아 거기에 더욱 힘을 실어주시면 좋겠어요. 누가 그러더군요. 예전에는 힘센 '헤라클레스'가 막강했다면 요즘은 '해커'들이 막강하다고요. 시대가 변함에 따라 중요한 지능이 바뀐다는 걸 기억하세요.

중학생 에린이의 어머니

에린이의 영어 선생님이 난독증일 수도 있겠다고 말씀하셨군요. 에린이는 그림을 무척 잘 그리고, 언변도 좋고, 전교 회장도 하고, 리더십도 뛰어나고, 운동도 잘하고, 글 읽는 것도 잘하고, 기억력도 엄청 좋고, 손으로 만드는 것도 아주 잘하고 좋아하며, 타고난

난독증을 읽다

이야기꾼이군요. 남들의 마음에 너무 잘 공감해 눈물도 자주 흘리는군요.

그런데 수업 시간에 종종 졸아서 혼이 나고, 손이나 몸을 가만히 두지 못하고 계속 꼼지락거리고, 배도 자주 아프군요. 게다가 학교 시험에서 실수로 문제를 건너뛰거나 잘못 읽어서 실제 아는 것보다 훨씬 더 많이 틀리고, 영어 주관식 문제는 스펠링을 잘못 써서 많이 틀리고, 단어를 순차적으로 잘 못 외우고, 책 읽기를 할 때 자주 한 줄을 건너뛰고 읽거나 문맥이 바뀌지 않는 범위 내에서 다른 단어로 치환해서 읽는군요. 소설책을 읽는 걸 무척 좋아하지만, 정보 위주의 책은 싫어하고 읽어도 내용을 잘 기억하지 못하고, 문제가 많은 문제집은 아예 풀려고도 하지 않지만, 어머님이 읽어주면 답을 곧잘 찾기는 한다는 거군요.

에린이는 전체적으로 인지발달이 느려 보이지는 않습니다. 무척 똑똑하고 똘똘한 아이예요. 이렇게 인지발달에 별문제가 없는 아이들은 주로 한글은 큰 문제없이 뗍니다. 에린이도 한글을 큰 어려움 없이 뗐을 텐데요?… ㅏ, ㅓ 같은 모음을 약간 힘들어했지만 큰 어려움은 없이 뗐군요. 맞아요. 이처럼 별 어려움이 없었어도 좌, 우 모양이 비슷한 모음을 헷갈리는 경우가 자주 있더라고요. 그래도 대부분은 문제가 될 만큼 오래 걸리거나 힘들지 않고 한글을 떼죠. 한글은 그렇게 배우기 어려운 글이 아니라서 그런 것 같습니다.

그런데 이런 아이들도 대부분 영어를 배우게 되면서 스펠링과 관련해 어려움이 생기고, 단어를 잘 외우지 못하거나, 혹 외워서 시험은 만점 받았더라도 그 후에 기억하고 있지는 못하며, 스펠링을 정확하게 쓰는 걸 힘들어하고, 시험에서 문제를 정확하게 읽지 못하고 사소한 실수가 잦은 경우들이 있는데 이는 '난독증'의 전형적인 특징들입니다.

에린이는 지능IQ검사를 하면 평균이나 높은 수치를 보일 것 같습니다. 즉, 영어나 시험에서의 사소하고 잦은 실수 외에는 인지발달에 크게 문제가 있는 부분이 전혀 없어 보입니다. 다른 인지발달은 아주 앞서 있는데 특정 한 부분에서 '뜻밖의 어려움'이 보이면 이를 '특정 학습 장애'라고 합니다. 난독증은 그중 하나인데 특정 학습 장애의 80퍼센트 정도를 차지한다고 합니다.

많은 사람들이 난독증은 '지능이 낮다' '멍청하다'는 생각을 가지고 있지만, 사실 지능과 난독증은 아무런 상관관계가 없다고 합니다. 난독증이 없는 사람들의 지능이 높을 수도, 낮을 수도 있는 것처럼요. 하지만 아이큐 지능이 높고 다른 인지발달에 어려움이 없는데 '예측하지 못했던' 어려움이 있을 때 즉, 다른 모든 것을 잘하니까 글 읽기나 쓰기, 영단어 스펠링 외우기 등도 쉽게 할 수 있을 거라 기대했는데, 이상하게 글과 관련된 것만 하면 잘 못 하니 참 희한하다 싶을 때도 '난독증'이 있다는 진단이 내려질 수 있습니다.

난독증을 읽다

에린이는 글과 관련된 혹은 글로 처리하는 정보에는 많이 약하지만 정말 똑똑하고 굉장히 시각적이고 창의적인 마인드를 가지고 있습니다. 교과서 내용이 온통 만화로 그려져 있다고요? 하하, 이미 자신만의 방법을 찾았거나 은연중에 에린이가 머릿속에서 하는 사고를 어머님이 잠시 엿보게 되신 것 같네요.

에린이가 '난독증'이 있는 것은 맞지만 저는 '느린 학습자'에 포함시키고 싶지 않습니다. 난독증이 있는 사람이 학습이 느린 것은 부인할 수 없는 사실이지만, 이것은 현 학교 시스템에서 모든 것이 문자로만 읽고 쓰는 걸 중심으로 학습이 이루어지기 때문입니다. 만약 에린이의 강점인 '시각적 요소가 많은 방법'으로 학습한다면 에린이는 누구보다 빨리, 더 우수한 성적을 받을 수 있을 겁니다. '느린'이 아니라 '빠른' 학습자가 되는 거죠. 에린이가 10~20년만 더 늦게 태어났더라면 아마 '빠른' 학습자가 되었을 거예요. 이미 문자로 검색하는 구글도 영향력이 줄어 들고 있고, 아주 많은 문서도 버튼 하나만 누르면 읽어주고, 에세이도 말로 하면 글로 자동으로 바꿔주는 너무 다양한 서비스들이 늘어났죠. 글이 아닌 음성과 영상을 위주로 하는 세상이 되어가고 있습니다. 사람들은 그래도 책은 사라지지 않는다고 하지만 저는 글쎄요…, 글이 사라지진 않겠지만 지금처럼 막강한 절대 파워를 계속 누릴 수 있을까요?

에린이가 현재의 학교 시스템에서 다른 아이들보다 특정 학습에 어려움이 있고 약간 느린 것은 맞지만 그건 에린이와 맞지 않는 방법에 던져져 있기 때문이란 걸 기억하시면 좋겠습니다. 에린이는 '난독증'이 있는 것은 맞고, 학습에 어려움이 있으니 '학습 장애'가 있고, '느린 학습자'라고 꼬리표가 붙을지언정 어머니는 에린이가 실은 무척 '빠른 학습자'라는 걸 알고 그 강점을 잘 살리는 방향으로 보시면 좋겠습니다.

에린이의 어려움은 크게 나타나지는 않으니 어쩌면 학교에서 도움반에 가라거나 개별 도움이 필요하다고 하지는 않을지도 모르겠네요. 학교에서 선생님들도 대부분 에린이가 난독증이 있다는 것을 거의 알아차리지 못할 것 같은데 어머님은 어떻게 알아차리셨는지 궁금하네요…. 아, 영어 선생님이 먼저 말씀하시고 어머님이 이어 난독증에 대해 더 많이 알아보셨던 거군요. 에린이와 같은 아이들이 학년이 올라가면서 공부하는 걸 점점 더 어려워하는데, 우리는 이제 에린이의 어려움을 알게 되었으니 앞으론 에린이에게 맞는 공부 방법으로 도와주면 됩니다.

나와 두 어머니와의 가상 대화에서 난독증과 느린 학습자, 그리고 학습 장애에 관해 어느 정도 이해가 되었을 것이라 생각하지만 다시 정리하자면 이렇다.

흔히 혼동해서 혹은 의도적으로 섞어 쓰는 '경계선 지능'은 '느

난독증을 읽다

린 학습자'에 포함된다. 글씨를 쓰는 것에 어려움을 겪는 것을 '쓰기 장애/난서증', 수와 관련된 어려움을 '산술장애/난산증'이라고 하는데, 이는 '난독증'과 더불어 학습을 하는 데 어려움을 주기에 '학습 장애' 혹은 '특정 학습 장애'라고 한다. 이들의 학습이 느리게 진행되니 '느린 학습자'라 부르기도 하는 것이다. 경계선 지능, 느린 학습자, 산술장애, 쓰기장애, 읽기장애, (특정) 학습 장애, 운동 협응 장애. 나는 한국의 이런 많은 용어들이 모두 매우 부정적이라 생각한다.

우선 '경계선 지능'이란 지능이 '평균'보다는 조금 더 낮아 생활에 불편함이 있을 수 있어 도움을 줘야 해서 이렇게 이름을 붙인 것 같은데, 무척 조심스럽다. 나는 난독증이 있는 무척 똑똑한 아이들 중에도 '경계선 지능'처럼 보이는 아이들을 보았다. 이들은 전체적으로 학습적인 질문에 답하는 속도가 느렸다. 기초적인 연산이나 수학 문제의 풀이 과정에서 자주 실수를 하거나, 간혹 말귀를 잘 못 알아듣는 것처럼 보이기도 했다. 하지만 이들은 '예상치 못한 너무나 기발한 생각'을 해 내기도 했고, 자신에게 맞는 방법을 찾고 난 후에는 학습도 훨씬 더 나아졌다. 이들이 우리가 생각하는 '빠릿빠릿한' 사람들이 될지 안 될지는 모르지만 '멍청하다'라고는 전혀 생각되지 않았다. 아이큐로 측정한 지적 능력이 아주 부족해서 사회의 배려와 도움이 많이 필요한 예도 있는 것은 이해하지만, '경계선 지능'이란 단어를 붙이는 기준과 그 용어의 사용에 대해 다시 한번 전문가들이 머리를 맞대고 고민해 보면 참 좋겠다.

특정 학습에 어려움이 있으면 (현 학교 시스템에서) 이들은 학습을 느리게 할 수밖에 없다. 그렇다고 이런 학습의 속도가 그들의 정체성은 아니다. 그런데 그들을 '느린 학습자'라고 하는 것은 마치 '그들=느린 학습자'라는 정체성을 씌우는 것 같다.

비슷한 맥락에서 '난독인'과 '난독증이 있는 개인'은 굉장히! 다른 느낌을 준다. 난독증을 영어로는 '디스렉시아dyslexia'라고 하고, 난독증을 가지고 있는 사람들은 '디스렉식dyslexic'이라고 한다. 한국어로는 이를 '난독인'이라고 하는데, 한국에서 이 단어는 사실 난독증이 있는 사람들과 문해력이 떨어져서 글을 잘 이해하지 못하는 사람들을 혼용하여 칭하기도 한다. 용어의 사용은 난독증 자격증 과정에서 매우 중요한 부분으로, 난독증을 가지고 있는 사람들을 뭐라고 부를 건지가 여러 번 언급된다. 이런 사람들을 '난독인dyslexic'이라고 부를 것인지, 아니면 '난독증이 있는 개인/사람'이라고 부를 것인지에 대한 고찰이다. 'A(n) individual/person with dyslexia'(개인/사람, 난독증이 있는)이라 쓰면, 각각의 개인이 먼저고, 어떤 특징을 가졌는지는 그 뒤에 붙는 셈이다. 즉, '난독증'이 '그 사람 자체'는 아니라는 것이 매우 중요한 핵심이다. (난독증≠그 사람) 어떤 사람의 일부 특징을 일반화하여 그 사람의 정체성과 동일시하면 안 될 것이다.

난독증을 읽다

● (특정) 학습 장애, 학습에 어려움, 학습 차이, 에스피엘디

'학습 장애'를 사회가 어떻게 바라보느냐에 따라 용어도 계속 바뀌고 있다. 한국에서는 '학습 장애'나 '난독증'에 관한 연구가 활발하지 않아 거의 미국의 용어와 예를 그대로 차용하여 쓰는 것 같다.

난독증을 칭하는 용어와 보는 시각은 19세기부터 현재까지 많이 바뀌어 왔는데 조금만 살펴보자.

1860~70년대에는 주로 뇌 손상이 언어능력에 미치는 영향에 대해 연구했다. 우리가 뇌와 언어에 대해 조금만 공부하면 늘 듣게 되는 '브로카 영역' '베르니케 영역'이란 말이 있다.[27] 1861년 프랑스 의사 피에르 폴 브로카Pierre Paul Broca는 뇌의 어떤 특정 부분이 손상된 환자들에게서 '언어를 이해하는 데는 문제가 없지만, 말을 유창하게 하는 데 어려움'을 겪는 것을 보았다. 후속 연구자들은 그가 발견한 환자들의 공통적인 뇌 손상 부분을 그의 이름을 따 '브로카 영역'이라고 불렀다. 1874년 독일의 카를 베르니케Carl Wernicke는 브로카 영역이 아닌 다른 영역이 손상되면 '말은 유창하게 하지만 내용이 뒤죽박죽이어서 의사소통이 어려운 경우'가 생기는 걸 발견하고 설명했다. 마찬가지로 그 영역엔 그의 이름이 붙여지게 되었다.

1877년에 독일의 신경학자 아돌프 쿠시말Adolf Kussmaul은 글을 읽는 데 심각한 어려움을 겪는 일부 성인 환자들을 연구하면서 그 현상을 '시각적 문제'와 관련하여 '단어맹Word Blindness'이라고 표현했다.[28] 즉, 그는 읽기 능력 장애를 '시력 문제' 혹은 '시각적 인지 문제'로 여겼던 것이다. 이 때의 학문적 배경은 주로 '뇌의 손상'과 '시각적 문제'에 집중되어 있었다.

그러다 영국인 제임스 힌셜우드James Hinshelwood는 어린이들에게서도 유사한 읽기장애가 나타날 수 있음을 발견하고 이를 쿠시말이 처음 쓴 '단어맹'에 '선천적'이라는 개념을 추가해 '선천적 단어맹 congenital word blindness'이라고 불렀다.[29] 비로소 '시각적인 문제'에서 '인지적인 문제'로 확장되었다. 따라서 그는 시각적 기억을 향상시키는 교수법을 제안했고, 집중적인 일대일 교수의 필요성을 강조하였다고 한다.

1920년대로 넘어오면서 유럽에서의 학습 장애에 관한 기초연구에 미국의 의사, 심리학자, 교육자들이 관심을 가지게 되었다. 그후 미국에서도 여러 읽기장애와 관련된 연구사례들이 보고되기 시작했다. 새뮤얼 T. 오턴Samuel T. Orton 박사는 난독증 연구의 선구자 중 한 명으로, 난독증의 인지적, 신경학적 원인에 대한 초기 연구를 수행했다. 그의 연구는 오늘날의 난독증 이해와 교육적 개입, 특히 다중감각적, 구조적 교육 방법인 오턴-길링햄 접근법Orton-Gillingham Approach에 큰 영향을 미쳤다. 오턴 박사의 사후에 그의 연구를 이어가기 위해 1949년 '오턴 난독증 협회Orton Dyslexia Society가 설립되었다. 그후 1997년 현재의 '국제 난독증 협회International Dyslexia Association, IDA'

난독증을 읽다

로 바뀌어 계속해서 난독증 연구를 활발히 진행하고 있고[30], 이는 사람들의 인식 변화에도 크게 기여하고 있다.

영국에서는 '영국 난독증 협회British Dyslexia Association, BDA'가 1972년에 설립되었다. 19세기말에 영국 학자들이 난독증에 관한 연구에 영향을 미친 것은 맞지만 좀 더 체계적인 연구는 '오턴 난독증 협회'부터라고 생각이 된다. 그러니 이를 고려하면 미국의 협회가 '국제' 난독증 협회라고 인정을 받는 것이 당연해 보인다.

사무엘 오턴은 1920년에 난독증을 '스트레포심볼리아strephosymbolia'라고 명명할 것을 제안했다. 그가 쓴 용어인 '스트레포-심볼리아'에서 '스트레포-'의 의미는 이렇다. 영어에서 '아포스트로피 s'라는 용어를 많이 들어봤을 것이다. I am을 줄여서 I'm이라고 쓰고 여기에 a 대신에 쓰인 ' 기호를 붙이면 무엇인가가 생략되어 있다는 것을 의미하게 된다. '아포-스트로피'는 고대 그리스어 전치사 ἀπό apo와 동사인 στρέφω strepho가 합쳐진 말인데, 전자는 '제거, 박탈'의 의미가 있고, 후자는 '쥐어짜다, 꼬다'의 의미를 가지고 있다. 따라서, '아포스트로피'는 비틀린 기호를 써서 붙임으로써 글자가 없어짐을 나타내는 의미로 쓰인 것이다.

오턴이 제안한 '스트레포심볼리아'는 'strepho'(뒤틀린) 'symbolia'(상징)이란 뜻으로 여전히 시각적 관점에 치중되어 있었다. 이 영향으로 난독증은 글자가 날아다니고, 뒤틀려 보인다는 등 시각적 증상이 주된 특징으로 널리 퍼지게 된 것 같다. 그러나 오늘날 학계에서는 더 이상 이런 관점이 지지받지 못하고 있다.

'난독증dyslexia'이라는 용어는 19세기 후반부터 있었던 것으로 알려지지만, 1925년경부터 좀 더 널리 사용되기 시작했다고 한다. dys-는 그리스어 접두사로 '어려움' '불완전함'을 뜻하고, -lexia는 역시 그리스어로 '단어'나 '언어'를 뜻한다. 이 용어가 20세기 중반부터 '난독증'을 표현하는 공식적인 용어로 사용되다 20세기 후반에는 세계 표준 용어로 자리잡게 되었다.

'난독증'과 함께 자주 언급되는 '학습 장애'라는 용어는 1950년대 후반부터 비공식적으로 불리던 '지각장애perceptually handicapped'에서부터 출발했다. 그러다 1962년 새뮤얼 커크Samuel Kirk가 '학습 장애'란 용어를 처음으로 제안하며 그 개념을 정립했다.

'학습 장애는 말하기, 언어, 읽기, 철자, 쓰기, 혹은 수학 과정 중 하나 혹은 그 이상의 영역에서 지체, 장애 혹은 지연된 발달을 보이는 것을 말한다. 이러한 문제는 (대)뇌의 기능 장애 그리고/혹은 감정이나 행동의 이상으로 인한 것이며 정신지체, 감각장애 또는 문화적, 교수적 요인으로 인한 것은 아니다.'

그의 이러한 발표가 있고 그 이듬해 1963년 이전 '지각장애' 단

난독증을 읽다

체의 부모들이 그에게 ('지각장애'를 대체할) 다른 명칭을 요청했고 커크는 '학습 장애Learning disabilities'라는 용어를 제안했다. 그의 제자 베이트먼Bateman은 1965년에 '학습 장애는 자신의 잠재 수준과 실제 성취 수준 간에 교육적으로 현저한 불일치를 보이는 경우를 의미한다'라고 제안하였는데 이것이 현재까지도 학습 장애 진단에 큰 영향을 미치고 있다고 한다.

난독증이 시각적인 결함에서 인지 처리 특성으로 넘어옴에 따라 어쩌면 운동 기능, 균형 감각, 시각-운동 협응 능력 등에 초점을 둔 프로그램들이 개발되었을 것이다. 우리나라의 값비싼 인지능력 향상 프로그램들이 여기서 영향을 받은 것은 아닌가 싶다. 하지만 이 프로그램들은 시각 및 지각 능력 자체에는 다소 효과를 보이는 경우도 있지만, 실제 학업 성취도를 높이지는 못하는 것으로 70년대 중반에 보고되었다.

여기까지 난독증의 변천사를 살펴보면, 난독증은 유럽에서 성인들의 '손상된' 뇌에서 문제점이 발견되어 '정상'적인 언어 사용이 불가능했던 것에서 출발한 것을 알 수 있다. 따라서 난독증과 장애가 같은 맥락으로 이해되는 것도 어쩌면 당연할 수 있겠다.

하지만 그 후의 연구는 뇌에 손상이 없음에도 불구하고 선천적으로 언어와 관련된 학습에 어려움을 보이는 경우들로 넘어가는데, 이때도 여전히 이전 '장애'의 개념이 이어져 쓰였다. 그러니 '난독증'을 얘기할 때 당연히 부정적인 '장애disability'라는 용어가 아무렇지 않게 쓰였다.

그러다 시간이 지남에 따라 미국정신의학회에서 발행하는《정신 질환의 진단 및 통계 편람》DSM의 용어에 약간의 변화가 있는 것을 볼 수 있게 된다. DSM-4에서는 '학습 장애'를 'Learning Disorder'라고 썼다. 한국어로는 'disorder'나 'disability'나 다 '장애'로 번역하지만 약간의 어감 차이는 있다. 영단어에서 'dis-'는 다른 단어 앞에 붙어서 '부정, 반대'의 뜻을 만들어낸다. 'order'는 '정돈된 상태'를 말하는데 그 앞에 dis-를 붙이면 그런 상태의 부재를 뜻한다. 즉, 무언가가 제자리에 있지 않은 상태를 말하는 것이다. 어떤 문제가 있음을 암시하는 말이다. 반면에 'dis-ability'는 '부재/없음-능력'의 뜻으로 대놓고 능력이 없음을 말한다. 약간 외교적으로 말할 것이냐, 대놓고 말할 것이냐의 차이인 것 같다. 그 말이 그 말이 아니냐고 따질 사람들도 있겠지만, '장사와 사업' '주방장과 셰프' '시나몬과 계피'는 같은 말인데도 무척 다르게 느껴지는 걸 생각해 보면 된다.

DSM-4 이후 거의 20년 만에 개정되어 나온 DSM-5에는 또다시 용어의 변화가 있다. 여전히 학습 '장애'를 'disorder'이라고 쓰고는 있지만 '특정한specific'이란 말이 추가되었다. 즉, 전체적 학습에 장애가 있는 게 아니라, 어떤 신경생물학적 원인으로 '특정' 부분

난독증을 읽다

에만 어려움을 겪는다는 걸 조금 더 강조하려는 의도인 것이다. 특정 학습 장애 'Specific Learning Disorder'을 줄여서 미국에서는 SLD라고 하고, 영국에서는 SpLD라고 한다.

그리고 이전에는 쓰기장애, 읽기장애, 산술장애 등을 합쳐서 '학습 장애'라고 했다면, 이제는 '특정 학습 장애SLD'라는 것이 있고 그 '아래'에 쓰기장애 등 다른 여러 어려움이 포함될 수 있다는 의미로, 이는 나중에 추가적인 어려움이 발견될 수도 있음을 암시한다.

이전에는 이런 포괄적인 학습 '장애'에 읽고, 쓰고, 수학과 관련된 각각의 '장애disorder'가 있다고 표현했다면 DSM-5에서는 '임페어먼트impairment'라는 '손상'에 가까운 단어를 쓴다. 2013년에 나온 DSM-5는 이전에 비해 훨씬 더 용어도 조심스러워졌고, 여러 하위 영역을 포함한 특정 학습 장애 관련해서는 더욱 포괄적으로 바뀐 것 같다.

또 한 가지 DSM-5에서 바뀐 주요한 점은 '지능'이 난독증 진단에 '중요한 요인이 아니'라는 것이다. 이 점은 무척 복잡하고 조심스러운 부분이기는 하다. 왜냐하면 모든 사람의 아이큐 지능은 다르고 따라서 뭔가를 해낼 수 있는 역치도 사람마다 다르기 때문이다. 최근에는 지능이 한 가지가 아니라 다중 지능이라는 것에 더 많은 무게가 실리고 있다. 또한 '난독증이 있는 아이'들의 아이큐 지능은 제대로 측정하기가 어려운 경우가 많기도 하다. 읽기 능력의 영향으로 다른 학습이나 인지발달에도 영향을 미쳐 아이큐 지능이 낮게 나온 것인지도 모르기 때문이다. 아무튼, 지능과 관련해서는 어디서도 속 시원히 대놓고 잘 얘기하지 않는다. 너무나 조심스러운 부분이라서 그런 것 같다.

자, 이제는 영어의 '장애'와 한국어의 '장애'라는 용어의 사용에 대해 생각해 보자.

영어에서는 뭔가가 없거나 문제가 있다는 말을 할 때, 기존 단어에 dis-를 붙여서 용이하게 만든다.

dis(없음)-ability(능력): disability

dis(부재/아님)-order(정돈된 상태): disorder

dis(없음)-facultas(능력, 기회(라틴어로)): dis+facultas → difficulty

그러니 영어로는 '특정 학습 장애'를 'SLD'라고 하고 공식적으로는 D가 Disorder 임에도 불구하고 의사들이나 교사들은 여전히 장애를 뜻하는 Disabilities와 어려움을 나타내는 Difficulties를 섞어서 쓰기도 한다. 보통은 장애나 어려움이 하나가 아니라 여러 개가 복합적으로 있을 수 있다 하여 단수보다는 복수형인 disabilites나 difficulties가 대체로 쓰인다. 하지만 앞에서 언급했듯이, 영국에서는 '특정 학습 장애'를 SLD가 아닌 '특정한'의 'Specific'을 조금

난독증을 읽다

더 부각한 'SpLD'라고 한다. 그리고 '장애'라는 'disabilities'를 쓰지 않고 '어려움'을 나타내는 'difficulties'를 주로 쓰는 분위기다.

비공식적으로는, 많은 난독증 수기나 비전문적인 난독증에 대한 글에서는 LD를 'Learning Differences(차이)'라고도 자주 언급한다. 장애나 어려움이 아니라 단지 '다르다'는 걸 강조하는 말이다.

영어는 편리하게도 이 모든 것을 S(p)LD라는 약자로 통일해서 쓸 수 있고, 정확하게 자신이 장애, 어려움, 차이 등 어떤 어감으로 쓸지도 원치 않으면 밝히지 않아도 된다. 하지만 한국어는 그렇지가 않아서 우리는 이 용어를 뭐라고 번역해서 쓸지 큰 고민을 하게 된다.

나는 '학습 차이'라고 하기에는 실제로 존재하는 '어려움'을 완전히 부인하는 것 같아서 '학습에 어려움'이란 말을 선호한다. 하지만 SpLD를 그대로 풀어서 '에스피엘디'도 나쁘지 않을 것 같다는 생각을 한다.

한국의 용어에는 '장애'가 너무 많다. 한쪽을 '장애'라고 부르면 다른 쪽은 '비장애', 즉 '비정상'과 '정상'이 되어 버린다. 누가 '정상'을 규정하고, 무엇을 '정상'이라 하느냐에 따라 그에 속하는 사람들이 달라진다. 하지만 어떤 지성과 권력이 쉽게 누구와 무엇을 장애와 비장애로 나눌 수 있고, 또 그래도 되는 걸까?

미국 보스턴 남부에 있는 마서스 비니어드Martha's Vineyard라는 섬에는 17세기부터 20세기 초까지 200여 년간 청각장애인들이 주류를 이루며 살았다.[31] 그곳에서는 듣지 못하는 사람들이 주류였으니 당연히 청각장애인이라는 말은 어울리지 않겠다. 들을 수 없는 사람은 농인聾人, 들을 수 있는 사람을 청인聽人이라고 하니 농인이 주류인 사회였다는 것이다. 그곳에서는 수어가 당연한 의사소통의 수단이었고, 소리로 소통하려는 게 오히려 더 이상한 것이었을 거다. 수어를 모르거나 빠르게 쓰지 못하는 사람은 그곳에서 '장애'가 있는 셈이었다고 할 수 있다.

우리는 어떤 문화나 환경에서, 생활에 어려움이 있다고 이를 모두 '장애인'이라 부르지 않는다. '영어 장애인' '운전 장애인' '정리 장애인'이라고 부르지 않고, 오히려 이들의 어려움을 이해하고 도움을 주기 위해 노력할 따름이다. 나는 한국말의 '학습 장애' '읽기 장애' '산술장애' '쓰기장애'의 '장애'도 서둘러 떨어져야 한다고 생각한다.

● **연령별 난독증 특징 알아보기**

"엘…테…베이터가 어디예요?"

"엘테베이터?… 난독증이죠?"

영화에서 이런 대사가 나왔다. 충격적인 사건 이후 난독증이 생겼다는 주인공의 대사였다. 하지만 난독증을 이렇게 단어 한 번 잘

난독증을 읽다

못 발음하는 것으로 단박에 알아차릴 수 있을까? 난독증을 단박에 알아차릴 수 있는 방법은 사실 거의 없다. 게다가 대부분의 난독증이 있는 사람들은 자신의 난독증을 철저히 숨기는 방법을 평생 동안 고안하고 연습하고 훈련하여 몹시도 잘 숨긴다. 우리는 본인이 알려주지 않으면 거의 알아차리지 못하겠지만, 그래도 포괄적인 특징들을 살짝 들여다보자.

1. 우선은 가족력부터

나와 내 배우자의 부모님이나 조부모님, 형제자매 중에 난독증이 있다면 내 아이에게 난독증이 있을 확률은 굉장히 높다. 난독증이 유전되는 비율은 최소 40에서 60퍼센트 정도라고 한다.

2. 초등 저학년

한글을 배우기 시작할 무렵부터 난독증이 있는지 짐작해 볼 수 있는 특징들이 발견된다. 강남의 어떤 부모님들은 아이가 3살 무렵부터 난독증이 있는지 검사를 받으러 간다고도 하지만 그건 사실 너무 이르다. 최소 유치원 나이는 되어야 할 것이다.

한글은 익히기 아주 쉬운 문자여서 익히는 데 시간이 별로 걸리지 않는다. 그런데 유독 한글 떼는 데 시간이 너무 오래 걸린다거나, 자음은 그렇게 오래 걸리지는 않았지만 비슷하게 생긴 모음들은 유독 힘들어한다면 그 아이는 난독증이 있을 수 있다. 난독증이 있어도 어떤 아이들은 글을 그림처럼 통으로 다 외워버려서 난독증이 있는지 거의 드러나지 않기도 한다.

예전에는 한글의 자음모음표라고 해서 세로는 자음, 가로는 모음이 적혀 있는 표를 이용해 자음과 모음의 소리를 더해 가며 배웠다. 그런데 언젠가 통문자 학습이라고 해서 그냥 글자를 그림처럼 통으로 계속 눈으로 익히면서 그냥 외워버리는 학습법이 한참 유행한 적이 있다. 어쩌면 난독증이 있는 아이들이 자음과 모음을 합치는 방법으로 한글을 배우기 힘들어 해서 그런 학습법이 생겨난 건 아닌가 싶다. 하지만 그런 식으로 한글을 가르치면 단기적으로는 더 효과가 있는 것 같지만 장기적으로는 무척 비효율적이다. 소리가 합쳐져서 다른 소리를 만들어내는 원리를 이해하게 되면 따라오는 다른 부가적인 장점이 훨씬 많고, 그 원리를 이해하는 편이 이미지를 저장하는 것보다 뇌의 용량도 훨씬 덜 차지할 것이다. 이제는 그러한 방법이 왜 나오게 되었는지를 이해하게 되었으니 필요에 따라 두 가지를 적절히 섞어서 가르치면 효과가 극대화될 것이다.

1부에서 언급했듯이 한글을 배울 때 자신의 이름에 들어있는 글자와 다른 단어에 들어있는 같은 글자를, 같다고 인식하지 못하는 경우가 있다. 자신의 이름에 '채'가 들어있는데 '채소'의 '채'와 같다는 것을 인식하지 못하는 것이다. 또한 반복되거나 운율이 있

난독증을 읽다

는 놀이나 노래를 따라 하기 힘들어하고, 알파벳의 이름, 요일 등을 기억하기 힘들어할 수 있다.

3. 영어를 배우기 시작할 때

한글은 비교적 불규칙한 소리가 적은 '투명한 언어'다. 그러나 영어는 그렇지 않다. 그래서 뛰어난 머리로 한글 읽기를 깨친 아이들도, 영어에서는 어쩔 수 없이 난독증 표시가 어느 정도 나게 된다. 영어는 무척이나 깔끔하지 않은 쓰기 체계를 가지고 있어서 '난독증'을 쉽게 두드러져 나타나게 한다. 영어를 모국어로 쓰는 나라들에서 난독증을 가장 많이 볼 수 있을 정도다. 영어는 소리 나는 대로 적지 않는 문자의 조합이 너무 많고, b, d, p, q, u, n 등 헷갈리게 생긴 글자도 많다. 게다가 하나의 모음이 낼 수 있는 소리도 마음대로일 때도 많다. 이렇다 보니 영어를 외국어로 배울 때면 한글을 배울 때는 드러나지 않았던 읽기의 어려움을 숨기기 어렵게 된다.

영어를 떠듬떠듬 힘들게 읽거나, 읽기를 아예 거부해 버리는 아이들도 있다. 어떻게 읽어야 하는지 몰라 아예 그냥 단어를 사진처럼 찍어 발음도 단기 기억으로 외워서 매칭시키는 경우도 있다. 이런 경우, 단어 시험은 백 점 받을 수 있지만, 시험이 끝남과 동시에 외웠던 단어를 깡그리 까먹어버린다. 이런 특징이 있는 아이들을 본다면 난독증이 있을 수 있다는 걸 알아차려야 한다. 이런 아이들은 많은 경우 글이 아닌 말로 학습할 때는 (아주) 우수한데, 글로만 하면 이런 일이 생기는 것도 특이한 점이라 할 수 있다.

단어가 짧고 많이 본 단어(일견 단어)인데도 헷갈려하거나, 기억해 내는 데 어려움을 겪고, 단어가 길어지면 음절을 어디서 끊어야 할지 몰라 힘들어지니 읽기도 무척 느리다. 단어를 읽을 때 자신이 아는 첫 글자가 나오면 나머지는 얼토당토않게 다른 단어로 읽어버린다. 예를 들어, 단어가 picture이면 앞에 있는 pic을 보고 picnic이라고 하거나, country를 보고 computer라고 읽을 수도 있다. 난독증이 있는 사람들은 글을 잘 읽게 된 후로도 문맥에 많이 의존하기 때문에 (문맥 없이) 단어 하나만 보고 정확히 읽기를 힘들어하는 것이 지속된다.

대부분은 소리 내 읽는 것에 자신 없어 하고 싫어하는 경향이 있다. 이때 억지로 자꾸 소리 내어 읽게 시키면 학습과 언어 자체를 싫어하게 될 수도 있다.

4. 중·고등학교

초등학교를 넘어가면 수업 시간에 소리 내어 무언가를 읽는 일이 거의 없어지므로 누군가가 글을 읽는 데 어려움이 있는지 사실상 알기 어렵다. 그쯤에는 한글도 거의 다 익혀서 글을 대부분 잘 읽기도 하고 맞춤법을 틀리게 쓰는 경우도 잘 없다. 그리고 요즘은 글을 쓰더라도 대부분 컴퓨터로 쓰니 오타를 다 잡아줘서 알지 못하기도 한다. 하지만 친구끼리 문자를 보낼 때 오타가 많은 사람들이 있는데 한두 번이 아니라 늘 그렇다면 난독증일 가능성이 있다.

이들은 글을 읽고 요약하거나 정리해야 하는 과제를 아주 힘들어한다. 읽기가 수월하지 않으니 요약하거나 글을 쓰는 것이 힘들 수 있다. 하지만 아이러니하게도 난독증이 있는 사람 중에도 아주 논리적인 사람들 가운데는 에세이를 월등히 잘 쓰는 사람들도 많다. 생각을 머릿속에서 논리적으로 정리하고 글로 옮겨내는 것은 쉽지만, 거꾸로 (자신이 쓴 글이라 할지라도) 문자를 보고서 해독하거나 정리하는 것은 힘들어하는 것이다. 불가능한 것이 아니라 '힘들다'는 것은 단지 더 많은 에너지를 써야 한다는 뜻이다.

시험을 보면 푼 것은 다 맞는데 늘 시간이 부족해서 다 풀지 못한다면 그것도 난독증 때문일 수도 있다. 난독증이 있는 사람들은 해독하는 데 시간이 오래 걸리니 난독증이 없는 사람들보다 시간이 더 필요하다. 서구에서 시험 시간을 늘려주는 이유가 바로 이것이다.

흥미롭게도 난독증이 있는 사람들 가운데는 전체적인 것을 보는 능력이 뛰어나서, 종종 계산을 하는 산수는 힘들어하지만, 어려운 수학, 특히 기하학 같은 것은 정말 쉬워하는 경우가 많다고 한다. 시각적으로 머릿속에서 3D로 아예 그림이 그려지는 이들이 많아서 그런 것 같다. 이들은 설명은 못 하지만, 머릿속에서 답이 그냥 '보인다'고들 한다. 그래서 '풀이 과정'을 쓰는 걸 어려워하고 그러다 보니 학교 수학을 못 하는 것으로 비치기도 한다.

항상 공부를 무척 열심히 하는데도 성적은 오르지 않는 친구들 중에 너무나도 비범하게 창의적인 사람들이 있다면 난독증이 있을 가능성이 없지 않다. 일단 아주 특별나게 혹은 특이하게 창의적이라고 하면 난독증이 있을 수도 있다는 생각을 해봐도 괜찮을 것이다. 물론, 그것 하나만으로 단정하면 무척 곤란하지만, 아주 많은 예술가들이 시각적인 사고를 하고 그들 중 많은 수가 난독증을 가지고 있다고 하니 분명 하나의 단서는 될 수 있을 것이다.

종종 빛과 소리에 아주 예민한 사람들, 신발 끈이나 바지 끈 묶는 걸 할 수는 있지만 잘하지는 못하거나, 풀린 끈을 아예 신발 안에 집어넣어 신고 다니거나, 운동을 아주 잘하지는 못하는 경우에도 난독증이 있을 수 있다. 이는 정확히는 난독증의 특징은 아니지만, 이런 경우 난독증이 함께 있기도 하기 때문이다.

5. 성인

회사에서 보고서를 써서 제출해야 하는데 엉뚱한 숫자나 정보를 넣는 실수를 자주 한다거나, 많은 양의 자료를 읽고 글을 쓰는 일이 너무 피로하며, 글로 기록된 문서나 수치로 된 정보에서 의미를 알아내는 것이 힘들다면 난독증일 수도 있다.

난독증도 신경다양성의 일부라서 종종 ADHD나 알아차리기 힘든 자폐스펙트럼, 즉, 비공식적으로는 아스퍼거(스몰 토크를 매우 싫어하거나 힘들어하고, 사람을 만나는 것보다 혼자 있는 것을 훨씬 더 선호하고, 상대의 마음을 잘 읽지 못하고, 생각을 말로 표현하는 걸 힘들어하기도 하고, 일상적인 대화를 거의 외워서 하는 식으로 정해놓은 답변 안에서 하고, 동물과의 교감을 아주 잘하고, 농담을 잘 못 알아듣거나 언제 웃어야 하는지 타이밍을 놓치고, 새로운 환경에 적응하거나 예측 불가능한 상황에 부닥치는 걸 너무나 싫어하는 등 얼핏 보면 알기 어려운 많은 경우)와 겹치는 부분들이 많다. 다시 말해, ADHD나 자폐스펙트럼이 있다면 난독증이 함께 있을 확률도 있다.

길 찾는 걸 정말 잘 못해서 길을 헤맨 적이 많거나, 여러 단계의 다양한 지시사항을 따르는 데 어려움이 있고, 뭔가를 기억해야 할 때 경험하지 못했거나 이미지로 그려지지 않는 것에는 어려움이 있고, 전체적인 계획이나 새로운 아이디어는 쉽게 내지만 순차적으로 일을 처리해 가는 것이 너무 어려우며, 글로 된 제품 설명서를 따라 하는 것을 무척 힘들어하고, 요리법을 순서대로 따라 하는 걸 힘들어하면 난독증일 수도 있다. 어려워한다고 해서 못 한다는 것은 아니다. 다만 훨씬 더 집중해서 해야 하므로 그 일을 하는 동안 에너지가 더 빨리 고갈될 수 있다는 뜻이다. 말을 할 때 적절한 단어를 잘 생각해 내야 하는 단어 인출이 힘들거나, 음절 수나 소리가 비슷한 단어를 헷갈려하는 경우, 또 자주 단어를 자신이 만들어서 쓰거나, 실제 단어 대신 '그거, 그거 있잖아' 같은 말을 무척 자주 쓰고, 알고 있는 단어가 혀끝에서 종종 맴돌고 생각나지 않는 경우가 많다면 난독증일 확률이 있다.

난독증은 대부분의 사람들이 생각하는 것처럼 멍청하거나, 글을 못 읽거나, 말을 잘 이해하지 못하거나 하는 것이 주된 특징이 아니다. 난독증이 없는 사람들도 어휘력이 부족하면 글자를 읽고도 무슨 말인지 이해하지 못하는 경우가 생긴다. 난독증이 있는 사람이 어린 시절 읽기를 힘들어할 때, 적절한 시기에 도와주지 않아서 어휘력이 떨어지게 되면 문해력도 함께 떨어질 수 있다. 하지만 난독증은 문자라는 암호를 해독하는 게 힘들다는 것뿐이지, 말로 했을 때는 굉장히 논리적이거나 오히려 어휘력이 뛰어난 경우도 많다. 난독증이 있는 사람들은 문해력이 떨어진다는 일반화는 경계해야 한다.

전 연령대를 통틀어 난독증이 있는 사람들의 가장 대표적인 특징을 하나만 꼽으라면, 나는 그들의 '뛰어난 시각화' 능력이라고 할 것이다. 많은 정보를 이미지로 기억하는 그들은 글로 하는 학습이 어렵거나 실수도 잦을 수 있어 그들의 강점을 되려 약점으로 느낄

난독증을 읽다

수 있다. 하지만, 이들의 '시각화 능력'이 엄청난 강점임을 알고 보면, 그들의 학습 방법이나 사고하는 방식이 참으로 대단하고도 놀라울 것이다.

결론적으로, (읽기에 큰 어려움이 없는 범위까지 포함하는) 난독증은 스펙트럼이다. 단일한 증상이나 특성이 아니라 넓게 다양하게 펼쳐져 있다. 난독증 스펙트럼은 대부분의 사람들이 생각하는 것보다 광범위하고 우리 주위에 매우 많다. 최소 5명 중 한 명은 되지 않을까? 그리고 난독증은 흔히 부끄러워해야 할 것으로 여겨지지만 그럴 필요는 없다. 한국의 교육과 사회가 너무 획일화되어 있고, 유연하지 못하기 때문에 불편함이 (많이) 있을 뿐이다.

이제는 난독증을 사회적으로 많이 드러내고, 그에 맞는 학습/교육 방법, 지원 방안이 공론화되면 좋겠다.

● 문해력과 난독증의 혼용

한국의 난독증과 관련된 여러 책에서는 종종 '난독증' '난독' '문해력' '디지털 문해력/리터러시'란 단어들을 보는데 이들은 자주 혼동되어 쓰인다.

'난독'은 글을 읽는 데 어려움이 있다는 것인데, 여러 가지 이유로 문자를 읽거나 글을 이해하는 데 어려움이 있는 모든 것을 두루뭉술하게 포괄하는 단어다.

'문해력'은 단순히 문자를 해독하는 것을 넘어 글을 읽고 글 속에 담긴 의미와 맥락을 이해하고 비판적으로 사고하여 정보를 정확하게 해석하는 능력을 말한다. 이것은 '글자'를 읽을 수 있느냐 없느냐보다 문자로 전하고자 하는 '내용'을 이해하는 능력을 말한다.

'문해력'이 글을 '읽고 이해하는 것'의 정도를 말한다면, 문해력을 일컫는 영단어 '리터러시literacy'에 영상매체 등을 뜻하는 '디지털'이 붙은 '디지털 리터러시'는 꼭 책이나 문서가 아니더라도 영상을 포함한 다양한 디지털 플랫폼을 통해 정확한 정보를 찾고, 조합하고 비판할 수 있는 능력을 말한다. 이제부터는 '문해력'을 말할 때 반드시 글을 통해서만이 아닌 다른 디지털 매체도 포함하는 '디지털 문해력/리터러시'를 함께 떠올려야 한다. 계피와 시나몬이 같은 것이지만 계피는 수정과를, 시나몬은 도넛을 상기시킨다. 마찬가지로, 문해력은 글을, '리터러시'도 사실은 글을 말하는 것이지만 요즘은 디지털 문해력을 포함하는 말로 단독으로 쓰이기도 한다.

'난독증'과 '문해력/리터러시'는 비례 관계이기도 하고 아니기도 하다. 난독증이 있는 사람이 문해력/리터러시가 아주 낮은 경우도 있지만 반대로 아주 뛰어난 경우도 있기 때문이다. 또한, 난독증이 있는 사람 중에 글로 읽는 문해력은 부족하지만 디지털 리터러시는 매우 뛰어난 사람도 있다.

다시 정리하면, '난독'과 '난독증'은 같은 것이 아니다. 난독은

난독증을 읽다

문해력, (디지털)리터러시까지 포괄해 어려움을 드러내는 용어로 이해해야 한다.

● 난독증이라 하면 흔히 하는 질문들

– 책 읽는 거 싫어하겠네?

난독증이 있는 사람들 중에는 글을 읽는 것이 불편하여 책 읽기를 멀리하는 경우도 분명 많다. 하지만 반대로 책을 너무 좋아하는 엄청난 다독가도 있고, 그중에는 작가들도 많이 있다. 그들은 글 쓰는 것을 읽는 것보다 훨씬 더 쉽게 느낀다고 한다.

– 그건 집중을 안 해서 그래!

난독증과 ADHD가 함께 있어서 집중하는 것이 무척 힘든 사람들도 있고, 글이 눈에 잘 들어오지 않으니 집중을 아주 많이 해도 안 되는 경우도 있다. 우리가 읽을 줄 모르는 아랍어를 아무리 눈을 부릅뜨고 집중해서 읽어본들 알 길이 없듯이 말이다. 그건 우리가 집중하지 않았기 때문에 못 읽는 걸까? 당연히 아니다!

– 그래도 시험에 시간을 추가로 받는 건 불공평해!

'난독증'이라는 것이 사회적 평판 등에서 아직은 엄청난 불이익을 받는 낙인처럼 느껴지기 때문에, 필수 불가결의 상황이 아니고서는 자신에게 난독증이 있다는 것을 알리는 사람은 거의 없다. 즉, 누군가가 난독증을 이유로 추가로 시험 시간을 요구한다면, 낙인을 각오하고서라도 정말 어쩔 수 없기 때문이었을 것이니 전혀 불공평하지 않다. 오히려 제도적으로 지원해 주는 것이 공평하다.

– 넌 커서 아무것도 제대로 하지 못할 거야!

조기 개입이 이루어지지 않아 학업에 꾸준한 어려움을 겪고, 매우 부정적인 언어와 환경에서 자란 탓에, 부정적인 자아상을 가진 사람들은 범죄나 일용직 따위에 안주하게 될 수도 있다.

난독증이 있는 사람들에게 난독증을 부정적으로 보지 않고, 다만 약점을 보완해 주며 맞는 방법을 함께 찾아준다면, 난독증이 없는 사람들보다 훨씬 더 중요하고 큰일을 할 수도 있다.

난독증이 있는 사람들 중에는 석사와 박사, 교수, 사업가, 의사, 엔지니어, 건축가, 수학자, 배우, 작가 등이 수없이 많다. 그들도 어린 시절 아무것도 제대로 못 하는 실패한 인생이 될 거라는 말을 무

난독증을 읽다

척 많이 들었을 것이다. 그랬음에도 결국에는 그 말이 틀렸다는 걸 많은 사람들이 증명했다.

- 크면 사라져. 걱정하지 마.

난독증은 커도 사라지지 않는다. 읽기에 어려움이 있는 경우에 조기 중재하여 쉽게 읽게 되는 경우는 있지만, 그들의 특별한 뇌가 완전히 다른 뇌로 바뀌는 것은 아니니 난독증의 다른 특징들은 평생 사라지지 않는다. 다만 자신의 어려움을 우회하거나 뛰어넘는 방법을 배우고 익숙해질 뿐이다.

- 우리 모두 다 조금씩은 난독증이 있잖아?

사람들이 이런 말을 할 때마다 무척 짜증이 난다는 말을 난독증이 있는 사람들에게서 가끔 들었다. 난독증은 신경다양성과도 밀접한 관계가 있는데 신경다양성이 있는 사람들 중에서도, 특히 자폐 스펙트럼이 있는 사람들에게서도 비슷한 말을 자주 들었다. '괜찮아. 우리는 모두 사실 다 조금씩은 자폐가 있잖아.'라고 말할 때 너무 미치도록 소리치고 싶다고 했다. '절대! 아니라고!!!' 하면서. 이 말이 그토록 짜증 난다는 말을 들었을 때 사실 나는 흠칫 놀랐다.

왜냐하면 내가 늘 그렇게 생각했었기 때문이다. 그런데 이런 말을 여러 번 들으면서 고민하게 되었다. '정말로 우리는 다 조금씩 난독증이 있거나, 자폐스펙트럼이 있는 게 아니었던가?' 하고.

나는 자폐스펙트럼의 특징을 알게 되면서 내 안에 있는 신경다양성의 특징은 얼마나 되는지 종종 살펴보려 했고, 난독증의 특징을 배우면서 나에게도 난독증의 특징이 어느 정도 있는지 자세히 들여다보려 했다.

나는 정말 아무리 노력해도 노래 가사를 외우지 못하는 어려움을 가지고 있다. 존 레넌이 그랬던 것처럼. 나는 존 레넌도 그랬다는 걸 알고 나서는 마음이 편해졌다. 또, 나는 글을 읽는 속도가 무척 느리며, 정보를 정확히 이해하기 위해서는 '소리를 내어' 읽어보아야 한다. 가만 생각해 보면, 나는 학교 다닐 때 노트필기를 거의 하지 않았고, 주로 입으로 읽으며 외웠던 것 같다. 스트레스를 받는 상황에서는 글을 읽고도 잘 정리하거나 처리하지 못한다. 공부를 하거나 생각을 정리하기 위해서는 절대적인 고요함이 필요하며, 누가 옆에서 다리를 떨거나, 음악을 듣거나, 무엇을 마시거나, 이야기를 하면 전혀! 집중할 수가 없다. 나는 지명, 역사에 등장하는 인물명, 연도를 잘 외우지 못한다. 국사 시간이 무척 싫었는데 무조건 줄줄이 외워야 했던 수많은 연도와 이름들이 도무지 외워지지 않았기 때문이었다. 그렇다고 내가 역사를 싫어하는 것은 아니다. 사실 너무 좋아한다. 다만 학교에서 가르치는 무료한 방식의 수업이 싫었을 뿐이다. 나는 글 쓰는 것을 좋아하지만 두드러지는 난독증이 있는 나의 무척 시각적인 친구들처럼 머릿속에 글이 있지 않다. 그들은 마치 머릿속에 이미 다 쓰여 있는 글을 컴퓨터에 옮겨 적듯이 글을 쓰지만 나는 글을 쓰는 데 무척 시간이 오래 걸린다. 그리고 앞뒤 맥락이 안 맞기도 해서 쓰기만 하고 버리는 글이 무척 많다. 나는 논리적인 글을 쓰는 것이 쉽지 않다. 물론, 창의적인 것은 더더욱 어렵다.

언젠가 연말에 홈플러스 배송 기사님께 조그만 손 편지와 선물을 드린 적이 있었다. 나름 뿌듯해 하며 문 앞에 두었는데 그분이 고맙다며 그 선물 사진을 찍어 다시 내게 보내주셨다. 그런데! 나는 그 사진 속 다른 것은 전혀 보이지 않고 나의 글씨만 확대되어 보였다. 순간 너무나도 얼굴이 화끈거렸다. 거기엔 '홈플레스 배송 기사님께'라고 적혀 있었다. 나는 분명히 '홈플러스'라고 생각하면서 썼는데 대체 왜 '홈플레스'가 적혀 있는지 알 수가 없었다. 나는 글을 쓰고 난 후 여러 번 읽고 또 읽은 후 보내는 습관이 있다. 분명 '홈플레스'도 여러 번 읽었을 텐데 알아차리지 못한 것이 너무나 신기했다. 그러니 그때의 경우처럼 이전에도 분명, 내가 알아차리지 못했지만, 잘못 썼던 적이 꽤 있었을 것이라고 보는 편이 타당할 것이다.

수잔 햄프셔가 남편을 위해 손수건에 열심히 자수를 놓아주었는데 나중에 보니 자신이 생각했던 단어가 아닌 엉뚱한 단어가 적혀있었다고 했다. 그 경험에 대해 읽었을 때, 사실 난 공감이 좀 안 됐다. 어떻게 그게 가능한 일일까 하고서. 그런데 '홈플레스'의 그날 이후, 나는 수잔의 말을 완전히 이해할 수 있게 되었다. 그리고 나는 생각했다. 나에게도 약간의 난독증 특징이 있을 수는 있겠다고.

그리고 그때 이후로 나는 내 주위 사람들의 (내가 이전에 간과했던) 다양한 면을 다시 자세히 관찰(?)하고 있다. 그리고 나는 여전히 생각한다. '많은 사람이 조금씩은 난독증의 특징을 가지고 있을 수 있지….' 하고.

'아프니까 청춘이다'란 책이 한참 욕먹었을 때가 있다. 그런데 20대 청춘들에게 그 말이 왜 그토록 화가 날까 하고 곰곰이 생각해 본 적이 있다. 나는 내용 자체는 20대를 공감하고 토닥여주는 따듯한 책이라고 생각했는데, 흙수저가 써야 할 내용을 금수저가 썼기 때문에 욕을 먹은 것이라고 생각했다. 지금 미래가 막막하고 힘들게 된 것에 일조한 (금수저의) 기성세대가, 자존감과 희망이 바닥을 쳐서 어떤 새로운 사람을 만나는 것도, 새로운 일을 시작하는 것도 큰 용기가 필요한 청년에게, 그가 처한 상황이 진정 어떤지 잘 알지도 못하면서 어설프게 위로하느라고 '괜찮아, 아프니까 청춘이지….' 하면 화가 날 것도 같다.

난독증을 읽다

힘들어하는 사람들에게 예전에 나는 습관적으로 '힘내! 파이팅!' 같은 말을 하곤 했었다. 하지만, 힘을 낼 조금의 기력조차 없는데 그렇게 얘기하면 더 짜증이 난다는 말을 듣고 언젠가부터는 그런 말도 삼가고 있다.

난독증이 있는 사람들이 앞서 언급한 말을 정말 듣고 싶어 하지 않는 이유도 이런 비슷한 맥락일 것이다. 난독증이 얼마나 고통스럽고, 사회가 어떤 낙인을 찍는지 '진정으로' 알지 못하면서 '쉽게' 내뱉는 말이라 여기기 때문에 그런 것이 아닐까 생각한다. 마치 안경을 쓰는 내가 거의 전맹인 '한솔원샷'의 한솔 님께 '괜찮아요. 우리 대부분은 다 어느 정도는 시각장애인이니까요. 하하'라고 말하면 그의 기분은 어떨까? 너무 자명한 질문이라 헛웃음만 나온다.

그럼에도 불구하고, 나는 여전히 '난독증은 넓은 스펙트럼'이라고 생각한다.

난독증의
강점

어쩌면 다른 사람들은
나에게 한계를 씌우려 할지도 몰라.
하지만 나는 나에게 그러지 않을 거야.
－ 짐 캐리

● **시각적, 패턴적 사고**

난독증이 있는 사람들 중에는 무척 시각적인 사고가 뛰어나서 그림을 잘 그리거나, 의상이나 건축 디자인을 잘하고, 사진을 환상적으로 찍고, 수학 중에서도 특히 기하학을 쉬워하고, 조각을 잘하며, 레고를 잘 만들기도 하는 사람들이 많다.

스웨덴의 고텐버그 대학에서 순수미술이나 사진을 전공하는 학생들과 경제학, 법학을 전공하는 학생들을 대상으로 난독증 비율을 조사했는데, 결과는 15%:1%로 예술 전공 학생들의 비율이 월등히 높았다고 한다.[32] 창의적인 감각이 뛰어난 예술 전공생들과 일반 전공생들의 난독증 비율이 상당한 대조를 보이는 것을 알 수 있다. 이는 예술과 난독증의 관계가 무척 밀접하다는 것을 시사한다.

내 방에는 피카소의 그림이 한 점 걸려있는데, 나는 오랫동안 왜 그렇게 피카소가 유명한지, 피카소의 그림이 왜 그렇게 대단한지 알지 못했다. 그러다 어느 날 피카소가 난독증이 있었다는 것을 알게 되었다. 그래서 피카소가 사물을 어떻게 바라봤을지를 상상해 보게 되었다. 어쩌면 피카소가 어떤 인물을 본다면 옆, 위, 아래, 앞에서 본 모습과 멀리서 본 모습, 가까이서 본 모습 등을 아마도 앉은자리에서 동시에 떠올릴 수 있었을 것 같았다. 그러니 한 폭의 그림 속에 그 모든 것을 동시에 그려 넣었을 것이어서 그는 "나는 형체가 보이는 대로 그리는 것이 아니라 내가 생각하는 대로 그린다.I paint forms as I think them, not as I see them."라고 했을 것이다. 즉, 입체파로 대표되는 피카소는 사물을 밖에서 있는 그대로 바라보는 관찰자의 입장이 아니라 그것을 이해하기 위해 관찰자의 뇌 속으로 들어가 그림을 그렸던 것이다. 그리고 그 관찰자였던 자신의 뇌는 아마도 무척 다양한 이미지를 동시에 그리고 있었을 것이다.[33] 하지만 나 같은 사람에게는 도대체 코가 두 개고, 구도가 각각 다른 두 개의 눈을 가진 여성이 위에서 내려다보는 것 같은 의자에 앉은 그림이 당연히 이해되지 않았던 것이다.

내 맘대로 추측해 보건대 피카소의 그림을 극찬한 사람들은 어느 정도 난독증의 두뇌를 가지고 있지 않았을까?

● 큰 그림을 본다

난독증이 있는 사람들 중에 큰 그림을 잘 보는 사람들이 많다.

올해 70이 된 빌 게이츠는 정식으로 난독증이나 자폐, ADHD 등을 진단받은 적은 없다. 그가 대학에 다닐 때 ADHD란 말이 나오기 시작했으니 그가 어렸을 땐 전혀 들어본 적이 없었을 것이다. 자폐증이란 단어도 요즘에는 자폐스펙트럼으로 바뀌면서 무척 포괄적인 개념이 되었지만, 예전에는 사회생활이 거의 불가능할 만큼 심한 경우를 일컫는 무척 좁은 개념이었다. 지금까지는 그의 행동이나 어조 등의 밖으로 드러나는 모습만 가지고 그가 신경다양성의 특징이 있다고 짐작해왔다. 하지만 2025년 출간 예정인 그의 자서전에는 그가 직접 그의 신경다양성의 성향에 대해 언급했다고 한다.[34] 그가 어렸을 때 진단을 받았다면 아마도 자신에게는 ADHD와 자폐가 있었을 것이라고 말이다. 당연히 그 시절에 난독증에 대해서도 전혀 알지 못했을 것인데, 난독증이 있는 유명한 사람 명단에 자주 포함되고, 어떤 경우에는 그가 난독증 진단을 받았다고 명확하게 적혀있기도 하니 어느 정도는 근거가 있을 것으로 생각한다. 이런 빌 게이츠는 개인용 컴퓨터PC와 소프트웨어 시대를 열었고, 인터넷이라는 큰 그림을 그렸다. 인터넷이란 거대한 네트워크를 통해 글이 오고 가고, 거기에 커뮤니티가 생기며, 그곳에서 비슷한 사람들이 모일 수 있을 것이라는 생각을 거의 아무도 하지 못할 때, 그는 그런 그림을 그렸으며 결국 그런 세상이 되었다.

그 외에도 다른 많은 사업가들 중에 난독증이 정말 많다. 이케아 창업가 잉그바르 캄프라드, 버진그룹의 리처드 브랜슨, 월트 디즈니, 헨리 포드, 타미 힐피거 등 목록이 엄청나게 길어 이곳에 다 쓸 수 없을 정도다. 이들은 난독증의 '역경을 딛고' 사업가가 되었다기보다는, 난독증의 특징이 있었기 때문에 남들이 보지 못하는 걸 보고 사업을 할 수 있었다고 해야 더 맞는 표현일 것이다.

● 이야기를 잘한다

글을 읽고 이해하는 것은 힘들어도 귀로 들은 것은 믿기 힘들 정도로 잘 기억하고, 그것을 다른 사람에게 정말 흥미롭게 잘 전달하는 사람들을 연예계에서 종종 볼 수 있다. 아주 뛰어난 배우들 중에 난독증이 있는 사람들이 꽤 많다.

널리 알려진 배우들 중에는 우선 한국의 조달환 배우를 시작으로, 톰 크루즈, 제니퍼 애니스턴, 짐 캐리, 셰어, 앤서니 홉킨스, 더스틴 호프만, 헨리 윙클러, 옥타비아 스펜서, 우피 골드버그… 등이 있다. 이렇게 보면 어쩌면 난독증은 배우에게 반드시 필요한 자질이 아닌가 싶을 정도다.

● 끈기가 있다 / 창의력이 뛰어나다 / 기억력이 뛰어나다

우선 뇌에 대해서 잠시 얘기를 해야 하는데, 어려운 명칭이 많이 나오니 꼭 필요한 부분만, 아주 쉽게 이해해 보자.

뇌는 큰 뇌와 작은 뇌로 나뉜다. 우리가 보통 떠올리는 곱슬머리같이 생긴 뇌가 큰 뇌(대뇌), 그리고 그 뒤에 작은 혹처럼 붙어 있는 것이 작은 뇌(소뇌)다. 대뇌는 좌, 우로 반씩 나뉜다. 대부분의 경우는 좌뇌가 우뇌보다 조금 더 크다고 한다. 즉, 크기가 비대칭인 것이 일반적이라는 것이다. 좌뇌는 언어 학습에 주로 관여하고 단어의 직접적인 의미를 파악할 때 더 많이 쓰인다면, 우뇌는 언어 중에서도 은유적이고 다채로운 느낌을 이해하는 것과 관련이 깊다. 소뇌는 주로 운동신경과 관련이 있지만 글씨를 따라가며 빠르게 읽어내는 것도 운동신경과 관련이 있는 것이니 소뇌와 상관이 있다.

우리가 대뇌의 모든 걸 알 필요는 없지만, 종종 듣게 되는 뇌의 앞, 옆, 뒷부분인, 전두엽(글자 그대로 머리의 앞쪽에 있는 부분), 측두엽(머리의 옆에 있는 부분), 후두엽(머리의 뒤쪽에 있는 부분)은 기억할 필요가 있다. 이들 중 좌뇌의 전두엽은 주로 문장을 만들고 단어를 표현하는 데 관여한다면, 측두엽은 그 의미를 이해하는 것과 연관이 있다. 후두엽은 언어 외에도 주로 시각과 관련된 일을 한다.

즉, 사과가 눈앞에서 쓱 스쳐 가면, 후두엽에서 그걸 순간적으로 인식한 다음 뇌의 다른 위치로 빠르게 시각적 정보를 보내어 의미를 파악할 수 있게 해 준다. 물체뿐만 아니라, 한글이나 영어도 익숙한 단어들은 마치 사과를 볼 때처럼 애쓰지 않고 '자동적'으로 무엇인지 알아차린다. 물론 후두엽이 그걸 다 처리하는 건 아니지만 후두엽에서 우선 빠르게 단어를 인식해야 한다.

여기서 난독증이 있는 사람들의 뇌에 대해 얘기를 좀 해 보자. 난독증이 있는 사람들은 종종 좌뇌의 후두엽과 소뇌가 활성화가 잘 안 된다고 한다. 그러니 글을 읽고 빨리빨리 인식하고, 기억도 빨리 해내고, 의미도 빨리빨리 파악하고 싶은데 그 '빨리'가 잘 안 된다. 왜냐하면 앞서 말했듯이 난독증은 해안도로를 타고 다니기 때문이다. 그 해안도로는 우뇌에 있다. 좌뇌의 후두엽이 활성화가 빨리 잘 안 되니, 우뇌라는 조금 먼 경로를 통해서 글(자)의 의미를 파악하는 것에 익숙해진다. 항상 좀 더 오래 걸리는 경로를 통해서 일을 처리해야 하는데, 사회나 학교는 그에 맞지 않게 빠른 답을 요구하거나, 경치를 보지 말고 도로만 보고 운전하기를 가르친다. 하지만 그러한 요구에 부응하기 위해 끊임없이 노력하다 보면 강화된 '끈기'로 보상받게 될 것이다. 에디슨이나 아인슈타인 같은 과학자, 수학자, 발명가들, 일론 머스크와 빌 게이츠 같은 사업가들, 포기하지 않고 거절을 거절로 인정하지 않은 작가들과 배우들. 앞서 얘기했던 노태권 님도 난독증 '덕분에' 꾸준하고 집요하게 한 가지에 몰두할 수 있었을 것이다.

또한, 해안도로밖에 길이 없어서 둘러 가는 것이 너무 답답하면, 이들은 산을 둘러 가지 않고 터널을 뚫거나, 그 위로 헬기나 드론을 띄우는 방법, 한 번 가서 한꺼번에 일을 다 처리하는 방법, 직접 가지 않고 AI를 보내는 방법 등 아주 창의적인 방법을 고안하려고 노력할 것이다. 그래서인지 이들 중에는 무척 '창의적'이고 '상상력이 풍부'한 사람들이 많다. 분명 태어날 때부터 이런 성향이 이미 강했겠지만, 이를 억압하는 환경에서 자라지 않는다면 이 성향은 점점 더 짙어질 것이다.

주위의 지형지물에 관심 없이 오로지 빠르게 목적지에 도달하기만 하면 된다는 생각으로 내비의 말을 착실히 듣고 간 사람은 다음에 다시 같은 곳에 가려면 또다시 내비의 도움을 받아야만 할 것이고, 가는 길에 무엇을 봤는지도 잘 기억하지 못할 것이다. 하지만 내비가 아닌 지도를 펴 들고, 우뇌의 해안도로를 타고 간 사람은 목적지에 느리게는 도착했지만 가는 길에 본 정말로 많은 것을 아주 오랫동안 잘 '기억'하고 있을 것이다. 이들은 빨리빨리 다음 시험에 나오는 단원을 빠르게 공부하고 외워서 시험 점수를 백 점 받는 것에는 불리하겠지만, 한 번 제대로 익힌 내용은 잊어버리지 않고 계속해서 기억해 나중에도 백 점을 받을 것이다.

일론 머스크는 자신이 사진과 같은 기억력을 가지고 있느냐는 질문에 대해, '어떤 분야에서는 그렇다'라고 했다.[35] 무척 '좋은 기억력이 있다'는 것을 부인하지 않은 것이다. 일론은 어떤 새로운 정보를 이미 알고 있는 개념에 연결하거나, 그 개념들끼리 연결하는 것을 무척 잘한다고 한다. 이것 역시 우뇌의 우수한 부분이다. 그렇다고 난독증이 있는 모든 사람들이 일론과 같은 기억력이 있는 것은 아니다. 난독증이 없는 사람들의 기억력도 천차만별인 것처럼.

난독증의 두뇌는 글에 갇힌 세계가 아닌 이미지적, 패턴적, 다양한 감각이 어우러진 세상에 더 익숙한 것 같다. 당연히 머릿속에 새로운 물건, 이야기, 그림, 요리 등을 구상하고 그려보는 게 더 쉬울 것이다.

난독증이 있는 사람들이 대부분 이렇게 우뇌에 많이 의지하는 것을 보니 우뇌가 더 발달했나 보다 하고 생각할 것이다. 정말로 난독증이 있는 사람들은 뇌가 대칭인 경우가 많다고 한다. 즉, 우뇌가 대부분의 사람들보다 조금 더 크다는 것이다. 그렇다면 그들은 원래 우뇌가 그렇게 발달하였기 때문에 더 창의적이고 시각적인 것일까? 아니면 좌뇌의 특정 부분이 활성화가 잘 되지 않는 것을 보상하기 위해서 우뇌가 더욱 발달한 걸까? 이건 학자들과 의사들의 영역이겠지만 아주 어린아이들도 이미 자신의 성향을 보여주는 것으로 보아 나는 대부분은 선천적인 것이라 생각한다. 노력을 많이 하면 창의력이 향상된다고 하는데 대부분은 타고나는 것이라고 생각한다. 다만 타고난 창의적인 뇌가 자유롭게 최대치로 발현될 건지, 아니면 아주 억제될 건지는 양육 환경에 달렸을 것이다. 내가 재능을 타고나지 않았는데, 죽도록 노력한다면 스티브 잡스, 파블로 피카소, 장기하, 백남준처럼 될 수 있을까? 궁금하다. 나는 가끔 팝아트를 예술의 장르로 만들어 낸 앤디 워홀의 우뇌를 잠시라도 빌려 보고 싶은 마음이 든다.

● 책을 빨리 읽고 정보를 빠르게 처리한다

호주의 작가이자 생태학자인 재키 프렌치는 자신은 난독증이 있지만 책을 몹시 빨리 읽을 수 있으며, 그 읽은 정보를 빠르게 처리할 수도 있다고 한다.[36] 일론 머스크와 빌 게이츠도 책을 빨리 읽는 걸로 유명하다. 내 주위에 난독증이 있는 사람들 중에는 물론 책을 멀리하여 아예 읽지 않는 사람들도 있지만, 책과 무척 밀접한 일을 하고 빠른 속도로 책을 읽고 그 내용을 잘 기억하는 사람들이 많다. 반복해서 얘기하지만, 난독증이 없다고 해서 책을 좋아하거나 많이 읽는 것도 아니고, 그 반대도 사실이 아니라는 것을 꼭 기억하자.

난독증이라고 하면 다들 글을 읽지 못하고 느리게 읽는 것만 떠올릴 것이다. 하지만 난독증은 단어 하나하나를 단독으로 인식하는

난독증을 읽다

것이나, 정확한 스펠링을 기억하고 쓰는 것에 어려움이 있을 수는 있어도, '문맥' 속에서의 내용은 매우 빨리 파악하는 사람들이 많다.

좌뇌의 후두엽이 활성화가 덜 되면 단어를 빠르게 자동으로 인식하는 데 시간이 오래 걸릴 수 있지만, 적절한 조기중재를 하거나 꾸준히 읽기 훈련을 하다 보면 후천적으로 그 부위가 활성화된다고 한다. 난독증이 없는 사람이 훈련을 많이 했을 때보다는 조금 덜 발달할지는 모르지만 그래도 어쨌든, 글자를 읽는 것은 훈련하면 할수록 그 부족한 부분도 강화된다는 것이다. 그렇기 때문에 난독증이 있다는 것을 알게 되었을 때 조기에 중재하는 것이 무척 중요한 것이다.

● 사람들과의 관계를 무척 잘 맺고 유지한다

난독증이 있는 사람들 중엔 글을 잘 읽는지 없는지 알아차릴 시간도 없을 정도로 늘 분주하게 뭔가를 하고 있는 사람들이 가끔 있다. 아이들 가운데는 선생님이 들어오시기 전에 벌떡 일어나 선생님 책상을 정리하고, 프린트물을 옆 반에 갖다주고 와야 하면 얼른 일어나 자진해서 바로 다녀오고, 몸이 안 좋은 친구가 있으면 금세 그 친구와 양호실에 가고 돌아오는 길에 윗반 선생님 무거운 짐을 나눠서 들어다 드리고, 밥을 잘 못 먹는 친구를 위해 맛있는 반찬을 싸 와서 나눠주고, 하굣길에 친구 어머니 가게를 지나치지 못하고 일을 거들어 드리고… 아무튼 예를 든 것처럼 이렇게 늘 동에 번쩍 서에 번쩍하면서 바쁘게 사람들과의 사이에서 뭔가를 도와주고, 해결해 주고, 이어주고 하는 무척 바지런하고 싹싹한 사람들이 있다.

이런 성향은 어떻게든 글을 읽는 상황에서 벗어나고, 선생님을 포함한 어른들에게서 글을 읽는 것 외에 다른 것으로 보상받으려고 하다 보니 더욱 발달하게 되는 것 같다.

"우리 ○○이는 정말 마음이 따뜻해서 친구를 잘 챙기는구나!"

"○○이는 정말 요리 솜씨가 좋구나."

"○○이 덕분에 친구들이 오해도 풀고 서로 잘 지내게 되었구나, 넌 정말 타고난 리더구나."

이들의 이런 강점은 큰 그림을 보는 그들의 또 다른 강점과 더불어 사업을 하기에 정말 좋은 특성이다. 내가 대학 동창에게 언젠가 그랬다. "너는 영어도 다 까먹고, 컴퓨터 프로그램도 잘 못 다루고, 이제 어쩌냐?" "뭘 어째? 그런 걸 할 줄 아는 사람들 중에 가장 유능한 사람들 뽑아서 시키면 되지!" 그렇다. 난독증이 있다고 뭐 움츠러들 필요가 없겠다. 본인이 사장이 되어서 자신이 부족한 부분은 그 분야에서 제일 잘하는 사람이 대신하게 하면 되니까.

난독증을 읽다

난독증의
약점

(마서스 비니어드(Martha's Vineyard) 섬에서는)
들을 수 없음은 결여나 손상의 의미가 아닌,
다른 목소리가 된다.

— 이길보라(영화감독, 작가)

● **글이 많은 텍스트를 어려워한다 / 글을 느리게 읽는다**

글을 빨리 읽는다더니 이번엔 글을 느리게 읽는다니 이게 무슨 이율배반적인 말인가? 하지만 어쩌랴. 사실인 것을.

좌뇌의 후두엽이 활성화되도록 충분히 후천적으로 훈련을 하지 않으면 아무래도 책 읽는 속도가 느릴 수밖에 없지 않을까 싶다. 하지만 앞에서는 문맥이 있는 글을 통으로 빠르게 인식해서 읽는 사람들이 있다는 얘기를 했다. 난독증을 얘기할 때는 문맥이 있고 없고가 매우 중요한 요소다.

글자체가 너무 화려하거나, 폰트 크기가 작고, 글과 글 사이의 간격이 좁으면 더욱 읽기를 어려워하기도 한다. 줄을 자주 건너뛰고 읽거나, 읽고 싶은 마음이 들지 않거나, 조금 읽고는 머리가 아프다고도 한다.

글이 많아서 읽기를 불편해하는 사람들 중에는 오디오북으로, 혹은 텍스트를 읽어주는 기능으로 내용을 들으면서 읽거나, 아니면 듣기만 하는 사람들도 있다. 난독증이 있는 사람들을 자꾸만 하나의 틀에 묶어서 규정짓고 싶겠지만, 그건 가능하지 않다.

토드 로즈는 《평균의 종말》에서 평균이란 것은 존재하지 않는다는 걸 아주 설득력 있게 주장했다. 하지만 나는 솔직히 그 책을 읽으면서도 계속 '그래도 평균은 있지 않을까…' 하는 생각을 했다. 그런데 나의 이런 의구심을 한 방에 떨쳐버린 생각이 있었다. 그건 바로 내가 '난독증이 없는 평균적인 사람들의 일반적인 특성은 무엇일까' 하고 떠올리려 하면서다. 수많은 '난독증이 없는' 사람들이 떠올랐지만 그들의 평균적인 공통점이 무엇인지, 나는 도무지 알 수가 없었다. 나는 아주 오랫동안 '평균'이란 말을 아무렇지 않게 당연시하며 써 왔지만 '난독증이 없는 사람들'의 평균값을 구하지는 못했다.

● 방향·운동 감각이 떨어진다

난독증이 있는 사람들 중에 오른쪽과 왼쪽이 헷갈리는 사람들이 굉장히 많다. 택시에서 우회전, 좌회전이라고 말할 때 머릿속에 있는 것과 반대로 얘기하기도 하고, 상대에게 길을 가르쳐 줄 때 손은 오른쪽을 향하면서 말은 반대로 하기도 하고, 지도를 보고 제대로 방향을 말하는 걸 몹시 어려워하고, 나사를 조이고 푸는 방향을 늘 헷갈리기도 한다. 한글을 처음 배울 때 좌우 모양에 따라 글이 달라지는 ㅓ, ㅏ를 자주 헷갈려하고, 영어는 b와 d를 유독 많이 헷갈려한다.

이런 것은 단지 계속 반복한다고 쉬워지지 않는 것 같다. 아무리 같은 방법으로 오른쪽, 왼쪽, 동서남북, b, d를 반복적으로 가르쳐 줘 봐야 큰 효과가 없다는 말이다. 호주에서 어떤 사람은 동서남북의 방향을 찾아야 할 때, 항상 손가락을 위에서 오른쪽으로 다이아몬드 모양을 그리며 내려오면서 Never Eat Soggy Weet-bix (절대 불어버린 위트빅스-호주에서 우유를 부어 자주 아침 식사로 먹는 것-는 먹지 마)라고 말하고는 방향을 찾았다.(North 북, East 동, South 남, West 서) 그리고 왼쪽과 오른쪽을 찾을 때도 왼손 엄지와 검지로 L자를 만들어 펴서 확인 후, 이쪽이 'Left'(왼쪽)하고 재차 확인하기도 했다. 이런 모습을 친하면 보여주겠지만 그렇지 않으면 혼자 속으로만 말하고 자신이 헷갈려하는 걸 들키지 않을 것이다. 그러니 이런 것들을 헷갈려하는 사람이 있으면 기억하기 쉽도록 '다른 방식'으로 가르쳐주면 될 것이다.

에스피엘디SpLD(특정 학습 장애)의 하위 영역으로 '디스프렉시아dyspraxia'가 있다. 한국어로는 '발달 운동 조정 장애, 운동 협응 장애, 통합 운동 장애, 실행 장애' 등으로 불리는데 '미세한 동작'을 조정함에 어려움을 겪는 것을 말한다. 역시 한국에선 이 모든 용어에 '장애'가 붙는다. 하지만 우리는 '운동 협응의 어려움'이라고 하자.

설명을 덧붙이자면, '운동 협응의 어려움'이 있으면 뛸 때 팔과 다리가 뭔가 살짝 리듬이 어긋나게 흔들리는 것처럼 보이고, 젓가락질뿐 아니라 연필도 잘 잡지 못한다. 이들은 연필을 잘 잡지 못하여 글씨가 악필인 경우가 많다. 그들만의 방식으로 잡지만 약간 어설프게 잡는 것처럼 보이고, '바르게' 잡도록 가르치기가 무척 힘들다. 아주 많은 이들이 신발 끈을 못 묶는 건 아닌데 자주 푼 채 다닌다. 신발 끈 묶는 것이 다른 이들에 비해 조금 더 많은 에너지를 소모하기 때문인 것 같다. 어떤 이는 가만히 서 있는 축구공도 잘 맞추지 못하고, 줄넘기도 잘하지 못하였는데 혹자는 '대체 그런 것을 하면서 에너지를 소모할 이유를 찾을 수가 없다'라고 하기도 했다.

물론, '운동 협응'이 좀 어렵다고 하더라도, 어떤 스포츠라도 꾸준히 하면 훨씬 나아질 것이고, 새로이 시작하는 운동보다는 훨씬 더 잘할 수 있을 것이다.

● 순차적인 일을 어려워한다

어떤 부인이 그랬다. 자신은 한 번 외출하면 동선에 맞춰서 여러 가지 일을 순서대로 다 처리하고 집으로 돌아오는 반면, 남편은 외출하면 거의 항상 한 번에 한 가지 일만 처리하고 돌아오는데, 한 번에 몇 가지를 부탁하면 너무 스트레스를 받는다고 말이다.

밖에서 사람을 만나고 영업을 하거나 말을 하는 건 너무 즐겁고 체질에 잘 맞는데, 사무실에 앉아서 숫자로 가득한 서류를 보고 순차적으로 뭔가를 입력하고, 주문하고, 처리해야 하면 미칠 것 같다고 하는 사람들도 있었다.

어떤 사람들은 절대로 요리법을 보고 순서대로 따라 하는 일은 하지 않았으며 항상 자신이 생각하는 대로 만들었다. 그들은 요리법을 순서대로 따라 하는 것이 필요 없다고 말하지만, 실은 그런 것이 조금 (많이) 서툴러서 일 수도 있다.

영국의 굉장히 유명한 요리사 중에 '제이미 올리버'가 있는데, 난독증이 있는 그도 혹시 처음 요리할 때 요리법을 보고 따라 하지 않고, 맛을 보고 머릿속에서 그림을 그리며 만들었을까, 누군가가 만드는 것을 기억해서 머릿속에서 영화처럼 돌리면서 보며 만들었을까, 궁금하다.

● 소리로 정보를 듣고 처리하는 것이 힘들 수도 있다

코로나 팬데믹 기간 동안 심심해서 집 마당에 돌아다니는 나무 토막들을 쓱싹쓱싹해서 조각품을 만든 분이 계셨다. 집 안 곳곳에 비슷한 디자인으로 여러 개가 진열되어 있었기에 나는 당연히 어떤 유명 조각가의 작품 컬렉션이라고 생각했다. 그런데 아니었다. 밖에서 배추밭을 정리하시던 주인분의 작품이라고 했다. 그분은 평소에도 거의 말수가 없으셨다. 하루 종일 한마디 할까 말까 한 분이셨다.

나는 오래전 아주 잠시 그분께 영어를 가르친 적이 있었다. 발음을 가르쳐야 하는데 우선 O와 O'(자음에 '으' 소리가 붙은 것과 아닌 것의) 발음이 다르다는 게 인식이 되어야 그걸 흉내를 내든 연습을 하든 할 텐데, 그분은 매번 그 차이가 들리지 않는다고 하셨다.

"자, 잘 들어보세요. '데스크' '데<u>스</u>크' 소리가 다른 게 들리시죠?"

"……"

"자 다시 들어보세요. '데.스.크' '데<u>스</u>크'?"

"……"

"아, 그럼 이번엔 '콜드' '콜<u>ㄷ</u>'?"

"……"

"차이점이 느껴지세요?"

"똑같이 들리는데요?"

258   난독증을 읽다

결국 나는 그분께 발음을 제대로 가르쳐 드리지 못했다. 물론, 수업을 거의 못한 것이 더 큰 이유이긴 하겠지만.

난독증 중에는 보고 읽기는 잘하는데 '청각적' 음소 처리가 힘든 사람들이 있다. 이들은 청각에 문제가 있는 것도 아닌데, 귀로 음소를 구분하는 데 어려움이 있다. 이들은 전화상으로 말을 듣는 것을 몹시 불편해하고, 말귀를 잘 못 알아듣기도 하고, 종종 들은 말을 반복해서 물어보기도 한다. 소리로 들은 정보를 반드시 글로 다시 정리하지 않으면 처리가 잘되지 않는 것도 같다.

이들 중에는 노래의 음을 잘 따라 하지 못하는 음치들도 많다. 영어 발음이 어렵고, 흔히 인토네이션이라고 하는 높낮이를 따라 하는 것이 예상 외로 너무 힘들거나 잘 늘지 않는 경우가 있는데 그 중엔 애매한 음치인 분들도 꽤 계셨다. 영어를 포기하지 않고 오랫동안 꾸준히 하다 보면 영어의 발음과 높낮이가 향상되었는데 신기하게도, 그들의 음치도 같이 교정이 되었다. 애매하게 음치라면 톤이 중요한 언어 공부를 열심히 오랫동안 해보는 것도 한 방법일 듯하다.

● **문맥이 없으면 글자와 숫자가 헷갈린다**

대체 글자가 왜 헷갈리는지 이해가 안 되는 사람이 많을 것이라 생각한다. 나는 그것에 대해 어려운 뇌과학자의 설명 없이 혼자 이해해 보려 노력했는데 앞에서 이미 언급했듯이, 나의 결론은 그들은 입체적인 사고가 너무나도 쉬워서 그렇다는 것이다.

'b, d, p, q, u, n'은 평면에 놓고 볼 때는 완전히 다른 모양이지만 입체적으로(무중력 공간에 그 글자들이 떠다는 것처럼) 놓고 보면 다 같은 모양을 위아래로 뒤집어 놓거나, 좌우로 돌려놓은 모양과 같다. 그러니 이런 영어 글자 모양 외에도 6이나 9와 같은 숫자나, 한글의 ㅓ, ㅏ, ㅗ, ㅜ나 ✕, + 같은 글자나 기호들이 헷갈리는 게 당연한 것이 아닌가 하고 이해가 되었다.

이들은 단어를 읽을 때도 차례차례 철자를 읽는 게 아니라, 전체를 보려고 하는 경향이 있다. 따라서 한 단어 안에 들어 있는 철자의 순서를 뒤죽박죽 섞는 일이 종종 있다. 게다가 종종 자신이 잘못 읽었는지도 잘 인지하지 못한다.

spaghetti(스파게티) → pasghetti(파스게티)

elephant(엘리펀트) → ephelant(에펄런트)

animal(애니멀) → aminal(애미널)

helicopter(헬리캅터) → helipopter(헬리팝터)

지금까지 살펴본 바와 같이, 난독증의 어려움은 단순히 글을 읽고 쓰는 데 그치지 않고, 일상적인 정보 처리와 운동 능력에도 영향을 미친다. 또한 이러한 어려움은 어느 순간 완전히 사라지는 것이 아니라, 평생 함께 타협하며 살아가야 하는 동반자인 것이다. 그러나 이러한 약점이 난독증이 있는 사람들의 지적 능력이나 창의성을 제한하지는 않는다. 오히려, 앞서 여러 차례 강조했듯이 난독증이 있는 사람들은 독특한 사고 방식과 문제 해결 능력을 통해 다양한 분야에서 성공한 사례가 많다.

난독증의 어려움은 충분한 이해와 지원을 통해 극복할 수 있으며, 이를 통해 그들은 잠재력을 최대한 발휘할 수도 있다. 그렇기 때문에 난독증은 약점이 아니라 또 다른 방식의 배움과 사고의 출발점이 될 수 있다는 것을 이해하는 것이 중요하다. 난독증은 열등한 것이 아니라 단지 다를 뿐이지만, 현 교육 시스템과 낮은 사회적 인식 속에서는 많은 어려움에 부딪힐 수밖에 없다. 이 점을 온전히 인식해야 다양한 지원 전략과 방법에 대하여 제대로 된 논의가 진행될 수 있을 것이다.

3부

조각보와 퀼트의 시대

난독증의
좌표

방황하는 모든 이들이 길을 잃은 것은 아니다.

– J. R. R. 톨킨

● 멀티리터러시로 각개약진

강준만 교수가 2009년에 쓴 《입시전쟁 잔혹사》라는 책을 보면 한국의 교육이 조선시대부터 지금까지 어떻게 변해왔는지, 어떻게 변화하고자 시도했으며, 왜 매번 실패했는지를 잘 알 수 있다.

나는 한국의 미친 사교육이 아이들을 힘들게 한 것이 1990년대 이후부터 시작되었다는 순진한 생각을 하고 있었다. 하지만 책에서는 "1955~56년경 국민학교 5, 6학년 학생들은 월 100여 시간의 과외수업을 받느라 아침 6시에 등교해 저녁 7시가 되어서 교문을 나와야 했다"라고 했다. 그리고 우리의 목숨을 걸 듯한 교육에 대한 '열정'과 그에 버금가는 '비리'는 조선시대까지 거슬러 올라간다고 했다. 이런 우리의 오랜 시간 동안의 치열한 교육에 대한 서사를 풀어가는 동안 강 교수는 여러 번 '각개약진'이란 말을 썼다. 각개약진은 군대에서 쓰는 용어인데, 한국의 교육사를 다룬 책에서 반복적으로 들으니 정말 한국의 교육은 전투와 같다고 생각하지 않을 수 없었다.

예전에 한국의 일부에서는 경기중학교에서부터 경기고, 서울대학교 출신이 아니면 '저능아'로 공공연하게 취급당하곤 했다고도 한다. 지금 학계의 대가로 활동하는 분들도 당시에 그런 '저능아'로 취급받기도 했었다고 한다. 이런 가슴이 답답해지는 문장들을 보며 나는 한편으로는 안도하기도 했다. '난독증'만 '저능아' 취급하고 무시한 게 아니라 뭔가 정해진 대로 사다리를 타고 빨리 올라가지 못하면 아주 똑똑하고 유능한 사람들도 저능아 취급했던 긴 역사가 있었다니 말이다. 그러니 '난독증'을 그렇게 부정적으로 생각하고 대하는 것에 크게 마음 쓰지 않아도 되겠다는 위안은 됐다.

한국의 교육 시스템이 완벽하지 않고, 문제가 많이 있긴 하다. 하지만 내가 살다 온 호주에도 허점과 비리는 무척 많았다. 다만 아주 깊이 숨겨져 있어서 쉽게 눈에 띄지 않았을 뿐이었다. 사람들은 한국 사회가 부조리하고 썩었다고 생각하지만 나는 대부분의 다른 사회들도 그렇다고 생각한다.

호주에 살던 때 내 주위에는 최고의 사립학교를 나온 이들이 여럿 있었는데, 이들은 (형편없는) 성적과는 전혀 상관없이 최고의 회사에 들어가고, 그 학교 동문의 회사에 들어갔다. 우리도 예전에는 낙하산이라고 대놓고 인맥으로 입사하는 사람들이 있었다. 그런데 호주에는 내정자가 있다는 걸 알 사람은 뻔히 다 아는데도 버젓이 그 직책을 공모했다. 그리고 수많은 사람들이 지원하고, 서류와 인터뷰를 거치며 모두 다 떨어졌다.

우리는 어쩌면 강 교수가 말하듯 사회를 지탱하는 교육의 큰 틀을 바꾸지 못할지도 모른다. 하지만 조금 더 다양한 선수들이 같은 경기에 참여할 수 있도록은 해 줄 수 있을 것이라 생각한다.

나는 난독증이 있는 사람들이 자신에게 불리한 방식으로 교육받거나, 제대로 교육을 받지 못해 게임에 뛸 수조차 없는 상황에 처하지 않기를 바란다. 축구 경기에 비유하자면, 우리는 모두 어떤 방식으로든 그 경기의 규칙을 배울 수는 있어야 하고, 모두가 경기에 참여는 할 수 있는 사회가 되어야 한다. '신발 끈도 못 묶는 주제에 무슨 축구냐?'가 아니라 '(신발 끈 묶는 것과 축구는 별개야.) 신발 끈은 내가 묶어 줄게. 너는 축구를 한번 해 봐.'라고 해야 한다.

그런 편견 없고 모두가 참여하고 배우는 교육과 사회가 되기 위

난독증을 읽다

해서 선행되어야 할 것이 있다. 바로 다양한 디지털 매체를 통한 정보의 수집과 이해(디지털 리터러시)도 기존의 텍스트 기반 문해력과 동등하게 대우받아야 한다. '멀티리터러시Multiliteracy[*]'가 서둘러 문해력의 일반적인 정의가 되기를 바란다.

나는 대한민국이 아직은 '각자도생'만은 아니라고 믿는다. 변화가 느려 보이지만, 우리는 모두 다양한 '멀티리터러시'를 향하여 함께 나아가고 있다고 믿는다.

● 악의 없는 낙인

바네사는 뉴질랜드에서 난독증을 포함한 신경다양성 관련 상담을 하고 유튜브 채널도 운영하고 있다.[37]

그녀는 난독증이 있는 아들이 있는데 그가 어렸을 때 바네사는 "아니야, 할 수 있어!" "그건 부끄러운 게 아니야. 사람들에게 속일 필요가 없어… 자신감을 가져…." "넌 멍청하지 않아. 당연히 할 수 있어!" 등등의 말을 했고 그건 그녀의 '진심'이었다.

그런데 시간이 흐르면서 아들의 증상들이 자신에게도 평생 있

---

[*] 멀티리터러시(다중 문해력)는 다양한 맥락에서 여러 형태의 문해력과 의사소통을 이해하고 효과적으로 사용할 수 있는 능력. 전통적인 문해력(읽기와 쓰기), 디지털 문해력(기술과 디지털 미디어 사용), 시각적 문해력(이미지와 시각적 자료 해석) 및 기타 의사소통 형태를 포함한다. (출처: 위키피디아)

어왔음을 깨달았다. 그녀에게도 난독증과 ADHD가 있었던 것이다. 물론, 그것은 '부끄러운 것이 아니며, 사람들에게 감출 필요도 없었지만' 그녀는 6개월이 넘도록 그 사실을 아무에게도 말하지 않았다. 아이러니하게도 자신은 '부끄러웠기 때문'이었다. 그녀는 자신에게 난독증이 있다는 걸 사람들이 알기를 원치 않았다. 나름 편견이 없고 열린 마음을 가지고 있다고 생각했던 바네사였지만 자신의 난독증을 '철저하게' 남들에게 숨겼다.

그녀는 그런 사실을 왜 숨겼을까?

당연히 사회가 난독증과 신경다양성에 대한 '편견'과 '낙인'을 아직도 많이 가지고 있기 때문이었을 것이다. 나는 수많은 '바네사'를 봐왔다. 다른 사람이 글을 잘 못 읽으면 '괜찮아. 요즘은 공부 잘한다고 다 잘되는 것도 아닌데 뭐' 하던 사람도 자기 아이가 글을 (잘) 못 읽으면 '너, 그래도 사람 구실은 하고 살아야 할 것 아니야?!' 하면서, 무슨 수를 써서라도 반드시 글을 잘 읽게 만들어야 하며, 아이의 '치부'를 절대! 들키지 않기를 간절히 소원한다.

바네사 자신은 모르고 있었지만 '자신의 무의식'은 '난독증이 있는 사람들'에게 이미 오랫동안 '낙인'을 찍어왔던 것이었다. 자신에게 난독증이 있음을 알고 난 후에야 자신의 그런 생각을 알아차렸던 것뿐.

많은 사람들이 난독증을 '글치'나 '언어치'라고 생각하고, 난독증은 글을 읽지 못하는 어떤 특정하고 독립적인 '병'이라고 생각한다. 하지만 난독증이 있는 경우에 정말 글을 읽지 못하는 경우는 극히 드물다. 문자를 읽을 때 뇌의 특정 부위가 자동으로 활성화가 잘되지 않아서 문자 인식이 어려운 것은 맞지만, 그것을 장애나 병으로 인식해야 할까? 그렇다면 그들의 우뇌가 월등히 발달한 것도 장애인가? '평균'의 범위를 벗어나 훨씬 더 시각적인 사람들도 모두 비정상, 장애인가? 한쪽이 월등하면 다른 어떤 부분은 조금 부족할 수도 있는 것이 당연한 것 아닌가?

난독증은 많은 경우 ADHD, 자폐스펙트럼, 산술장애, 쓰기장애, 그리고 운동 협응의 어려움 등이 서로 느슨하거나 밀접하게 연결되어 있는데, 이해하기 쉽게 비유를 해보자면 누군가는 ADHD 7: 난독증 2: 운동 협응의 어려움 1, 다른 누군가는 난독증 8: 자폐스펙트럼 2, 또 다른 누군가는 자폐스펙트럼 7: 난독증 2: 산술장애 1의 비율로 드러나거나 한다는 말이다. 따라서, 난독증을 독립적으로 볼 것이 아니라 '신경다양성'의 한 측면으로 이해하는 것이 더 맞을 듯하다. 어떤 종류를 어떤 비율로 섞느냐에 따라 다양하고 멋진 칵테일이 만들어지듯 각기 다른 신경다양성의 조합도 스펙트럼상에서 존재한다. 사실 이 세상의 거의 어떤 것도 흑과 백으로 나뉘지 않는다. 스펙트럼상에 존재하지 않는 것은 거의 없을 것이다.

만약 이 세상에, 3차원의 입체적이고 시각적인 사고에 뛰어나고, 아이디어가 늘 넘쳐나며, 공감각이 발달하고, 공간지능도 훌륭하고 큰 그림을 보는 것에 뛰어난 '신경다양인*'만 있다면 더 살기 좋은 세상이 될까? 일을 순차적으로, 체계적으로 잘하지도 못하고, 시간 관리도 어렵고, 부분을 자세히 잘 보지 못하는 사람들만 있다면 어쩌면 카오스에 빠질지도 모른다.

그렇다면 '신경전형인'만 있다면? 그럼, 예술도, 발명도, 아름다운 건축도, 획기적인 변화도 없는 밋밋하고 심심한 흑백의 세상에서 살게 될지도 모른다. 그렇다, '신경다양인'은 질서 정연하지만 흑백인 세상에 컬러와 향기를 더해주는 사람들이다. 우리는 공존해야 하며, 둘 중 한쪽이 절대 우월하거나 열등하지 않다. 현대인들은 (대체로) 여성과 남성을 차별하지 않고, 헤어 디자이너와 화가를 무시하지 않으며, 오른손잡이가 왼손잡이를 구박하지도 않는다. 이는 이들 모두가 단지 다른 것이며, 각각의 장점과 (열등하지 않은) 맡은 바가 있다는 것을 당연하게 받아들인다는 뜻이다.

그렇다면 '신경다양인'들이 숨겨왔던 가면을 벗을 수 있도록 '신경전형인'들은 옆에서 용기를 주어야 할까? 그보다는 오히려,

---

* 신경다양인neurodivergent은 자폐스펙트럼, ADHD, 난독증 등 다양한 신경학적 차이를 가진 사람들을 의미하는 용어다. 신경전형인neurotypical은 신경다양인에 대한 상대 개념으로 쓸 때 사용되며, 신경학적 발달과 기능이 대부분의 사람들과 동일한 방식으로 이루어진 사람들을 지칭한다. 신경다양인은 서양에서는 아주 흔히 쓰이는 말이다.

난독증을 읽다

'신경다양인'들이 스스로 가면을 편히 벗을 수 있는, 그 일이 힘들게 용기를 내어야 할 일이 아니어도 되는, 아니 애초에 숨기거나 가면 따위는 쓰지 않아도 될 그런 사회가 되어야 할 것이다. 그러려면, '글로 생각하는 것'과 '이미지로 생각하는 것'에 우열이 없다는 것을 이해하고, 다양한 리터러시 접근성을 보장하고 지원하는 것이 먼저일 것이다. 무엇보다 사람들을 이분법적으로 나누어 의도적이든 의도적이지 않든 낙인을 찍는 것부터 경계하고 피해야 한다.

● 몰라서 아무것도 하지 않았을 뿐

우리는 너무 많은 것을 모른다. 몰라서 못 한 것, 몰라서 안 한 것이 정말 많다. 조금만 더 알았더라면 다르게 했을 것들인데 말이다.

나는 수어에 대해 무한한 애정을 가지고 있었지만 수어가 손으로, 얼굴 표정으로 음성 언어를 대신한다는 것 외에는 거의 아는 게 없었다. 나는 수어를 쓰는 사람들이 당연히 한국어를 알 거라고 생각해 본 적도 없었지만, 그렇다고 모를 거라고 생각해 본 적도 없었다. 은연중에 그들도 한국인이니 한국어를 알 거라고 생각했다. 그런데 가만히 생각해 보니, 듣지 못하는 농인들은 한국어를 한 번도 들어본 적이 없을 것이고, 당연히 그들에게 한국어는 '청인' 한국인들이 한 번도 들어보지 못한 완전히 새로운 외국어와 별반 다르지 않을 것이었다. 농인들이 한글로 된 글을 아무렇지 않게 읽고, 쓰고, 이해하는 것은, 청인들이 문법이 어떻고, 소리가 어떻게 나는지도 모르는 단어로 이루어진 외국어를 배워서 알게 되는 것에 가깝다. 이길보라 작가가 자신의 부모님에게 "우리나라 사람들"은 한국인이 아니라 수어를 쓰는 '같은 청각장애인들'이라는 말이 그제야 공감되었다.

휠체어를 타고 생활하거나, 눈이 보이지 않거나, 사회생활이 힘들 정도로 자폐 정도가 심한 사람들에 대해 정말로 그들이 어떤 삶을 사는지, 무엇이 불편하고, 무엇을 개선해야 하는지 귀를 열고 그들의 입장을 들어본 적이 없어서 나는 잘 알지 못했다. 하지만 다행스럽게도 우리는 다양한 미디어와 채널을 통해 이전에는 만나기 어려웠던 다채로운 삶의 모습과 생각들을 이제는 언제라도 보고 알수 있게 되었다. 거의 백만 구독자를 가진 휠체어를 타는 위라클 님과 거의 전맹에 가까운 한솔원샷 님, 그리고 자폐아를 키우는 로건맘 님의 유튜브 채널 등을 통해 우리는 장애가 불편하긴 해도 불쌍하거나 우울하기만 한 것은 아니라는 것을 많이 배울 수 있다. '장애'와 '비장애' '정상'과 '비정상'은 그렇게 간단히 흑과 백으로 나눌수 없다. 다만 사회가 무엇을 '정상'으로 간주하느냐에 따라 '정상'과 '비정상'이 정해질 뿐이다.

각각의 사람들이 모여 사회를 구성하는데, 사람은 쉽게 바뀌지 않으니 사회도 잘 바뀌지 않는다. 하지만 사람이 바뀌는 경우가 가

　　　　　　　　　　　　　　　　난독증을 읽다

끔 있는데, 첫째는 자신이 진정으로 바뀌고 싶어질 때이고, 둘째는 자신도 모르는 사이 본인의 믿음이나 생각에 '수많은 균열'이 생기다 어느 한 번의 충격으로 그것들이 완전히 깨져서 전혀 다른 모습으로 변화하게 되는 경우다. 나는 첫 번째 경우는 거의 죽을 뻔한 경험이거나 상대를 죽도록 사랑하는 경우가 아니면 거의 불가능하다고 믿지만, 두 번째는 '가랑비에 옷 젖듯' 가능하다고 생각한다. 앞으로 난독증을 제대로 알리는 수많은 빗방울에 많은 사람들의 옷이 젖어, 머지않아 다들 '완전히 다른 새로운 옷'으로 갈아입게 되면 정말 좋겠다.

● 난독증, 쉬운 말로 다시 총정리

난독증은 지금까지 봤듯이 한 문장 혹은 한 문단으로 그렇게 간단히 정의 내리기 쉽지 않다. 우선 난독증이란 용어부터 난독증이 가지는 많은 특징들을 표현하지 못하고, 어려서 표시가 나는 사람부터 타인에게는 거의 혹은 전혀 표시가 나지 않는 사람들까지 몹시도 다양하기 때문이다.

난독증이 있는 사람들은 난독증이 없는 사람들과 다른 방식으로 세상을 보기에 상대적으로 더 뛰어난 점이 있다. 하지만 그렇다고 그걸 축복이라고만 하기에는 난독증이 없는 사람들이 사는 세상에서의 불편함이 아직은 너무 많다. 그건 저주나 수치, 부끄러움이라기보다는 '불편함'이라고 해야 한다.

　난독증은 5에서 20 퍼센트까지 다양하게 추산되는데, 초등 저학년 때 '드러나는' 경우만 보면 훨씬 비율이 낮아지겠지만, 난독증을 어느 만큼 넓은 스펙트럼으로 볼 것이냐에 따라 그 비율은 20퍼센트든 30퍼센트든 더 높아질 수 있다고 생각한다. 다만 의료적 관점에서는 의사들이 어디까지가 괜찮고, 어디서부터가 '문제'라고 의견을 모으냐가 관건인데, 어떤 식으로 어떻게 나눈다 해도 여전히 경계가 모호한 부분은 있을 수밖에 없을 것이다.

　난독증은 보통 문자로 정보를 익히기 시작할 무렵에 좀 더 쉽게 알 수 있는데 그때가 대부분 초등학교 1학년이다. 따라서 난독증을 가장 먼저 알아봐 줄 수 있는 사람은 초등학교 저학년 선생님들일 것이다. 굳이 난독증 인식에 관한 연구 논문과 자료를 보지 않더라도, 우리는 거의 아무도 난독증에 대해 정확하게 모른다고 느낄 것이다. 특수교사를 포함하여, 일반교사, 학부모도 마찬가지다. 물론 2014년 EBS의 난독증 특집 보도[38] 이후 '기초 학력'과 '학습 장애'가 이슈가 되면서 훨씬 더 많이 들어 봤겠지만, 여전히 대부분 혼재된 난독증의 그림을 가지고 있을 것이다. 그래서 난독증에 관하여 몇 가지 다시 한번 정리하려고 한다.

　1. 자신이 난독증이면 자신의 부모나 자녀, 형제·자매도 그럴 확률

이 높다. 난독증은 유전이기 때문이다.

2. 어릴 때 말을 많이 해 주고, 글을 많이 읽어주고 말고는 '난독증'
과는 무관하다. 하지만 다양하고 많은 어휘를 접하지 못하는 환
경은 '문해력'에는 영향을 줄 수 있다. 글자는 잘 읽지만, 내용을
이해하고 처리하는 것에 어려움이 있는 것을 '읽기 부진'이라고
한다. '난독증'이 '읽기 부진'이 될 수는 있어도 '읽기 부진'이라고
다 '난독증'은 아니다.

3. 난독증이 있으면 글이 떠다니거나 흐릿하게 보이고 글자가 거울
상으로 거꾸로 보인다는 것은 난독증의 증상이 아니라고 최근에
학자들은 의견을 모은 듯하다. 이러한 현상을 경험하는 사람들
을 난독증으로 분류할 것인가 아닌가는 학자들끼리 정하도록 하
고 우리는 너무 고민하지는 말자. 다만 이들을 도와주는 방법이
달라야 한다는 것은 알아야겠다.

4. 읽기 활동을 할 때 난독증이 있는 사람들은 글을 보고 바로 인식
하는 좌뇌의 후두엽 영역이 활성화가 잘 되지 않아서, 우뇌를 활
성화해서 인식하는 과정을 거친다고 한다. 그러니 조금 우회하
는 느낌이기는 하지만 그 만의 장점도 상당히 많이 있다. 그 장

점들을 절대 간과하지 말자.

5. 난독증은 글자를 읽는 것뿐만 아니라 글쓰기나 글로만 적힌 텍스트를 이해하는 등의 어려움도 있을 수 있다. 하지만 모든 개인이 다 그런 것이 아니라는 것을 기억해야 한다. 글자를 읽는 데는 어려움이 있지만, 이해나 논리적인 면은 훨씬 더 뛰어난 경우도 많으니까.

6. 난독증이 있는 사람은 글자를 거의 잘 읽지 못한다는 편견은 버려야 한다. 그런 어려움은 초등 저학년에서 주로 보이지만 거의 대부분은 (유창하게) 글을 읽게 되니까. 하지만 글을 읽게 되었다고 해서 난독증의 '다른 특징들'마저 사라지는 것은 아니니, 글을 읽을 수 있다고 해서 난독증 진단을 받지 못한다는 뜻은 아니다. 인지발달도 무척 앞서고, 한글도 잘 읽고, 이해력도 뛰어나면 진단받기가 쉽지는 않을 것이다. 이 경우는 종종 영어 읽기를 통해서 선별할 수도 있을 것이다.

7. 난독증은 조기중재가 몹시 중요하다는 걸 듣고 강남에서는 만 3세부터 난독증 검사를 받으러 간다는 얘기를 들었다. 하지만 너무 어린 나이에는 난독증을 정확히 알아보기가 힘들 것이다. 난

난독증을 읽다

독증은 자폐스펙트럼과 ADHD, 난서증(쓰기장애), 난산증(산술장
애), 운동 협응의 어려움 등이 함께 섞여 있는 경우가 많은데 인
지발달이 제대로 이루어지기도 전인 3살은 너무 이르다.

8. 한글을 배울 때 어려움을 보였던 아이들은 거의 백 퍼센트 영어
를 배울 때도 어려움을 겪을 것이다. 난독증이 있는, 모국어가
영어인 아이들은 학교에서 다른 외국어를 배우지 않아도 되도록
면제받는다. 하지만 영어를 배우지 않을 수 없는 한국 아이들의
학부모는 가끔 한국어를 포기하고 영어를 모국어처럼 가르치면
안 될까 하고 묻는다. 나는 절대 안 된다고 말씀드린다. 언어는
곧 정체성이며 문화인데 온 가족이 이민을 가서 한국인의 정체성
을 버리고 그 나라 사람으로 살고 싶다면 몰라도, 한국에서 살면
서 한국어를 포기하고 산다는 것은 제발 선택지에서 빼셨으면 좋
겠다.

9. 조기에 난독증을 진단하여 '치료'하면 난독증을 없앨 수 있을까?
아니다. 난독증은 태어날 때 그렇게 태어나는 것이고, 자신에게
맞는 방법을 찾아서 평생 난독증과 함께 살아가야 하는 것이다.
하지만 그렇게 우울한 일은 아니니 슬퍼할 필요도 없다. 난독증
이란 말 대신 '디지털 리터러시' 두뇌를 가지고 태어났다고 하면

근사하지 않은가? 먼저 우리 머릿속에 있는 '난독증'의 우울한 어감부터 바꾸도록 하자.

10. 컬러 렌즈 안경이나 종이의 색깔, 모니터 배경색을 바꾸는 것 등으로 난독증을 '치료'할 수 있을까? 비공식적으로 넓게 보아 난독증에 속할 수도 있는 '얼렌증후군'이 있는 사람들은 이런 방법으로 읽기가 훨씬 수월해진다고 한다.

11. 난독증은 시각 추적 운동을 함으로써 읽기가 수월해질까? 수년 전 어떤 학부모님이 뇌파와 시각 추적 운동 등 거의 모든 것을 다 해보았다고 하셨다. 효과는 있었을까? 유의미한 효과는 없었다고 한다.

12. 난독증은 글을 보고 읽는 것뿐 아니라 듣고 이해하는 것도 포함한다. 흔히 시각적, 청각적, 운동형 난독증으로 나누기도 하는데, 시각적 난독증은 대부분이 이해하듯이 글을 읽는 것과 관계가 있고, 청각적은 듣고 소리를 이해하는 것과 관련이 있다. 운동형은 여기서는 '운동 협응의 어려움'이라고 언급하고 있는 경우를 말한다.

난독증을 읽다

13. 마지막으로 난독증과 지능지수IQ와의 관계에 대해서다. 요즘은 지능이란 것 자체에 대한 논의가 새롭게 활발히 이루어지고 있다. 지능을 아이큐 하나로만 정의하는 것이 맞는지, 하워드 가드너의 주장처럼 9가지의 지능을 받아들여 인간의 지능을 다양하게 볼 것인지에 대해 수많은 학자들이 머지않아 어떤 형태로든 합의에 도달할 것이다.

이미 DSM-5에서는 지능에 대한 부분이 많이 없어졌다. 이제 공식적으로는 난독증과 아이큐는 상관관계가 없다고 한다. 예전에는 아이큐 지능이 "정상"이거나 높은데 '예기치 못한 어려움'으로 읽기에 어려움을 보이면 이를 '난독증'이라 하고, 아이큐 지능이 소위 "평균" 이하면 읽기의 어려움도 함께 예측된다고 하여 '난독증'이 아닌 '난독 증상'이 나타나는 것이라고 했다. 하지만 이제는 아이큐 지능과 상관없이 모두 '난독증'에 포함된다. 하지만 아이큐 지능이 아주 높다면 그렇지 않은 아이들보다는 훨씬 더 예후가 좋을 수 있을 것이다.

난독증의 교육과 미래

… 이 거리에서 우리는 모호하게 기워져 있지
―주민현 시 〈킬트의 시대〉 중에서, 시집 〈킬트, 그리고 퀼트〉

● **기-승-전-종이책 읽기?**

어렴풋한 내 기억으로 2000년대 초반이었던 것 같은데 한동안 사람들이 거실에 잘 있던 TV를 없애고 책으로 둘러싸인 서재로 만드는 게 유행처럼 번졌다. 내 친구도 당시 잘 작동하던 좋은 TV를 그냥 갖다 버렸다고 했다. 이유는 아이들에게 책 읽는 습관을 길러주고 싶은데 아이 아빠가 퇴근하고 집에 오면 자꾸 거실에서 TV를 보기 때문이라고 했다.

난독증을 읽다

그 붐을 일으키는데 일조한 아주 유명한 인물이 있었는데 바로 '푸름이'였다.[39] 1999년 〈영재교육 진흥법〉이 통과될 때 영재 1호로 대통령에게 보고된 아이라고 한다. 푸름이는 30개월부터 책을 혼자 읽었다고 한다. 5살 때는 학습 백과를 읽으며 분류해 나갔고, 초등학교 때는 1분당 50쪽씩 읽는 능력을 혼자 읽혔다고 한다. 중학교 때는 이미 2만 권의 책을 읽었고 하룻밤에 백과사전 14권의 내용을 읽고 정보에 오류가 있는지를 찾기도 했다고 한다.

당시에 많은 사람이 이런 얘기를 들으며 부러워했고, 다들 자신의 아이를 푸름이처럼 키우고 싶어 했다. 당시에는 아이가 책을 읽지 않는 것은 부모가 그런 환경을 만들지 않았거나, 책과 친해질 기회를 주지 않았거나, 어릴 때 충분히 책을 읽어주지 않았거나, 이랬든 저랬든 '부모의 책임'이라는 분위기였다. 그래서 어떻게든 아이가 책을 좋아하도록 온 집안을 책으로 채워놓고, 곳곳에 책을 두고, 나들이는 서점이나 도서관으로 가는 것이 국룰처럼 만연했다.

나도 아이들을 키울 때, 약간은 의도적으로 책을 곳곳에 두고, 펼쳐도 두었다. 아이들과 서점에도 정말 많이 갔고, 서점에서 읽을 수 있는 책은 몇 시간씩 읽고, 집에 올 때는 책을 한 아름씩 사 들고 왔으며, 아이들이 학교를 마치면 늘 도서관에 가서 책을 읽고 빌려 오기도 했다. 아이가 어렸을 땐 몇 시간이고 책을 읽어줬다. 잠들기 전에도, 깨어 있을 때도, 여행 갈 때도 우리는 책 속에서 살았다. 나는 정말 최선을 다해서 아이들이 책을 좋아할 수 있는 환경을 만들려고 노력했다. 내가 제대로 된 환경을 제공해주지 못해서 아이들이 책을 싫어하게 되면 안 되겠다고 생각했기 때문이었다.

큰 아이는 만 2세쯤 되었을 때 알파벳을 보면서 스스로 글을 깨쳤다. 몇 년 뒤에는 책을 몹시도 빨리 읽어서 하루 만에 무척 두꺼운 책도 다 읽어내곤 했다. 책에 몰입하면 밥을 먹는 것도 잊고 계속 읽었다. 글쓰기를 너무 좋아했고, 너무 쉽게 잘했다. 자신의 의견을 표현하는 논술 에세이 쓰는 것을 무척 즐겼다.

그런데 '문제'는 둘째 아이였다. 둘째는 첫째와는 다르게, (거의) 똑같은 환경이었지만 책에는 아무런 관심을 보이지 않았다. 내가 책을 읽어주면 정말 기쁘게 몇 시간이고 잘 들었다. 하지만 내가 아무리 열심히 책을 읽어줘도 본인이 스스로 책을 읽는 것으로 연결되지는 않았다.

둘째 아이는 언어에 특별한 재능이 있었고, 기억력과 논리력이 아주 뛰어났다. 뛰어다니는 활동을 좋아했고, 농구, 축구, 야구, 자전거를 무척 좋아했다. 아이에겐 친구들이 매우 중요했으며, 늘 친구들에게 둘러싸여 있었다. 정말 사교적이고 활발한 아이라고 생각했다. 그런데, 책을 몇 권 읽으면 용돈이나 원하는 걸 사주겠다고 해도, 차라리 원하는 걸 포기했다. 그 정도로 책 읽기는 둘째의 관심사가 아니었다.

난독증을 읽다

나는 속상했다. 내가 도대체 무엇을 잘못하고 있는 건지 몰랐다. TV에서나 부모를 위한 교육서에서나 모두 '종이책'을 어려서부터 많이 읽혀야 한다고 했지만, 나는 도무지 어떻게 해야 둘째도 첫째처럼 책을 많이 읽게 '만들 수' 있을지 몰랐다.

아이는 중학교를 졸업하고 고등학교는 1년도 안 다니고 자퇴했다. 그리고 검정고시를 봤지만 대학은 가지 않았다. 독학으로 컴퓨터 언어와 코딩을 공부하더니 다른 친구들이 고등학교를 졸업하기도 전에 아이는 취업을 했다. 그리고 만 18세가 되고 일주일 후 대기업에 당당히 뽑혔다.

아이가 20년 평생 자신이 스스로 처음부터 끝까지 읽은 책은 이철환 작가의 《연탄길》 1, 2, 3권밖에 없다. 연탄길은 개별 이야기도 짧고, 글씨도 큼직큼직하고, 여백도 많이 있어서 읽기가 편하게 되어 있다. 지금도 아이의 방에는 이 책 3권이 자랑스럽게 세워져 있다. 자신에게는 참 의미 있는 책들인 것이다.

이렇게 '책도 (거의) 안 읽은' 둘째는 무척 똑똑하다. 그리고 매우 논리적이다. 나는 나름 무척 노력했음에도 내 말엔 항상 논거가 부족했다. 그런 나에게 둘째는 항상 근거, 증거, 자료 등을 요구했다. 처음에 나는 '그렇다면 좀 그냥 그런 줄 알았으면 좋겠다'라는 생각을 했다. 하지만 아이와 수많은 대화를 하면서 그런 생각이 참 게으르고 무책임했다는 걸 깨달았다. 아이 덕분에 좀 더 사고가 성숙해진 나는 내가 왜 어떤 특정한 생각을 가지고 있었는지, 그런 내 생각은 맞았는지, 사회와 문화가 주입한 생각은 아니었는지 종종 고찰하곤 했다.

나는 지금의 내 아이들을 보면서 내가 둘을 '똑같이' '잘' 키우려고 했던 것을 정말 후회한다. 그리고 종이책에 너무 집착했던 것도 후회한다. 나는 오랫동안 종이책을 고집했던 사람이다. 하지만 짐을 줄여야겠다는 생각이 시발점이 되어 서서히 전자책으로 바꿔 읽기 시작했고, 이제는 전자책이 꽤 익숙해졌다. 그리고 종이책보다 좋은 점도 많이 느껴진다: 굳이 책을 챙기지 않아도 언제 어디서든 핸드폰만 켜면 되니 책을 더 손쉽게 읽게 된다. 형광펜을 칠하거나 메모한 것을 쉽게 모아 읽을 수도 있다. 내가 원하는 크기로 글자를 키워서 읽을 수도 있고, 어두운 곳에서도 읽을 수 있다. 원하면 소리로 들을 수도 있다.

여전히 지금도 아동교육에 대한 조언을 보면 '종이책'을 읽히라고 강력히 권고한다. 종이의 두께와 질감과 냄새까지 느낄 수 있고, 자유롭게 아무 곳이나 페이지를 펼쳐 볼 수 있으며, 원하는 곳에 메모를 할 수도 있고, 페이지를 접을 수도 있으며, (아래로 쓱쓱 스크롤하여 읽는 게 아니라) 가로로 읽기를 하니 더욱 몰입감이 있고 좋다고 한다. 하지만 나는 이제 어떤 이야기나 정보를 접함에 있어 종이책이냐, 영상이냐, 전자책이냐, 오디오북이냐는 크게 따지지 않게 되

난독증을 읽다

었다. 그것이 무엇이 되었든, 내용을 선별하고, 어떻게 활용하는지가 훨씬 더 중요하다고 생각하기 때문이다.

하지만 과거의 나는 너무 오랫동안 아이들에게 종이책만을 고집했다. 그게 후회가 된다. 둘째는 하루 일과를 마치고 침대에 누워 오디오북을 듣거나 자신이 관심 있는 팟캐스트 듣는 걸 좋아한다. 그에게 책이나 문서를 '읽는 것'은 재미를 위한 것이 아닌 '업무'의 일부로서, 혹은 '어쩔 수 없는 경우'에만 빠르게 집중해서 하는 것이다. 첫째는 여전히 문자로 읽는 걸 좋아하며 엄청난 양의 글을 쓰고, 매우 빠르게 글을 읽고 분석한다. 어쩌면 둘째 아이에겐 '난독증'이 약하게 있을 수도 있다. 하지만 너무나 완벽한 모습만 보이려는 아이는 내게조차도 빈틈을 보여주지 않는다. 아주 가끔 스펠링을 틀리게 쓰기도 하는데, 내가 그걸 언급하는 순간부터는 절대 스펠링을 틀리지 않기 위해 더욱 신경을 쓰거나, 글보다는 이모티콘이 더 늘어날지도 모른다.

이처럼 내 두 아이들만이 아니라, 세상의 모든 아이들도 다 제각각 다르다. 책을 좋아하는 사람과 좋아하지 않는 사람들이 있고, 오디오북이 편한 사람, 죽어도 종이책을 선호하는 사람들이 있다. 이제는 제발 모든 사람들에게 억지로 종이책을 들이대지 말았으면 좋겠다.

전문가들이 아이들에게 책을 많이 '읽히라'고 하는 이유 중 하나는 어휘 때문일 것이다. 일상어에서는 어려운 어휘를 많이 쓰지 않기 때문이다. 어휘를 많이 알지 못하면 학습에도, 사회생활에도 많은 지장이 있다. 특히 인터넷이 없었던 과거에는 책을 대체할 것이 거의 없었다. 그런 유일무이한 방법의 '책'을 읽지 않고서는 어휘도, 비판적 사고도, 역지사지의 경험도 힘들었다.

하지만 지금은 아니다. 엄청난 양의 정보가 오디오북, 전자책, 팟캐스트, 인터넷 강의, 유튜브 동영상 등 다양한 형태로 존재한다. 그리고, 문자와 언어로 사고하는 사람 외에도 다른 방식으로 인식·사고 하고, 다양한 지능을 가진 사람들이 매우 많으며, 이들이 다양하게 공존하고 있다는 사실이 점점 더 분명해지고 있다. 이렇듯 글보다는 다른 형태의 디지털 텍스트나 정보가 처리하기에 더욱 편한 다양한 두뇌도 있다는 걸 이제는 인정하면 좋겠다.

'난독증'이 있으면 종이책보다는 디지털미디어를 이용하는 것이 훨씬 더 효과적일 수도 있다. 모든 텍스트는 글로 적혀있는 것이 우월하고, 종이책이 낫다는 생각을 조금 바꿔보자. 다양한 미디어를 토대로 하는 디지털 문해력/리터러시가 이제는 전통적인 의미의 (글로 적힌 텍스트만을 읽고 이해하는 좁은 의미의) 문해력을 따라잡고 있다. 그리고 언젠가는 (좋건 싫건) 더욱 주류가 될 것 같다. 언어학자 김성우는 텍스트를 통해서 사고하는 것이 최고라고 주장하는 사람은 텍스트밖에 모르는 사람이며, 그는 각각의 매체가 갖는 자원

난독증을 읽다

으로서의 유익과 반대의 제한점을 모르는 것이라 했다.[40]

다가오는 미래에는 종이책이 살아남기는 할까? 혹자는 종이책은 절대 사라지지 않을 것이라고 할지도 모른다. 하지만 개인 노트북도, 컴퓨터도 사라지는 시대에 들어서고 있고, 수많은 기업들은 이미 텍스트가 사라지는 시대를 준비하고 있다. 점점 더 디지털 리터러시, 멀티리터러시가 익숙해져 가고 있다. '시나몬'에 밀리는 우리말 '계피'를 고수하기 위해 아무리 목청을 높여 '계피'를 쓰라고 해도 '수정과'가 살아남는 정도를 넘어 쓰이지는 못할 것이다. 이제는 '시나몬 커피'와 '시나몬 도넛'의 시대가 도래했기 때문이다. 종이책이 완전히 사라지지는 않겠지만, 뉴욕타임스는 이미 2018년에 'Welcome to the Post-Text Future'(문자-이후/문자가 사라진 미래에 오신 걸 환영합니다)[41]에서 이미 음성, 이미지, 영상 등이 커뮤니케이션의 주를 이루고, 문자는 부수적으로 쓰일 것이라 했다. 이제 전자책, 오디오북, 다른 영상매체를 막을 방법은 없는 것 같다. 이미 오래전에 시대의 물살은 그쪽으로 방향을 틀었기 때문이다.

● **난독증만 고민할 일인가?**

이제는 작가라는 타이틀이 더 잘 어울리는 빅데이터 전문가 송길영 전 다음소프트 부사장이 언젠가 앞으로는 '근근이 먹고살 수 있는 일을 하는 것이 답이다[42]'란 말을 했을 때 굉장한 충격을 받았다. AI가 미래의 직업을 많이 대체할 거라고 생각은 했지만 근근이 먹고사는 일을 하라니?!

2023년도만 해도 '학교는 챗지피티ChatGPT를 써서 학생들이 과제를 하는 것을 못 하게 하는 방법을 찾아야 한다, 챗지피티를 사용해서 번역하는 사람들은 꼼수를 쓰는 사람들이다, 챗지피티는 엉터리 정보를 제공한다'는 등의 말이 많았다. 그런데 챗지피티는 무시무시한 속도로 발전하고 점점 더 정확해져 가고 있다. 수많은 직업인들이 챗지피티를 (비롯해 다양한 AI 서비스를) 사용하여 생산성이 엄청나게 높아지고, 학생들은 이제 당연하게 챗지피티를 써서 과제를 수행한다.

인터넷이 처음 나왔을 때도 사람들은 손 편지가 없어져 가는 것을 슬퍼했고, 도서관에 가지 않고 인터넷으로 정보를 검색하는 것에 개탄했다. 하지만 아무리 노력해도 바꿀 수 없는 일들이 있다. 이미 그 길로 들어선 일들이 그렇다. AI는 더 이상 우리가 어떻게 막을 수 있는 것이 아니다. AI는 우리가 가는 길에 이미 올라와 있고 우리를 앞서 걷거나 뛰어가고 있기 때문이다.

송길영 작가는 같은 말을 다른 표현으로, 즉 '직업이라 명명할 수 있고, 수익이 날 만한 모든 것은 AI가 대체하게 될 것'이라고 했다. 이렇게 우리 모두의 삶을 갈아엎을 크나큰 변화가 '이미' 우리 곁에 와 있다. 마치, 인터넷이 이미 와 있었을 때도 대부분이 보지 못했던 것과 비슷하다. 하지만 아이러니하게도 이 새로운 시대가 '난독증이 있는 사람들'에게는 무척 유리할지도 모른다. 난독증이 있는 수많은 사람들이 시각적, 패턴적 사고에 능하며, 전체적인 그림을 직관적으로 잘 그리고 본다. 정보를 검색하고, 자료를 정리하여 분석하고, 수를 계산하고, 순서를 정하는 것은 AI가 하면 된다. 하지만 AI가 정리해 준 것을 읽고 이해하는 능력은 여전히 필요할 것이다. 그러니 (디지털) 문해력은 어떤 식으로든 쌓아야 한다. 문해력은 어휘가 풍부하고 책을 많이 읽으면 대체로 더 높아지겠지만, 책을 '읽지' 않아도, 귀로 충분히 듣고 몸으로 경험을 많이 쌓아도 글의 맥락을 더 잘 이해할 수 있게 되기도 할 것이다. 우리는 책을 읽는 것뿐만 아니라 좀 더 다양한 세상을 보고, 더 많은 사람을 만나고, 더 다양한 얘기를 나누는 경험이 필요하다. 필독서 목록에 있는 책 읽기만을 강요하는 사람은 작은 우물에 갇힌 사람이다. 우리는 그런 사람이 되지 않도록 조심하고, 그런 사람들에게 휘둘려 상처받지 않아야 한다. 오로지 한 가지 길만이 정도는 아니다. 다양한 길을 열어두고, 각자에 맞는 길로 지성을 쌓아야 한다는 뜻이다.

● **에듀테크** EduTech

아주 최근에 '바로 이것이 답이다!'라고 생각하며 너무 잘 읽었던 책이 있다. 그건 바로 이수인 님의《우리는 모두 다르게 배운다》라는 책이다. 나는 그녀의 깔끔한 논증과 명료한 문체가 참 마음에 들었다. 그녀는 서울대 조소과를 나왔고 어릴 때부터 게임을 무척 좋아했다고 한다. 그런 그녀는 "나는 독창적으로 생각한다는 장점은 있지만 흥미가 빠르게 바뀌고 제멋대로라는 단점이 있어 조직 생활에 잘 맞지 않았다"라고 했다. 이어 "저는 남들에게 들어서 배우는 것을 잘 못 하고요, 시각적으로 혼란스러운 것을 잘 못 견디고요, 정보를 다양하게 주면 거기서 규칙을 발견해 가면서 배워요. 일정한 패턴이 반복되면 매우 쉽게 지루해하고요, 복잡한 문제 푸는 거 싫어해요"라고 했다.

바로 옆에서 또랑또랑하게 말하는 그녀의 목소리가 들리는 듯했다. 나는 이런 그녀의 말에서 당당함과 자신감을 느꼈다. 너무 멋있었다! 나는 이런 사람들이 많아져야 한다고 생각한다. '나는 이러이러한 걸 잘하고 저러저러한 건 잘 못 하고 어려워한다. 그러니 나에게는 이러이러하게 설명을 좀 해 달라. 나는 이렇게 태어났고 너는 너답게 태어났으며, 우리가 서로 잘하고 쉬워하는 게 다른 것이 뭐 문제가 있는 건 아니잖아?' 서로의 다름이 서로가 보지 못하는 부분을 볼 수 있게 해 주고, 특정 부분에서 잘하는 게 있는 사람들이 모여서 함께 일하면 되지 않냐고 말하는 것 같아서 너무! 좋았다.

난독증을 읽다

그녀는 처음엔 일반적인 학습을 따라가기 힘든 자신의 아들을 도와주기 위해 프로그램을 만들려고 했다. 그런데 일이 점점 커져 이젠 글과 수학을 배우기 어려운 전 세계의 아이들을 도와주는 기업으로 성장하게 되었다. 나도 그녀의 기업, '에누마*'에서 만든 토도영어, 토도수학, 토도한글, 토도책방까지 모두 다운받아 며칠 동안 공부하며 놀았다.

나는 난독증 공부를 하면서 이와 비슷한 프로그램을 접했는데 'Nessy Learning'이라는 프로그램이다. 이 프로그램은 영어를 조금 할 수 있는 누군가가 옆에서 도와주면서 쓸 수 있다면 정말 잘 만들어진 프로그램이다. 하지만 아무리 잘 만들어졌어도 영어를 할 줄 모르는 한국 아이들이 영어를 모국어로 쓰는 아이들을 위해서 만들어진 프로그램을 혼자서 공부하는 것은 무리일 것이다. 그럼에도 불구하고 영어 선생님이나 영어를 어느 정도 하는 어른이 이끌어줄 수 있다면 'Nessy Learning'을 강력 추천한다. 이 프로그램은 난독증이 있는 어른들이 난독증이 있는 아이들을 위해 만들었기 때문이다. 일주일 간 무료체험도 가능하니 많은 사람들에게 도움이 되길 바란다. 이 프로그램과 비슷한 것 같지만 약간 다른 에누마의

---

* '에누마ENUMA'는 영어 단어 'ENUMErate'(이뉴머레이트)에서 가져왔다는데 '(모든 아이들을) 각각 하나하나 (빠짐없이) 세다'라는 의미라고 한다.

읽기 프로그램은 아주 직관적으로 더욱 쉽게 만들어진 것 같았다. 나는 짧은 기간 무료체험만 했고, 내가 당장은 필요하지는 않아서 유료 결제를 하지는 않았지만, 너무 자랑스러운 프로그램이다. 한글을 읽기 어려운 아이들과 기초 영어를 못 읽는 아이들도 에누마의 토도 프로그램이 많은 도움이 될 것 같다. 한글에 어려움이 있는 아이들은 현재 많은 도움을 받을 수 있지만 영어는 그렇지 못하다. 영어 읽기는 교재도 거의 없고, 읽기를 가르칠 선생님도, 앱도 거의 전무하기에 더욱 반가웠다. 앞으로 에누마 같은 기업들이 더 많이 나와 다양한 방법으로 학습을 가능하게 도와줄 프로그램들이 나올 것이라 기대한다. 그래서 언젠가는 난독증이 있는 저학년 뿐만 아니라 중고생들도 사용할 수 있는 앱도 나오면 좋겠다는 희망을 품어 본다.

우리는 이미 AI와 밀접한 공존을 시작했다고 무섭게 생생하도록 느낀다. 더 많은 가능성에 열린 디지털 매체로 각 개인에 맞는 차별화된 학습을 가능케 하는 환경이 더 중요하다고 생각한다. 그런 환경을 만들기 위한 첫걸음으로 디지털 교과서도 가치가 있을 거라고 믿어본다. 개인용 PC도 결국은 사라지고 어디서든 연결만 하면 홀로그램으로 컴퓨터를 쓸 수 있는 시대가 머지않았다.

AI는 훌륭한 도구이기도 하지만 이제는 단순한 도구를 넘어서, 생활의 '일부'가 아닌, '생활'이 되었다. 얼마 전에 구글에서 내놓은

NotebookLM을 사용해 봤는데 소름이 끼칠 정도였다. 유튜브 링크, PDF 파일, 책 등 무엇이든 여기에 넣으면 AI가 스스로 그 내용을 기반으로 팟캐스트를 만들어서 그 내용과 관련된 것을 마치 실제 사람들이 대화하고 있는 것처럼 들려줬다. 이제 선생님들은 가르칠 내용을 NotebookLM에 넣고, 정리 요약하여 질문을 뽑을 수 있고, 학생들은 두꺼운 책을 시간 들여 읽지 않고도 정리된 내용을 들을 수 있다. 질문이 있으면 바로 답변을 얻을 수도 있을 것이다. 챗지피티가 처음 나왔을 땐 믿을 수 없어 하며 감탄사를 연발했다면, 이번에 써 본 구글의 NotebookLM은 그냥 온몸에 소름이 돋았다. 정말 두렵고 불안하고 동시에 전율이 일었다.

인터넷이 처음 나왔을 때 많은 사람들은 인터넷이 뭔지도 잘 몰랐고, 무작정 인터넷 때문에 아이들을 망쳤다는 얘기가 나왔다. 많은 부분 맞기도 하다. 그러나 이제는 인터넷의 부작용이나 악영향만큼 긍정적인 변화도 있었다고 얘기하는 것을 훨씬 넘어, 인터넷이 없는 세상은 더 이상 상상할 수도 없게 되었다. 인터넷은 매우 빠르게 우리의 삶에 깊이 파고들어 왔고, 따라갈 수 없을 정도의 속도로 세상을 바꾸었다.

이제는 더 이상 '전통적인 평가를 위한 공부'에 매달리지 않기를 바란다. 학생도, 학부모도, 학교도, 무엇보다 교육 당국도. 이제는 어떻게 수능을 잘 볼 수 있을지, 내신을 잘 딸지를 고민할 것이 아니라 이 케케묵은 교육을 어떻게 완전히 고칠 수 있을지 고민해야 한다. (종이) 책을 읽지 않으면 문해력이 떨어진다거나, 난독증은 글을 읽지도 책을 읽지도 못한다는 잘못된 생각을 깨고 이제는 '문자-후'의 시대에 뒤처지지 않기 위해 생각의 유연함을 가져야 한다.

기술, 사회, 리터러시가 엮이는 방식을 연구하는 응용언어학자 김성우가 《인공지능은 나의 읽기-쓰기를 어떻게 바꿀까》에서 그린 미래 교실의 장면을 읽으며 이것이 과연 먼 미래의 일인지, 이미 다가와 있는 현실인지 느껴보기 바란다.

교사는 인공지능과 리터러시에 관한 내용을 설명하기 시작했습니다. 학생들의 시선은 교사를 향해 있었지만, 교사의 말이 홀로그램 자막으로 표시되었습니다. 평상시 교사의 발화 속도가 다소 빠르고 정보량이 많다고 느끼는 학생을 위해 새로운 내용의 문단이 시작되기 전에 도표와 그림·선행조직자 등이 제시되었습니다. 파키스탄에서 한국으로 이주한 학생은 실시간 번역 기능을 통해 우르두어 자막을 볼 수 있었습니다. 또한 새롭게 도입된 구어-수어 번역 소프트웨어를 통해 청각장애를 가진 학생도 실시간으로 교사의 설명을 이해할 수 있었습니다. 학교와 교육청의 원칙은 간단했습니다. "어떤 방식으로든 수업에서 어떤 학생도 차별받거나 배제되어서는 안 된다."

난독증을 읽다

난독증을 이분법적으로
나눌 수 있을까

(리만이 √2를 소수점 아래 38자리까지 계산했던 이유에 대해서 리학성은 말한다)
리만이 친해지려고 그러는 거야.
공식 한 줄 딸랑 외워서 풀어버리면 절대 친해질 수가 없는 거야.
살을 부대끼면서
친해져야 이해가 되고
이해를 하면 사랑할 수가 있는 거야
– 영화 〈이상한 나라의 수학자〉 중에서

우리는 이제 나와 다른 두뇌와 부대끼면서 친해질 준비가 되었을까? 그리하여 그들을 이해하고 사랑할 수 있도록.

내 주위에 한글을 못 읽는 사람은 단 한 명도 없다. 하지만 영어를 잘 읽지 못했던 학생들은 꽤 있었고, 평소에는 글을 잘 읽지만 자기도 모르게 잘못 읽거나 스펠링을 틀리는 사람은 더 많다. 이들 중 과연 어디까지를 난독증으로 볼 것이냐는 (내게는) 참으로 복잡한 일이다.

얼마 전 만난 한 지인은 영어 스펠링을 습관적으로 틀리고, 운동 협응의 어려움이 약간 있으나 생활에 큰 불편함이 없으며, 불안이 평소에 매우 높은 편이나 대외 활동도 무척 잘하고, 늘 너무 창의적이고 수많은 생각이 머리에 넘치고, 쉽게 하나에 집중을 잘 못하지만 또 마음먹으면 정말 몰두해서 빠르게 엄청난 일을 한다. 새로운 사람을 만나는 것을 아주 싫어하지만, 또 관심사가 비슷한 사람들을 만나는 것은 무척 좋아한다. 나는 그에게서 분명 ADHD, 자폐스펙트럼, 난독증, 운동 협응의 특징들을 조금씩 보았다.

그래서 그 특징들과 관련한 얘기를 자연스럽게 하게 되었다. 그런데, 그는 요즘은 전 세계적으로 모든 사람에게 무슨 무슨 증상이 있다고 꼭 진단을 내려서 그 사람이 문제가 있는 걸로 만들고, 그들을 차별하려는 현상이 너무 지나치게 강하다고 했다. 그러면서 그는 모든 사람은 원래 다 다른 것이며, 각자가 가진 어려움이나 특이점도 상황에 따라 다르게 나타날 수도 있거나, 아닐 수도 있는 것 아니겠냐고 했다. 대부분의 경우에 자신과 다른 사람들의 특징들을 알고 '이해하려는 게' 목적이 아니라, 그렇게 구분 짓고 '차별하는 것'이 주된 목적인 것처럼 느껴진다고도 덧붙였다. 그런 그는 자신에게 어떤 '증상'의 '이름표'도 붙이기를 거부했다.

나는 그의 말에 상당 부분 동의한다. 자신에게 어떤 어려움이 있어 무언가를 하는 데 큰 걸림돌이 된다면 최대한 빨리 치우거나, 작게 만들어줘야 한다. 하지만 스스로 뛰어넘을 수 있을 정도라면, 굳이 본인이 원치 않는데도 타인이 뭐라고 할 필요는 없다고 생각한다. 하지만 가끔은 그 걸림돌을 상대가 이리저리 치우느라 힘들어지는 경우도 있는데, 그런 면에서 나는 본인의 특징에 대해서 알고 있는 것과 더불어 상대에게 얘기하는 것은 의미있다고 생각한다. 그것이 바로 '함께' 살아가는 것이기 때문이다.

온라인상에서 누군가가 자신의 성 정체성을 '트랜스 레즈비언'이라고 쓴 걸 본 적이 있는데, 그것이 무엇인지 한참 동안 생각해야 했다. 레즈비언이면 여성이 여성에게 끌리는 걸 말할 텐데, 트랜스라면 성별이 바뀌었다는 걸 말하니, 원래는 남성이었는데 여성으로 성별이 바뀌었고, 거기서 다시 여성에게 끌리는 걸 말하는 걸까?? 그렇다면 그냥 원래대로 남성인 상태에서 여성을 만났으면 안 됐을까?… 그러기에는 자신의 정체성이 남성이 아니어서 곤란했을까… 하는 복잡한 생각이 일어났다.

예전에도 분명 이런 성 정체성을 가진 사람들이 있었을 것이다. 하지만 그들은 좀 여성스러웠을 것이고, 그런 여성스러운 남자를 좋아하는 여성을 만나서 살았을 것이다. 남성들 중에도 아주 마

난독증을 읽다

초스러운 남자들이 있는가 하면, 아주 세심하고, 섬세하며, 여성스러운 남자들도 있는데 과거에는 '남자다운 남자'만 '정상'이라고 하는 분위기가 너무 강하다 보니 그렇지 못한 남자들은 힘들었을 것이다. 그렇게 남성스럽지 못한 남자들, 여성스럽지 못한 여자들을 차별하는 것에 반대하여 사람들은 목소리를 내기 시작하고, 게이와 레즈비언 퍼레이드도 하고, 책도 많이 나오고, 유명인들도 자신의 정체성에 대해 공공연하게 밝히기 시작했다. 이분법적으로 나뉘는 생물학적 성별인 남성과 여성의 이분법을 넘어 이제는 성별 정체성과 성 역할, 성 표현의 차이까지 인식하는 성별들까지 무척 다양해졌다: 젠더퀴어, 젠더플루이드, 에이젠더, 빅젠더, 디미젠더, 앤드로진, 트랜스젠더, 넌바이너리 트랜스젠더…. 우리 머릿속에는 남성과 여성, 그리고 그 외의 LGBT로 묶어 불리는 레즈비언, 게이, 바이섹슈얼, 트랜스젠더 정도 외 약간 더 추가될 수도 있을 것 같은 다양성의 그림이 있었을 것이다. 우리는 이들을 평등하게 대하는 노력을 하면 될 것이라 생각하겠지만, 실제로는 이들뿐만 아니라 훨씬 더 다양한 종류의 사람들이 있을 수 있다. 우리가 인식하는 다양성 안에 포괄되지 않는 다양함은 셀 수 없이 많이 있을 것이다. 이 다양성은 어디에서 멈출 수 있을까?

신경다양성도 비슷한 맥락에서 생각해 보자면, 글로 생각하는 것이 편한 사람, 그림으로 생각하는 것이 편한 사람, 사람을 만나면 에너지를 얻는 사람, 에너지가 고갈되는 사람, 순차적이고 계획하는 것이 좋은 사람, 즉흥적이고 끊임없이 변화하는 것이 좋은 사람, 말을 잘하는 사람, 말이 어려운 사람, 매듭을 푸는 것이 쉬운 사람, 같은 일이 매우 힘든 사람, 비언어적인 암시를 잘 이해하는 사람, 말한 그대로를 가감 없이 받아들이는 사람, 배경 소리가 있으면 집중을 잘하는 사람, 절대적인 고요함이 필요한 사람… 등 이런 수많은 다양한 사람들은 예전부터 공존해 왔다. 하지만 현대의 우리는 끊임없이 이들을 정확하게 분류하려는 노력을 하고, 이들 중 어떤 공통된 특징을 얼마나 가지고 있느냐에 따라 ADHD, 자폐증, 난독증 등으로 나누고, 이들이 자꾸 종류가 많아지자 신경다양인이란 말로 묶어 부르게 되었다. 그리고 그에 대한 상대어로 '전형적인', 혹은 '정상', '다수'라는 의미를 함축하는 '신경전형인'이란 말도 쓴다. 또, 다르게는 성격에 따라 외향인, 내향인으로 나누고, 행동 특성에 따라 나르시시스트, 소시오패스, 사이코패스 등으로 나누고, 이 중 어떤 특징은 자폐스펙트럼 등과 혼동되기도 한다.

우리는 아주 이상적인 어떤 사람이 있다고 생각하는 걸까? 그 사람은 자연과 더불어 살면서 불필요한 살생은 하지 않고 아주 평화롭게 사는 사람일까? 그렇게 살던 호주 원주민들은 무자비한 백인들에게 속수무책으로 거의 말살되었다. 예술을 하는 사람들이 글을 아주 잘 읽고 순차적으로 뭔가를 만들어내는 것만 잘한다면 어

난독증을 읽다

떤 작품을 만들어내게 될까? 기업의 뛰어난 임원들과 정치인들 중에는 나르시시스트와 소시오패스 성향이 적지 않게 있을 것이고, 특정 직업군에는 수많은 자폐 특징을 가진 사람들이 있고, 뛰어난 예술가들 중에는 난독증이 있는 사람들이 많이 있을 것이다.

문명이 발달함에 따라 사회는 점점 더 강력하게, 다양한 소수를 존중하는 정책과 교육을 요구하고 시행하게 된다. 하지만 누가 정상이고 누가 비정상의 다양인이라고 정해지는지는, 누가 그 사회의 권력이나 엘리트층에 있느냐에 따라서일 것이다. 즉, 정상과 비정상은 문화적, 사회적 권력과 많은 상관이 있다.

나는 여전히 모든 점에서 다양성에 일일이 이름을 붙여 빠르게 세분화시켜 가는 이 사회의 변화 속도가 좀 부담스럽게 느껴진다. 하지만 '소수의 다수화'는 멈추지 않고 계속될 것 같다.[43] 난독증은 이 큰 흐름 중 아주 작은 부분일 뿐이지만, 이 역시 글을 읽고 글로 사고하는 사람의 반대쪽에 있는 문제가 있는 사람들로 볼 것이 아니라, 이 세상에는 글이 아닌 다른 방법으로 사고하고 이해하는 사람들도 있다는 것을 이해하면 좋겠다. 글을 읽지 못하는 것을 단순히 장애나 비정상 취급하는 것은 글로 사고하는 자들의 오만일 것이다. 난독증이 있는 사람에게 그들의 공통적인 특징만 묶어서 '난독증'이라는 이름을 붙이지만, 사실 이들에게는 이렇게 간단히 일반화될 수 없는 다른 수많은 개인의 특징도 있음을 간과하면 안 될 것이다.

다시 나의 지인으로 돌아가, 그가 생활함에 큰 지장이 있다면 그 어려움을 알아차리고 다양한 방법으로 그 어려움을 완화시킬 도움을 받으면 될 것이다. 그렇지 않다면 굳이 그에게 타인이, 혹은 자신이 이러저러한 이름을 붙이는 것이 무슨 필요가 있겠는가?

토드 로즈는 '평균'은 허상이라고 했다. 나는 그가 제시하는 근거를 읽으면서도 실은 '평균'은 있을 것이라 생각했다. 하지만 내가 수많은 사람들의 공통점을 찾으려 했을 때, 그게 전혀 간단하지 않은 것임을 알게 되었다. 이제 나는 더 이상 '대부분의 사람들은'이란 말을 거의 하지 않거나 더욱 신중하게 쓰게 되었다. '대부분'이 그렇게 생각하고 느끼는지 더 이상 확신할 수 없기 때문이다.

난독증의 특징은 당신이 나와 다른 것 이상으로 다르지 않다. 우리가 평화롭게 함께 살기 위해서는 서로의 특징을 잘 알고, 부족한 부분은 이해하거나 도와주면서 상생하면 될 것이다.

조각보와 퀼트가 각기 다른 조각들을 모아 하나의 아름다운 작품을 만들어내듯이, 현대 사회에서도 다양한 신경다양성이 서로 조화롭게 살아가야 한다. 난독증을 포함한 신경다양성이 단순히 극복해야 할 어려움이 아니라, 독특한 사고 방식과 창의성을 통해 사회를 풍요롭게 하는 중요한 요소라는 걸 잊으면 안 된다. 이러한 다양성을 존중하고 지원할 때, 우리는 모두가 함께 성장할 수 있는 더

난독증을 읽다

포용적인 사회를 만들어갈 수 있을 것이다. 마치 조각보와 퀼트가 그러하듯, 각기 다른 개성과 능력을 하나로 통합하여 더욱 다채롭고 풍부한 미래를 만들어갈 수 있을 것이다.

1   어디까지를 난독증으로 보는지는 측정하는 기준에 따라 3~20%까지 다양하다. 한
    학술지에 실린 논문에 따르면 "일반적인 추정치는 읽기 능력 측정에서 평균보다 1.5
    표준편차 이상 낮은 점수를 받은 경우를 기준으로 할 때 3~7% 범위"에 속한다고 한
    다. 그러니 글을 아예 읽을 수 없는 비율은 아마도 1~2% 미만일 것으로 추정해 볼 수
    있다.
    Richard K. Wagner, Fotena A. Zirps, Ashley A. Edwards, Sarah G. Wood, Rachel
    E. Joyner, Besty J. Becker, Guangyun Liu, & Bethany Beal BA. "The Prevalence
    of Dyslexia: A New Approach to Its Estimation", Journal of Learning Disabilities,
    2020 May. pp. 354-365.
    Jack M. Fletcher, G. Reid Lyon, Lynn S. Fushs, Marcia A. Barnes, 《Learning
    disabilities: From identification to intervention》(2nd ed.), New York: Guilford, 2018.

2   Philip Schulz, 《My Dyslexia》, W.W. Norton & Company, 2011.

3   https://www.reddit.com/r/Korean/comments/1g7rvax/is_it_weird_that_i_read_
    better_in_korean_than/

4   https://www.dyslexia.com/famous/f-scott-fitzgerald/

5   https://www.readingrockets.org/videos/meet-authors/struggles-dyslexia

6   https://www.ldrfa.org/henry-winklers-secret-for-success-determination-hard-
    work-and-strong-personal-skills/

7   https://www.understood.org/en/articles/celebrity-spotlight-dyslexia-cant-stop-
    octavia-spencers-success

8   https://learningally.org/resource/10-authors-who-are-dyslexic

9   https://dyslexia.yale.edu/story/jeanne-betancourt/

10 https://exceptionalindividuals.com/about-us/blog/did-john-lennon-have-
    dyslexia-blog/

11 https://royalcentral.co.uk/europe/norway/crown-prince-haakon-meets-young-people-struggling-with-dyslexia-and-dyscalculia-156006/

https://www.oneyoungworld.com/counsellors/crown-prince-haakon

12 http://dyslexiahelp.umich.edu/success-stories/carl-phillip

https://www.facebook.com/watch/?v=732631297853409

13 https://edition.cnn.com/2021/08/20/uk/royal-news-newsletter-08-20-21-scli-gbr-cmd-intl/index.html

https://youtu.be/JrSV-rLaVCA?si=jEX9x3WghnWXPdOX

14 https://www.unofficialroyalty.com/frederik-ii-king-of-denmark-and-norway/

15 https://www.vrt.be/vrtnws/en/2023/10/04/palace-puts-prince-emmanuel-in-the-spotlight-on-his-18th-birthda/

16 https://www.spellzone.com/blog/prince_charles.htm

17 https://www.kaieteurnewsonline.com/2018/07/10/understanding-dyslexia/

18 https://en.wikipedia.org/wiki/Dyslexia (3~7%, 난독증의 넓은 범위의 특징까지는 20%)

https://www.sedonasky.org/blog/dyslexia-statistics--facts-and-figures (5~10 %)

https://www.brighterstridesaba.com/blog/dyslexia-statistics-and-facts (10%)

https://www.discoveryaba.com/statistics/dyslexia (10%)

https://www.dyslexia-reading-well.com/dyslexia-statistics.html (15%)

https://dyslexia.yale.edu/dyslexia/dyslexia-faq/ (20%)

https://edition.cnn.com/2021/08/20/uk/royal-news-newsletter-08-20-21-scli-gbr-cmd-intl/index.html (20%)

19 https://www.deviantart.com/nykolaialeksander/journal/Deciphering-da-Vinci-718594773

https://www.dyslexia.com/famous/leonardo-da-vinci/

https://neurosim.mcgill.ca/was-leonardo-da-vinci-dyslexic

https://youtu.be/xnNk-eX7sSE

20 http://naver.me/5Rhg2KSm

21 Susan Hampshire, 《Susan's Story》, Sidgwick & Jackson Ltd, 1981.

Susan Hampshire, 《Every Letter Counts》, Bantam Press, 1990.

22 템플 그랜딘, 《어느 자폐인 이야기》, 김영사, 2011.

템플 그랜딘, 리처드 파넥, 《나의 뇌는 특별하다》, 양철북, 2015.

템플 그랜딘, 《동물과의 대화》, 언제나북스, 2021.

23 https://www.newswise.com/articles/was-leonardo-da-vinci-s-dyslexia-responsible-for-his-brilliance

https://www.britannica.com/question/Who-was-Leonardo-apprenticed-to

https://en.wikipedia.org/wiki/Leonardo_da_Vinci

24 노태권, 《공부의 힘》, 21세기북스, 2014.

노태권, 최원숙, 《살아온 기적 살아갈 날들을 위한 용기》, 세종미디어, 2017.

25 https://www.youtube.com/watch?v=uQ4pVvvUpxQ&t=24s

26 https://dyslexiaida.org/learning-disability-what-the-heck-is-it/

27 https://www.jepilia.org/journal/view.php?number=62

https://ko.wikipedia.org/wiki/%EB%B8%8C%EB%A1%9C%EC%B9%B4_%EC%98%81%EC%97%AD

https://ko.wikipedia.org/wiki/%EB%B2%A0%EB%A5%B4%EB%8B%88%EC%BC%80_%EC%98%81%EC%97%AD

28 Philip Kirby & Margaret J. Snowling, 《Dyslexia : A History》, McGill-Queen's University Press, 2022.

29 https://wellcomecollection.org/works/pebqm6zq/items

James Hinshelwood, 《Congenital word blindness》 (Classic Reprint), Forgotten Books, 2018.

https://archive.org/details/congenitalwordbl00hinsrich/page/n11/mode/2up

30 https://dyslexiaida.org/history-of-the-ida/

31 https://en.wikipedia.org/wiki/Martha%27s_Vineyard

32 Ulrika Wolff, Ingvar Lundberg. "The Prevalence of Dyslexia among art students", Dyslexia, 2002 Jan-Mar;8(1). pp. 34-42.

33 https://www.theguardian.com/culture/2000/sep/04/artsfeatures2

34 https://people.com/bill-gates-tells-all-about-early-life-with-new-memoir-source-code-8780550

https://www.accesssuccess-sw.co.uk/famous-dyslexics/

35 https://elon-musk-interviews.com/2020/12/11/axel-springer-award-2020/

36 https://www.jackiefrench.com/copy-of-dyslexia

37 https://www.youtube.com/@TruthAboutDyslexia

38 https://news.ebs.co.kr/ebsnews/menu1/newsAllView/10210727/H?eduNewsYn=N

39 https://happy.designhouse.co.kr/magazine/magazine_view/00010005/2810

40 김성우, 엄기호, 《유튜브는 책을 집어삼킬 것인가: 삶을 위한 말귀, 문해력, 리터러시》, 따비, 2020.

41 https://www.nytimes.com/interactive/2018/02/09/technology/the-rise-of-a-visual-internet.html

42 송길영, 《시대예보: 핵개인의 시대》, 교보문고, 2023.

43 피터 우드, 《다양성: 오해와 편견의 역사》, 해바라기, 2005.

- 강준만, 《입시전쟁 잔혹사》, 인물과사상사, 2009.
- 공윤경, 《내가 글자 바보라고?: 난독증인 종이접기 천재》, 내일을여는책, 2023.
- 김명희, 《신경다양성 교실: 단 한 명도 놓치지 않는 통합교육의 시작》, 새로온봄, 2022.
- 김성곤 외, 《독서로 풀어가는 난독증1, 2》, 좋은글터, 2016.
- 김성우, 《인공지능은 나의 읽기-쓰기를 어떻게 바꿀까》, 유유, 2024.
- 김성우, 엄기호, 《유튜브는 책을 집어삼킬 것인가: 삶을 위한 말귀, 문해력, 리터러시》, 따비, 2020.
- 김애화 외, 《학습장애: 이론과 실제》, 학지사, 2012.
- 김지혜, 《선량한 차별주의자》, 창비, 2020.
- 김윤정, 《EBS 당신의 문해력》, EBS Books, 2021.
- 김현수, 《무기력의 비밀》, 에듀니티, 2016.
- 노태권, 《공부의 힘》, 21세기북스, 2014.
- 노태권, 최원숙, 《살아온 기적 살아갈 날들을 위한 용기》, 세종미디어, 2017.
- 다니엘 타멧, 《브레인맨, 천국을 만나다》, 북하우스, 2007.
- 다니엘 페낙, 《학교의 슬픔》, 문학동네, 2014.
- 미야구치 코지, 《케이크를 자르지 못하는 아이들》, 인플루엔셜, 2020.
- 데번 프라이스, 《모두가 가면을 벗는다면》, 디플롯, 2024.
- 데이비드 A. 소우사, 《두뇌는 영어를 어떻게 습득하는가》, GTI코리아, 2010.
- 라우라 비스뵈크, 《내 안의 차별주의자》, 심플라이프, 2020.
- 로이 리처드 그린, 《정상은 없다: 문화는 어떻게 비정상의 낙인을 만들어내는가》, 메멘토, 2022.
- 마리안느 트랑블레, 《난독증이 뭔지 알려줄게!》, 한울림스페셜, 2014.
- 매슈 루버리, 《읽지 못하는 사람들》, 더퀘스트, 2024.
- 매리언 울프, 《책 읽는 뇌》, 살림, 2009.

난독증을 읽다

- 매리언 울프, 《다시 책으로》, 어크로스, 2019.
- 박찬선, 《느린 학습자의 공부》, 이담북스, 2021.
- 사이먼 배런코언, 《패턴 시커: 자폐는 어떻게 인류의 진보를 이끌었나》, 디플롯, 2024.
- 서경란, 이명란, 《우리 아이 공부가 안되는 진짜 이유 난독증》, 라온북, 2014.
- 송길영, 《시대예보: 핵개인의 시대》, 교보문고, 2023.
- 스티브 실버만, 《뉴로트라이브》, 알마, 2018.
- 신석호, 《비언어성 학습장애, 아스퍼거 증후군》, 시그마프레스, 2016.
- 아라이 노리코, 《대학에 가는 AI vs 교과서를 못 읽는 아이들》, 해냄, 2018.
- 아비가일 미샬, 《난독증으로 인한 학습 부진의 이해와 치료》, GTI코리아, 2008.
- 에릭 젠슨, 《학습부진, 이렇게 극복한다》, 교육을바꾸는사람들, 2023.
- 이네 반 덴 보쉐, 《글자가 너무 헷갈려!: 어린이 난독증에 관한 이야기》, 한울림스페셜, 2013.
- 이수인, 《우리는 모두 다르게 배운다》, 어크로스, 2024.
- 존 엘더 로비슨, 《나를 똑바로 바라 봐》, 아름드리미디어, 2009.
- 존 엘더 로비슨, 《뇌에 스위치를 켜다》, 동아엠앤비, 2017.
- 존 카우치, 제이슨 타운, 《교실이 없는 시대가 온다: 디지털 시대, 어떻게 가르치고 배워야 하는가》, 어크로스, 2020.
- 최은영, 《연두의 난독증 극복기》, 바우솔, 2020.
- 캐서린 스튜어트, 《비언어성 학습장애, 아스퍼거장애 아동을 잘 키우는 방법》, 시그마프레스, 2010.
- 토드 로즈, 《평균의 종말》, 21세기북스, 2021.
- 토드 로즈, 캐서린 엘리슨, 《나는 사고뭉치였습니다》, 문학동네, 2014.
- 토머스 암스트롱, 《증상이 아니라 독특함입니다》, 새로온봄, 2019.
- 토마스 웨스트, 《글자로만 생각하는 사람 이미지로 창조하는 사람》, 지식갤러리, 2011.

- 트레이시 패키암 앨로웨이, 《공간을 잘 기억해요: 난독증》, 다봄, 2024.
- 트레이시 패키암 앨로웨이, 로스 G. 앨로웨이, 《학습 어려움의 이해와 극복: 작업 기억에 달렸다》, 한국뇌기반교육연구소, 2017.
- 탠 리, 《뉴로제너레이션: 생각하는 대로 움직이는 놀라운 세상》, 한빛비즈, 2021.
- 템플 그랜딘, 리처드 파넥, 《나의 뇌는 특별하다》, 양철북, 2015.
- 템플 그랜딘, 《동물과의 대화》, 언제나북스, 2021.
- 템플 그랜딘, 《비주얼 씽킹》, 상상스퀘어, 2023.
- 템플 그랜딘, 《어느 자폐인 이야기》, 김영사, 2011.
- 피터 우드, 《다양성: 오해와 편견의 역사》, 해바라기, 2005.
- 헬렌 얼렌, 《얼렌증후군과 시각적 난독증》, GTI코리아, 2008.
- Alais Winton, 《The Self-Help Guide for Teens with Dyslexia》, Jessica Kingsley Pub, 2015.
- Alais Winton and Zac Millard, 《Diary of a Dyslexic School Kid》, Jessica Kingsley, 2019.
- Diane Burton Robb, 《The alphabet war》, Albert Whitman & Company, 2017.
- Elain Halligan, 《My Child's Different》, Crown House Publishing, 2018.
- Gary Chevin, 《DYSLEXIA: Visually Deaf? Auditory Blind?》, Authorhouse, 2009.
- Gavin Reid, 《The Dyslexia Workbook for Adults》, Rockridge Press, 2020.
- Hannah Maria Depaoli, 《The Effects of Dyslexia on Second Language Learning》, Grin Publishing, 2016.
- James Hinshelwood, 《Congenital word blindness》 (Classic Reprint), Forgotten Books, 2018.
- Kelli Sandman-Hurley, 《The Adult Side of Dyslexia》, Jessica Kingsley Publishers, 2021.

난독증을 읽다

- Margaret J. Snowling, Philip Kirby, 《Dyslexia: A History》, McGill-Queen's University Press, 2022.
- Marci Peterson, MEd, 《The Dyslexia Guide for Adults》, Rockridge Press, 2021.
- Oliver Sacks, 《The Man Who Mistook His Wife for a Hat》, Vintage, 2021.
- Onyinye Udokporo, 《Dyslexia and Me》, Jessica Kingsley, 2022.
- Pamela Brookes, Ph.D. Nancy Mather, 《Teaching a Struggling Reader: One Mom's Experience with Dyslexia》, Jojoba Press, 2020.
- Philip Kirby & Margaret J. Snowling, 《Dyslexia : A History》, McGill-Queen's University Press, 2022.
- Ronald D. Davis, 《The Gift of Dyslexia》, Perigee, 2010.
- Sally Shaywitz, M.D., 《Overcoming Dyslexia》, Vintage Books, 2005.
- Susan Hampshire, 《Susan's Story》, Sidgwick & Jackson Ltd, 1981.
- Susan Hampshire, 《Every Letter Counts》, Bantam Press, 1990.
- Temple Grandin, 《Thinking in Pictures》, Vintage Books, 2006.

난독증을 읽다

초판 1쇄 펴낸 날 2025년 4월 5일

지은이 지은정
펴낸이 이후언
편집 이후언
디자인 윤지은
인쇄 하정문화사
제본 강원제책사

발행처 새로온봄
주소 서울시 관악구 솔밭로7길 16, 301-107
전화 02) 6204-0405
팩스 0303) 3445-0302
이메일 hoo@onbom.kr
홈페이지 www.onbom.kr

© onbom, 2025. Printed in Seoul, Korea

ISBN 979-11-987413-4-9 (03370)